Sammlung Metzler
Band 273

Mathias Mayer

Hugo von Hofmannsthal

Verlag J.B. Metzler
Stuttgart · Weimar

Die Deutsche Bibliothek – CIP-Einheitsaufnahme

Mayer, Mathias:
Hugo von Hofmannsthal / Mathias Mayer.
– Stuttgart ; Weimar
: Metzler, 1993
(Sammlung Metzler ; Bd. 273)
ISBN 978-3-476-10273-7
ISBN 978-3-476-05608-5 (eBook)
DOI 10.1007/978-3-476-05608-5
NE: GT

ISSN 0558 3667
ISBN 978-3-476-10273-7

SM 273

© 1993 Springer-Verlag GmbH Deutschland
Ursprünglich erschienen bei J. B. Metzlersche Verlagsbuchhandlung
und Carl Ernst Poeschel Verlag GmbH in Stuttgart 1993

EIN VERLAG DER SPEKTRUM FACHVERLAGE GMBH

Inhalt

Für Anima und Wendelin

Vorwort

Dieser Band möchte eine Einführung in das Werk Hugo von Hofmannsthals bieten. Damit rückt das Interesse an der Person des Autors ebenso in die zweite Reihe wie der Versuch, einzelne Aspekte der Forschung zu referieren. Stattdessen liegt der Schwerpunkt auf der Erfassung und Darstellung des Werkes, sowohl in seiner vollendeten, vom Dichter autorisierten Gestalt, als auch in seiner fragmentarischen, aus dem Nachlaß bekanntwerdenden Form. Sollte den zahlreichen Entwürfen und Bruchstücken wo nicht das gleiche, so doch zumindest *ihr* Recht neben den abgeschlossenen ›Werken‹ eingeräumt werden, mußte die derzeit erscheinende Kritische Ausgabe als Textgrundlage gewählt werden. 25 der geplanten 38 Bände konnten im vorliegenden Versuch berücksichtigt werden – unter Einschluß von Varianten und Vorstufen der Texte, die das Werk in statu nascendi zeigen. Gerade bei Hofmannsthal ist nicht zu übersehen, wie wenig definitiv auch vermeintlich ›abgeschlossene‹ Werke sind. – Daneben haben Einleitung und Schluß, biographischer und bibliographischer Teil, eher den Charakter eines Kataloges, der aufgrund seiner strikt chronologischen Anordnung sowohl in sich selbst als auch für eine punktuelle Befragung genutzt werden kann (für die bei der Biographie das Personen- oder Werkregister heranzuziehen wäre). – Alle in der Kritischen Ausgabe noch nicht enthaltenen Texte werden nach der zehnbändigen Taschenbuchausgabe zitiert, die 1979/80 von Bernd Schoeller in Beratung mit Rudolf Hirsch herausgegeben wurde.

Mein besonderer Dank gilt dem ersten Leser des Manuskriptes, Herrn Dr. Rudolf Hirsch, der mit kritischer Anteilnahme das Werden des Bändchens verfolgt hat. Ferner danke ich Frau Ellen Ritter für die Erlaubnis, in ihr Editionsmanuskript des Bandes XIX der Kritischen Ausgabe Einblick nehmen zu dürfen und es für den vorliegenden Versuch auszuwerten. Meiner Frau danke ich aufs herzlichste für vielfältige Unterstützung und Hilfe.

Zur Zitierweise

I, II, III ... XXXI   Bandangaben mit *römischer* Zahl beziehen sich auf die Kritische Ausgabe Sämtlicher Werke, hg. von Rudolf Hirsch u.a, Frankfurt/M. 1975 ff. (zu den einzelnen Bänden vgl. Abschnitt 1 der Bibliographie, S. 180).

1, 2, 3 10   Bandangaben mit *arabischer* Zahl beziehen sich auf die Gesammelten Werke in 10 Einzelbänden, hg. von Bernd Schoeller in Beratung mit Rudolf Hirsch, Frankfurt/M. 1979/80 (zu den einzelnen Bänden vgl. Abschnitt 1 der Bibliographie, S. 179 f.).

GW, Steiner   In Literaturangaben für: Gesammelte Werke in Einzelausgaben, hg. von Herbert Steiner, 1945–1959.

Bw Andrian   *Briefwechsel* werden mit Namen des jeweiligen Adressaten (ggf. Verlages, bei Verlagskorrespondenz) zitiert (vgl. Abschnitt 2 der Bibliographie, S. 181 ff.).

B I, B II   Briefe 1891–1901, Berlin 1935; Briefe 1900–1909, Wien 1937.

HB   Hofmannsthal-Blätter. Veröffentlichungen der Hugo-von-Hofmannsthal-Gesellschaft, Heft 1, 1968 – Heft 40, 1990

HF   Hofmannsthal-Forschungen, hg. im Auftrag der Hofmannsthal-Gesellschaft, Bd. 1, 1971 – Bd. 9, 1987.

*111   Aus der im Abschnitt 4 der Bibliographie (S. 184 ff.) durchnummerierten Forschungsliteratur wird mit Asteriskus und Nummer, ggf. der Seitenzahl, zitiert.

A. Voraussetzungen

1. Biographie des äußeren Lebens oder Das Individuelle verliert sich

Die Beschäftigung mit dem ›äußeren Leben‹ Hofmannsthals führt zu dem Eindruck, daß die Unauffälligkeit des dieses Leben (er)lebenden Ichs, die von Hermann Broch bezeichnete »Ich-Verschweigung« (*26 198), der Unsicherheit aller fiktiven Ich-Setzungen in Hofmannsthals Werk entspricht. Hofmannsthals Lebensweg läßt keine Signatur erkennen, markante Brüche oder direkte Umsetzungen von Erfahrungen oder Erlebnissen sucht man vergebens. In einer zwischen Fiktion und Autobiographie oszillierenden Prosaskizze heißt es, der Lebensweg sei »kein wirklicher Weg mit Anfang und Ziel, sondern er hat viele Kreuzwege, ja er besteht wohl eigentlich nur aus Kreuzwegen und jeder Punkt ist der mögliche Ausgangspunkt zu unendlichen Möglichkeiten« (XXIX 20). In diesem Sinn spielen in der Biographie Hofmannsthals die Kreuzwege, sei es als literarische Produktion oder als Begegnung mit Personen oder Büchern, die entscheidende Rolle, und es besagt wenig, wenn man erfährt, in seinen frühesten Erinnerungen erscheine »ein Rosenstrauch und ein Nusskipfel, ein Gewitter und ein Hund« (I 291). Die Unlesbarkeit dessen, was das jeweilige Leben (er)lebt, hat Hofmannsthal schon früh reflektiert: Das Ich liegt nicht – als subiectum – gleichbleibend allen Erfahrungen zugrunde, sondern ist nur sehr unscharf zu fassen: »Wir sind mit unsrem Ich von Vor-zehn-Jahren nicht näher, unmittelbarer eins als mit dem *Leib* unserer Mutter. Ewige *physische* Kontinuität«, heißt es 1894 (10 376), und die Terzinen *Über Vergänglichkeit* formulieren es lyrisch (I 45). Die Relativität der Gegenwart, die – als Kreuzweg – von lebendiger Vergangenheit und antizipierter Zukunft geprägt wird, öffnet den Horizont der Zeitgenossenschaft für Hofmannsthal ins Unbegrenzte: Er fühlt sich weniger als Zeitbürger denn als Teilhaber einer »planetarischen Kontemporaneität« (9 289). Immer wieder kommt er auf die Phantasie von jenem Stern zurück, auf dem, wegen der in Lichtjahren nur meßbaren Entfernung, »ein längst Gewesenes heute gegenwärtig« ist (10 403). So heißt es im *Buch der Freunde*:

»Es muß einen Stern geben, auf dem das vor einem Jahr Vergangene Gegenwart ist, auf einem das vor einem Jahrhundert Vergangene, auf einem die Zeit der Kreuzzüge und so fort, alles in einer lückenlosen Kette, so steht dann vor dem Auge der Ewigkeit alles nebeneinander, wie die Blumen in einem Garten.« (10 262)

Diese unabsehbare Flucht von erinnerter, gedachter, geträumter und geahnter Gegenwart läßt das erlebende Ich zu einem fiktiven Nullpunkt, zur »denkökonomischen Einheit« im Sinne Ernst Machs werden, des Wiener Philosophen, bei dem auch Hofmannsthal studierte. Daher bekennt sich Hofmannsthal verschiedentlich zu der Goetheschen Einsicht von der Unaussprechlichkeit des Individuums (individuum est ineffabile, 10 449 und 560 u. ö.) und erwägt sogar, ob es nicht richtiger wäre zu sagen »es liebt dich« statt »ich liebe dich« (Bw Degenfeld 54). »Dringt man in einen Menschen tiefer ein«, reflektiert Hofmannsthal 1926 unter dem Stichwort *Biographie*, »analysiert man ihn, so ergeben sich als Fond lauter allgemein menschliche Züge – das Individuelle verliert sich« (10 93 f.). Ein »läppischer Biographismus« (Bw Rilke 149) war ihm verhaßt, und stattdessen versucht er, das Empirische zu vergeistigen (10 622). Daß das nicht fraglos eine Geste der Verbergung, des Versteckens sein muß, geht aus den vorliegenden Briefwechseln und Aufzeichnungen hervor, die das biographische Ich kaum lesbarer werden lassen. Die Kreuzwege dieses Lebens sind daher immer Stationen der Produktivität – das Individuelle verliert sich.

»Die Wahrheit über einen Lebenden sagt man glaub ich (und wohl auch über einen Todten) wenn man sich ganz an das Producierte hält. Dies unendlich dichte Gewebe geistiger Relationen (immer dichter je mehr man sich darein vertieft) wird einem allmählich zur Hieroglyphe, zum *Gesicht*. Dies Gesicht des Dichters darf man abmalen – alles andere ist erbärmliche Carricatur.« (Bw Gruss 233 f.).

Vor diesem Hintergrund lassen sich allerdings Stationen des Lebens aneinanderreihen: Hugo Laurenz August Hofmann, Edler von Hofmannsthal, wird am 1. Februar 1874 als einziges Kind seiner Eltern in Wien geboren. Der Vater (1841–1915) ist Direktor der Central-Bodencreditanstalt und selbst Enkel eines jüdischen Unternehmers und Sohn einer gebürtigen Mailänderin; die Mutter, Anna Maria Josefa Fohleutner (1852–1904), entstammt einer Bauern- und Beamtenfamilie und hat dem Sohn ihre nervöse, zu Depressionen neigende, sensible Veranlagung weitergegeben. Der Wiener Börsenkrach von 1873 hatte die materielle Sicherheit zerstört, Nationalismus, Antisemitismus und die soziale Frage bedrängen das wirtschaftlich aufstrebende, politisch weitgehend bedeutungslose, psychisch zu Hysterie und Depression neigende Bürgertum. Aufbruchstimmung und Dekadenz, Jugendkult und Endzeitstimmung kennzeichnen – nach H. Scheibles Wort (*206 11) – das Lebensgefühl der jungen Generation am Ende des Jahrhunderts, für die Hermann Broch rückblickend die Formel vom »Wert-Vakuum » fand (*26 137). Dekadenz, Moderne, l'art pour l'art und fin de siècle sind die Schlagworte – nur unscharf voneinander geschieden –, die die Epoche bestimmen. Hofmannsthal selbst deutet Wien als »die porta Orientis auch für jenen geheimnisvollen Orient, das Reich des Unbewußten« (9 195), das Sigmund Freud analysierte (s. u. S. 159). Ängstlich behütet im Elternhaus in der Salesianergasse – im 3. Wiener Gemeindebezirk –, eignet sich der Jüngling früh schon Literatur und Geschichte an, die er auf Französisch, Englisch, Italienisch im Original liest, Lateinisch und Griechisch in der Schule lernt. 1884 tritt er in das Akademische Gymnasium ein. Schon der 12jährige beginnt mit den Schwestern Sobotka einen Briefwechsel über das Wiener Theater, die Sommer verbringt er zunächst in Strobl und Bad Fusch zum Tennisspielen, Wandern und Segeln, ab 1896 immer öfter in Bad Aussee. Aus dem Jahr 1887 stammen seine frühesten literarischen Zeugnisse (II und XVIII).

Mit sechzehn Jahren veröffentlicht der junge Dichter seinen ersten Text, das Sonett *Frage*, unter dem Pseudonym Loris Melikow, das den Namen eines verstorbenen russischen Generals aufgreift. Im Sommer 1890 lernt er den Schriftsteller Gustav Schwarzkopf kennen, der ihn im Herbst in den Literatenkreis des Café Griensteidl in Wien einführt, wo u. a. Karl Kraus verkehrt und Hofmannsthal Freundschaft mit Arthur Schnitzler (Bw) und Richard Beer-Hofmann (Bw) schließt, aus denen sich, zusammen mit Hermann Bahr und Felix Salten, der Kreis ›Jung Wien‹ formiert. Es entstehen zahlreiche Gedichte, denen im folgenden Jahr eine Reihe von Aufsätzen über zeitgenössische Autoren (Bourget, Bahr, Amiel, Barrès) folgt. Im April 1891 kommt es in Wien zu einer kurzen Begegnung mit dem alten Ibsen, vor allem aber zur Bekanntschaft mit Hermann Bahr, dessen lebenslanges Verhältnis zu Hofmannsthal großen Schwankungen unterliegt. Der Einakter *Gestern* und das Prosafragment *Age of Innocence* markieren den Beginn des selbständigen Schreibens. Die Lektüre Nietzsches und H. Taines, dann im Dezember 1891 die Begegnung mit Stefan George, der Hofmannsthal umwirbt und ihm den französischen Symbolismus nahebringt, bedeuten entscheidende Bereicherungen. Das 1906 abgebrochene Verhältnis zu George ist von vornherein gespannt, Hofmannsthal reflektiert es in Gedichten und Tagebucheinträgen. Nach Georges enttäuschter Abreise – es war beinahe zu einer Duellforderung gekommen – arbeitet Hofmannsthal am *Tod des Tizian* und läßt sich durch das Wiener Gastspiel Eleonora Duses (Februar 1892) bannen. Es ist das Jahr seiner Bekanntschaft mit Felix Oppenheimer und dem ihm besonders nahestehenden Marineoffizier Edgar Karg von Bebenburg (vgl. Bw), den er 1905 verliert, mit der Schriftstellerin Marie Herzfeld (Bw), aber auch mit den Freundinnen Marie von Gomperz und Lili von Hopfen (später verheiratete Schalk), sowie der mütterlichen Freundin Josephine von Wertheimstein, deren Döblinger Villa ein Zentrum der Wiener Kultur war. Die Gedichte *Vorfrühling* und *Erlebnis*, die Dramenfragmente *Ascanio und Gioconda* sowie *Die Bacchen* verraten die eigene, unverwechselbare Sprache. Für den Maeterlinckabend am 1. Mai übersetzt Hofmannsthal dessen »Blinde« (nicht erhalten), legt dann sein Abitur ab und vereinbart mit George die Mitarbeit bei den ›Blättern für die Kunst‹, in deren Oktobernummer der *Tizian*, später zahlreiche Gedichte erscheinen; im September Reise nach Südfrankreich und erster Venedigaufenthalt, im Oktober Beginn des – ungeliebten – Jurastudiums in Wien. Ins Jahr 1893 fällt die Entstehung der *Idylle*, dann des für den frühen Ruhm verantwortlichen Einakters *Der Tor und der Tod* (samt *Prolog*). Im Herbst schließt er Freundschaft mit Leopold von Andrian (Bw), dem Autor des »Garten der Erkenntnis« (1894); dieser vermittelt den Kontakt mit den Brüdern Clemens und Georg Franckenstein sowie Hofmannsthals späterem Schwager, dem Maler Hans Schlesinger. Mit *Welt und ich* sowie *Weltgeheimnis* erreicht die Lyrik einen ersten Höhepunkt; im Februar 1894 beendet er die *Alkestis* (nach Euripides). Im Juli folgt das erste juristische Staatsexamen, danach »das erste wahrhaft schwere und traurige, das ich erlebe«, Krankheit und Tod Josephine von Wertheimsteins. Am 1. Oktober beginnt das depressionsreiche Freiwilligenjahr beim k. u. k. Dragonerregiment 6, zunächst in Brünn, dann in Göding. Frucht dieser Zeit sind *Das Märchen der 672. Nacht* sowie die Erzählfragmente *Amgiad und Assad* und *Soldatengeschichte*, wohl auch die *Ballade des äußeren Lebens* (der in den 1890er Jahren der halbautobiographische Versuch *Roman des inneren Lebens* korrespondiert). Im Oktober 1895 – nach einem Venedigbesuch – belegt Hofmannsthal das Fach Romanische Philologie und hört bei Alfred Berger, Franz Brentano, Heinrich Gomperz und Ernst Mach ästhetisch-philologische und philosophische Vorlesungen. Die Gedichte *Ein Traum von großer Magie* und *Manche freilich ...* entstehen in der Zeit der Freundschaft mit Minnie Benedict. Anfang 1896 scheint es zum Briefwechsel mit Gerty Schlesinger, Hofmannsthals späterer Frau zu kommen. Gedichte dieser Zeit sind *Nox portentis gravida, Lebenslied, Der Jüngling in der Landschaft* und *Inschrift*; wichtig ist der Vortrag *Poesie und Leben.* Bei der Waffenübung in Tlumacz (Galizien) im Mai zählen Pindar, Platon und Hölderlin zur Lektüre, im Sommer schreibt er an der *Geschichte der beiden Liebespaare* und lernt den Philosophen Raoul Richter kennen, der ihm vermutlich Kierkegaard nahebringt.

Nach der Arbeit an der Dissertation (*Über den Sprachgebrauch bei den Dichtern der Pléjade*) bricht im Sommer 1897 die wohl fruchtbarste Schaffenszeit an. Zum Teil im oberitalienischen Varese, zum Teil in Wien folgen von August bis zum Jahresende innerhalb kürzester Zeit die Einakter *Die Frau im Fenster* (mit dem mehr als 400 Verse umfassenden *Prolog*), das schon seit 1893 vorbereitete *Kleine Welttheater, Die Hochzeit der Sobeide, Der weiße Fächer* und schließlich *Der Kaiser und die Hexe*, daneben Gedichte (wie *Der Kaiser von China spricht:, Botschaft* und *Gespräch*). Nicht vollendet werden zahlreiche dramatische Entwürfe sowie die Prosa *Der goldene Apfel.* Der Briefwechsel mit Eberhard von Bodenhausen, Hofmannsthals engstem Freund, beginnt. Wegen der Aufführung seiner Stücke steht Hofmannsthal in Verbindung mit Otto Brahm, dem Direktor des Berliner Deutschen Theaters. Dort wird am 15. Mai 1898 mit der *Frau im Fenster* zum ersten Mal ein Drama Hofmannsthals aufgeführt. Er lernt dabei Harry Graf Kessler (Bw) kennen. Nach dem Rigorosum absolviert er im Juli ein Manöver im ostgalizischen Czortkow, wo vielleicht die *Reitergeschichte* entsteht. Bei einer Radtour mit Schnitzler in die Schweiz schreibt er im August 1898 neue Gedichte und das Erzählfragment *Die Verwandten.* Der September bringt in Florenz einen Besuch bei Gabriele d'Annunzio, in Venedig beginnt wenig später die Arbeit an *Der Abenteurer und die Sängerin.* Am 13. November inszeniert Ludwig Ganghofer (Bw) in München *Tor und Tod.* 1899 ergibt sich die – von Konkurrenz nicht unbelastete – Bekanntschaft mit Gerhart Hauptmann (Bw), später mit Rilke (Bw), den er bei der Uraufführung der *Sobeide* und des *Abenteurers* am 18. Mai in Wien trifft. Im Sommer dieses Jahres zeitigt die Auseinandersetzung mit Grimms Märchen und Des

Knaben Wunderhorn Wirkungen in einfachen Liedern und in dem Novalis und Hoffmann verpflichteten Stück *Das Bergwerk zu Falun*, das zwar beendet, als ganzes aber nie gedruckt wird. Im Herbst kommt es zum schriftlichen Kontakt mit Rudolf Borchardt (Bw), im Februar 1900 zur Freundschaft mit Rudolf Alexander Schröder und Alfred Walter Heymel, den beiden Herausgebern der ›Insel‹, die Hofmannsthal auf dem Weg nach Paris in München trifft. Der dreimonatige Aufenthalt in Paris gehört zu den produktivsten Arbeitsphasen; er verkehrt mit Maeterlinck und Rodin und schreibt das *Vorspiel zur Antigone* sowie *Das Erlebnis des Marschalls von Bassompierre* und das Ballett *Der Triumph der Zeit*. Besonders reich ist diese Zeit an Entwürfen und Plänen zu Erzählungen (*Das Märchen von der verschleierten Frau*), Gedichten und Dramen (*Leda und der Schwan, Jupiter und Semele, Paracelsus und Dr. Schnitzler*). Der September sieht Hofmannsthal zu einer Waffenübung in den Karpathen, im Oktober ist er in Oberitalien und der Schweiz, im Winter arbeitet er an der Habilitation (*Studie über die Entwickelung des Dichters Victor Hugo*), zieht aber das Gesuch um eine Dozentur noch vor der Entscheidung der Fakultät zurück, um sich ganz dem Schreiben zu widmen. Im Februar 1901 wird der *Tod des Tizian* (in veränderter Fassung, mit Schluß) bei der Totenfeier für Arnold Böcklin in München uraufgeführt, und Hofmannsthal arbeitet den Sommer über an der Tragödie *Die Gräfin Pompilia* (nicht vollendet). Am 8. Juni heiratet er Gertrud Schlesinger (1880–1959) und bezieht dann – bis zu seinem Tod – das Haus in Rodaun (damals ein Vorort Wiens; der Freund Richard Beer-Hofmann wohnt bis 1906 nur wenige Häuser entfernt). Der *Pompilia*-Plan wird abgelöst durch die Bearbeitung von Calderóns *Das Leben ein Traum*, die aber im Dezember 1904 im 4. Akt steckenbleibt (und schließlich – 1920 – in den *Turm* eingeht). Rudolf Kassner und Rudolf Borchardt gehören zu den Gästen im Rodauner Haus; 1902 spricht Hofmannsthal über Goethe und im Haus Lanckoronski. Im Mai wird die Tochter Christiane (†1987) geboren, die in den zwanziger Jahren zahlreiche Aufgaben für den Vater übernimmt. Ihr Mann, der Indologe Heinrich Zimmer, wurde der erste Nachlaßverwalter Hofmannsthals. Im August 1902 entsteht der berühmte *Brief* des Lord Chandos, dem von Hofmannsthal nie die außergewöhnliche Stellung zugebilligt wurde, die man später mit ihm verband. Während des Romaufenthaltes im Herbst beginnt die Bearbeitung des *Geretteten Venedig* (nach Otway), die sich bis in den Juli 1904 hinzieht. Da sieht Hofmannsthal im

Mai 1903 Gorkis »Nachtasyl« in einer Produktion Max Reinhardts mit Gertrud Eysoldt und entschließt sich, die schon länger projektierte *Elektra* für eine Berliner Aufführung zu schreiben. Die Uraufführrng am 30. Oktober in Reinhardts Kleinem Theater mit der Eysoldt in der Titelrolle wird zum ersten großen Theatererfolg. Am Tag zuvor wird der Sohn Franz (†1929) geboren, am 22. März 1904 verliert Hofmannsthal seine Mutter. Neben das *Gerettete Venedig* – es wird im Januar 1905 erfolglos uraufgeführt –, *Das Leben ein Traum* und die Anfänge des *Jedermann* tritt ab September 1904 ein neuer Stoff, diesmal aus einer französischen zeitgenössischen Vorlage geschöpft: *Ödipus und die Sphinx.* Nach dem Vortrag über *Shakespeares Könige und große Herren* (April) und der Parisreise (Mai; Bekanntschaft mit Gide) steht die zweite Jahreshälfte 1905 ganz im Zeichen des nunmehr als Trilogie geplanten *Ödipus* für Reinhardt. Hofmannsthal beendet zusätzlich zum *Sphinx*-Drama die Übersetzung des sophokleischen *König Ödipus* (Uraufführung 1910) und arbeitet an einem Nachspiel *Des Ödipus Ende*, das unvollendet bleibt.

Die Uraufführung von *Ödipus und die Sphinx* im Februar 1906 führt zu einem folgenreichen Treffen mit Richard Strauss (Bw), bei dem das Opernprojekt *Elektra* besprochen wurde. Fast gleichzeitig, im März, endet der Briefwechsel mit George und wird nicht wieder aufgenommen. Strauss kommt im Mai nach Rodaun, Hofmannsthal liest Georg Simmels »Philosophie des Geldes«, die sich in dem modernen Jedermann-Versuch *Dominic Heintls letzte Nacht* niederschlägt. Am 26. Mai wird als drittes Kind der Sohn Raimund geboren (†1974). Hofmannsthal plant mit Schröder zusammen das Projekt der *Rodauner Anfänge*, besucht dann die Bayreuther Festspiele und arbeitet an der *Knabengeschichte* sowie an dem Vortrag *Der Dichter und diese Zeit*, mit dem er im Dezember nach München, Frankfurt, Göttingen und Berlin reist und der ihm einen Brief Edmund Husserls einträgt. In Dresden lernt er Helene von Nostitz (Bw) und die Tänzerin Ruth St. Denis kennen, die ihn zu erneuter Auseinandersetzung mit Pantomime und Ballett inspirieren. Im Dezember trifft er Ottonie Gräfin Degenfeld, mit der er ab 1909 in regen, von großer Sympathie getragenen Briefwechsel tritt. Im Februar 1907 übernimmt Hofmannsthal die Lyrikredaktion der Zeitschrift ›Morgen‹, wodurch sich sein Briefwechsel mit Max Mell und Hans Carossa entspinnt. Der Sommer mit Aufenthalten in Umbrien, Venedig und Tirol ist reich an Plänen: Der Kern des *Andreas*-Romans wird aus einer psychiatrischen

Quelle gewonnen, ferner entstehen *Die Briefe des Zurückgekehrten* mit der van Gogh-Würdigung, die Prosa *Die Wege und die Begegnungen* sowie Notizen und schließlich anderthalb Akte von *Silvia im ›Stern‹*, mit der die eigentliche Lustspielproduktion einsetzt. Ein spätes Zeugnis der Lyrik ist das Gedicht *Vor Tag*. Im Herbst 1907 lernt er die Tänzerin Grete Wiesenthal kennen, für die er in den nächsten Jahren eine Reihe von Tanzdichtungen schreibt (*Amor und Psyche*, *Das fremde Mädchen*). 1908 entstehen der *Lysistrata*-Prolog, der große *Balzac*-Essay und, nach Motiven aus Casanova, *Florindos Werk*, zunächst als Spieloper für Strauss, dann aber als Sprechstück ausgeführt. Die Griechenlandreise mit Kessler und Maillol führt zu Irritationen. Aus dem geistigen und körperlichen Zusammenbruch nach der für gescheitert angesehenen Arbeit an *Florindo* befreit Hofmannsthal im Februar 1909 die – mit Kessler gemeinsam unternommene – Konzeption des *Rosenkavalier* für Strauss; die *Elektra* war am 25. Januar 1909 erfolgreich im Dresdner Opernhaus gespielt worden. Bis in den Juni arbeitet Hofmannsthal intensiv am *Rosenkavalier* (beendet die Arbeit ein Jahr später), dann treten die Molière-Übersetzung *Die Heirat wider Willen*, die Umformung des *Florindo* in *Cristinas Heimreise* (beendet Dezember 1909) sowie Einfälle zum *Mann von fünfzig Jahren*, zu *Lucidor* (dem Keim der viel späteren *Arabella*) und dem *Schwierigen* dazwischen. Mit Schröder und Borchardt zusammen gibt Hofmannsthal das ›Hesperus‹-Jahrbuch heraus, in dessen einzigem Jahrgang das *Silvia*-Fragment erscheint.

Die Uraufführung von *Cristinas Heimreise* an Reinhardts Deutschem Theater in Berlin (Februar 1910) bleibt unbefriedigend, und Hofmannsthal arbeitet eine neue, gekürzte Fassung aus, die im Mai in Budapest und Wien Premiere hat. Im Juni 1910 arbeitet er an der Pantomime *Amor und Psyche* sowie einem Drama *Das steinerne Herz*, das abgebrochen wird und schließlich in die nächsten Opern eingeht. Die Uraufführung des *König Ödipus* in München, mehr noch die Produktion im Berliner Zirkus Schumann (7. November 1910) wird zu einem Triumph. Aus diesem Zeitraum stammen die außerordentlichen Gedenkverse auf den Schauspieler Josef Kainz, die Teilübersetzung des mittelenglischen »Everyman« und das Fragment der Erzählung *Die Heilung*. Das Jahr 1911 beginnt (26. Januar) mit der Uraufführung des *Rosenkavalier* in Dresden und mit dem ersten Einfall sowohl zur *Ariadne auf Naxos* wie zur *Frau ohne Schatten*. Daneben tritt der *Jedermann* (1903 begonnen) wieder hervor, wird im August beendet und am 1. Dezember in Berlin uraufgeführt. Ihm voraus geht im Sommer die Ausarbeitung der *Ariadne*, als deren Rahmen der Molièresche »Bourgeois Gentilhomme« gewählt wird. Reisen führen Hofmannsthal im Mai nach Paris, im Herbst nach Hamburg und Kopenhagen. Nach der Fertigstellung des *Bürger als Edelmann* (für *Ariadne*) unternimmt er im April/Mai 1912 eine Autoreise nach Italien und besucht Rudolf Borchardt. Der Mai sieht ihn in Paris zur Uraufführung von Nijinskys »Nachmittag eines Faun«. Bei dieser Gelegenheit wird das Projekt der *Josephslegende* für Diaghilews ›Ballets Russes‹ ins Auge gefaßt. Im September beginnt die Niederschrift des *Andreas*-Romans, die schon nach vier Wochen abgebrochen wird und erst im nächsten Sommer fortgesetzt wird. Kaum später anzusetzen (Herbst 1912) ist die Arbeit am Märchen *Die Frau ohne Schatten*. Nach der vergleichsweise verhaltenen Uraufführung der *Ariadne* (in der 1. Fassung mit dem Molière-Rahmen) in Stuttgart (25. Oktober 1912) entschließt sich Hofmannsthal schon im Dezember, den breiten Rahmen durch ein knappes Vorspiel zu ersetzen. Ausgearbeitet wird diese Fassung bis Mitte 1913, gleichzeitig mit der Opernfassung der *Frau ohne Schatten* (deren erster Akt im Oktober beendet ist) und der Vorbereitung der von Hofmannsthal angeregten Uraufführung von Büchners »Wozzek« (wie damals das Stück hieß, vgl. *138) in München. Mit Strauss zusammen fährt Hofmannsthal im März/April bis Rom und trifft Borchardt wieder. Im Juli und August wird die *Andreas*-Niederschrift fortgesetzt und nunmehr endgültig abgebrochen.

Vor dem Kriegsausbruch im Jahr 1914 kommt es in Paris zur Uraufführung der *Josephslegende*, und Hofmannsthal kann noch das Libretto der *Frau ohne Schatten* beenden. Am 26. Juli wird er nach Istrien einberufen, aber schon im August durch Vermittlung Josef Redlichs (Bw) ins Kriegsfürsorgeamt des Kriegsministeriums versetzt. Bereits im Herbst beginnt Hofmannsthal mit einer Reihe vorwiegend patriotischer Aufsätze, die zum größeren Teil in der Wiener ›Neuen Freien Presse‹ gedruckt werden. Das Jahr 1915 führt ihn in dienstlichen Missionen nach Südpolen und Belgien, die literarische Arbeit gilt u.a. der Vorbereitung der ›Österreichischen Bibliothek‹, die im September zu erscheinen beginnt. Schwer getroffen wird Hofmannsthal vom Verlust seines Vaters am 8. Dezember 1915 und flüchtet sich dann bis zum März nach Berlin, wo in engem Kontakt mit Max Reinhardt *Die Lästigen* und *Die grüne Flöte*, daneben Entwürfe zum *Sohn des Geisterkönigs* und *Glücklichen Leopold* entstehen. Hofmannsthal legt das Konvolut *Ad me ipsum* für Betrachtungen zum eigenen Werk an und hält Kontakte zu den politisch tonangebenden Kreisen in Berlin. Im Juni 1916 wohnt Rilke in Rodaun, im Juli reist Hofmannsthal nach Warschau und trifft Leopold von Andrian. Vom August datiert der erste Einfall zu *Timon der Redner*, am 4. Oktober wird die zweite *Ariadne*-Fassung in Wien uraufgeführt. Hofmannsthal spricht in Warschau, Wien und Deutschland über *Österreich im Spiegel seiner Dichtung*, im November/Dezember fährt er zu kulturpolitischen Vorträgen nach Skandinavien. Diese Tätigkeit setzt sich fort mit Vorträgen über *Die Idee Europa* in der Schweiz (März 1917) und einer für Hofmannsthal bewegenden Reise nach Prag (Juni 1917). Er beginnt den Molièreschen *Bürger als Edelmann* neu für die Bühne zu gewinnen, im August tritt *Der Schwierige* in die entscheidende Phase, doch entzieht sich der 3. Akt der Gestaltung. Ende Juli beginnt der außerordentlich intensive Briefwechsel mit Rudolf Pannwitz (bis Ende 1920). Der *Andreas*, insbesondere *Die Frau ohne Schatten* (Märchen) werden gefördert, *Die beiden Götter* greifen die *Semiramis*-Entwürfe von 1905 wieder auf. Der *Bürger als Edelmann* wird im April 1918 mit der Szenenmusik von Strauss uraufgeführt, am 6. Mai verliert Hofmannsthal in Eberhard von Bodenhausen seinen engsten Freund. Im Sommer engagiert er sich vehement für die Burgtheaterdirektion Leopold von Andrians und plant einen Zyklus von Calderónbearbeitungen; zunächst entstehen *Die Dame Kobold* und erste Skizzen zum *Unbestechlichen*. Im Januar 1919 lernt Hofmannsthal auf dem Weg über Christiane Thun-Salm, mit der er im Briefwechsel steht, den Schweizer Diplomaten, Historiker und Schriftsteller Carl J. Burckhardt (1891–1974) kennen, der ihm zum wichtigsten Gesprächspartner der zwanziger Jahre wird (Bw).

Im Februar 1919 wird Hofmannsthal in den – im November 1918 gegründeten – Kunstrat der Salzburger Festspiele gewählt und beginnt im September mit der Arbeit am *Salzburger Großen Welttheater*. Zuvor wird das Aphorismen-*Buch der Freunde* entworfen und das Märchen der *Frau ohne Schatten* (August 1919) nach siebenjähriger Arbeit beendet. Am 10. Oktober ist die Uraufführung der gleichnamigen Oper in Wien; die nächsten Einfälle bewegen sich bewußt auf einer leichteren Ebene: *Danae* und *Die ägyptische Helena* (Dezember 1919). Am 3. April 1920 spielt Reinhardt in Berlin *Dame Kobold* – Hofmannsthals Hoffnungen auf das Burgtheater werden hier wie später beim *Schwierigen* enttäuscht. Bei einer Reise nach Italien und der Schweiz trifft er in Fribourg mit Josef Nadler (Bw) zusammen, dessen »Literaturgeschichte der deutschen Stämme und Landschaften« Hofmannsthal gewisse Anregungen gibt. Im Juli 1920 setzt die Arbeit am *Turm* ein, mit der Hofmannsthal auf *Das Leben ein Traum* (ab 1901) zurückgreift. Mit der Vollendung des *Schwierigen* im August und der Salzburger Erstaufführung des *Jedermann* stellt sich auch der Zeitschriftenplan zu den ›Neuen Deutschen Beiträgen‹ ein. Im Dezember ist Hofmannsthal zur *Beethoven*-Rede in Zürich, danach wird am *Turm* gearbeitet, im Spätsommer 1921 das *Salzburger Große Welttheater* fertiggestellt. Der im Frühjahr verfolgte Plan, Reinhardts Theater für ein längeres Gastspiel nach Wien zu bringen, scheitert am Widerstand des Burgtheaterdirektors Anton Wildgans (Bw). So findet die Uraufführung des *Schwierigen* in München am 8. November 1921 statt. Im Jahr 1922 tritt Hofmannsthal vielseitig an eine breite Öffentlichkeit, mit der (nicht vorgetragenen) *Grillparzer*-Rede für Hannover, dem ersten *Wiener Brief* für die amerikanische Zeitschrift ›The Dial‹, dem ersten Heft der ›Neuen Deutschen Beiträge‹, dem *Deutschen Lesebuch* sowie der Uraufführung des *Großen Welttheaters* in der Salzburger Kollegienkirche am 12. August. Im Verborgenen dagegen vollzieht sich das – weiterhin erfolglose – Ringen um den 5. Akt des *Turm*; auch die weitgediehenen Komödienentwürfe zum *Caféhaus* und *Timon* bleiben schließlich liegen, indes *Der Unbestechliche* vollendet und am 16. März 1923 am Wiener Raimundtheater gespielt wird. In diesem Jahr besucht Hofmannsthal Carl J. Burckhardt in Basel und arbeitet am *Rosenkavalier*-, dann an einem *Lucidor*-Film, am *Timon* und besonders an der *Ägyptischen Helena*.

Der 50. Geburtstag – aus diesem Anlaß erscheinen die »Gesammelten Werke« in 6 Bänden – führt mit der Hofmannsthal überreichten Eranosfestschrift zur Entfremdung von Borchardt. Mit Burckhardt ist Hofmannsthal im Mai in Sizilien, im Hochsommer in der Schweiz (Lenzerheide). Noch bevor der *Turm* im Oktober beendet werden kann, meldet sich schon ein neuer Calderónstoff, *Kaiser Phokas*, der als großer Notizentorso im Nachlaß bleibt. Das neugegründete Josefstädter Theater in Wien spielt im Frühjahr 1924 den *Schwierigen*, im September hat das Ballett *Die Ruinen von Athen* an der Oper Premiere. Die erste Hälfte 1925 verbringt Hofmannsthal weitgehend auf Reisen, in Paris, Marokko (mit dem Ehepaar Zifferer, vgl. Bw) und England; in Paris (Begegnung mit Claudel und Valéry) spricht er *Über Goethe oder über die Lebensalter*. Die Lektüre von Walter Benjamins »Trauerspiel«-Arbeit regt zu neuer Beschäftigung mit dem barocken Drama an (*Xenodoxus*). Der *Rosenkavalier*-Film wird im Januar 1926, der Brecht-Prolog *Das Theater des Neuen* und noch einmal die *Cristina*-Komödie am Josefstädter Theater aufgeführt. Am 5. Juni spricht Hofmannsthal über das *Vermächtnis der Antike*, dann faßt er im Gespräch mit Max Reinhardt den Entschluß, die beiden letzten Akte des *Turm* entscheidend umzugestalten. Im Dezember bereitet er den am 10. Januar 1927 an der Universität München gehaltenen Vortrag *Das Schrifttum als geistiger Raum der Nation* vor; ihm folgt im Sommer der von Hofmannsthal eingeleitete und zusammengestellte Band *Wert und Ehre deutscher Sprache*. Hofmannsthal fährt ein zweites Mal nach Sizilien (Februar 1927), das Spätjahr gehört dann der Arbeit an den für Amerika bestimmten Pantomimen zum *Großen Welttheater*, den Aufzeichnungen *Ad me ipsum* und *Andenken Eberhard von Bodenhausens*; in diese Zeit fällt der Beginn der *Arabella*, der letzten Arbeit für Richard Strauss, die Hofmannsthal wenige Tage vor seinem Tod zu Ende bringt. Fragment bleiben das *Chinesische Trauerspiel* (*Die Kinder des Hauses*) und der Romanplan *Herzog von Reichstadt*, der den bis 1927 verfolgten *Andreas*-Roman ablöst.

Am 4. Februar 1928 wird in München – nicht von Reinhardt – die zweite Fassung des *Turm* uraufgeführt, im Juni folgt die *Ägyptische Helena*, deren Premiere Hofmannsthal durch das wichtige imaginäre Gespräch gleichen Titels vorbereitete. Neben der Arbeit an *Arabella* (2. und 3. Akt im Oktober/November) werden mit Reinhardt Komödienpläne geschmiedet, u.a. *Das Hotel*. Im letzten Winter mehren sich die Zeichen krankhafter Überempfindlichkeit, Hofmannsthal verbringt depressionsreiche Wochen bei Carl J. Burckhardt in Basel, bricht dann noch einmal nach Italien auf, wo er Borchardt wiedersieht. Im Juni schließt er noch einen Vertrag, *Philipp II. und Don Juan d'Austria* in einem historischen Roman zu behandeln; im Juli ändert er den 1. Akt der *Arabella* und stellt damit auch Strauss zufrieden. Am 13. Juli scheidet sein Sohn Franz freiwillig aus dem Leben; als Hofmannsthal am 15. Juli zur Beerdigung aufbrechen will, erliegt er einem Schlaganfall.

Literatur zur Biographie und zum zeitgenössischen Hintergrund: *8; *13; *18; *26; *33; *34, S. 14–16, 17–45; *45; *51; *71; *102; *119; *123; *128; *146; *156; *185; *187; *191; *202; *206; *211; *212; *253, S. 227–240; *254.

2. Die Überlieferung des Werkes

Hofmannsthals Werk ist heute am leichtesten in den verschiedenen Gesamtausgaben zugänglich, bei denen die jüngeren die jeweils ältere(n) an Umfang und Textgenauigkeit zu übertreffen versuchten. Der Endpunkt dieser Entwicklung ist daher in der Kritischen Ausgabe erreicht, von deren 38 Bänden bis Ende 1992 21 Bände erschienen sind. – Am Anfang dieser Reihe steht die von Hofmannsthal selbst zusammengestellte Ausgabe der »Gesammelten Werke« in 6 Bänden, die zu seinem 50. Geburtstag erschien, aber nicht mehr als eine Repräsentation dessen bietet, was Hofmannsthal damals akzeptabel schien. Das erzählerische und essayistische Werk ist nur zu einem kleinen Teil vertreten, naturgemäß fehlen bedeutende Fragmente, darunter die zuvor schon publizierte *Silvia im ›Stern‹*. 1934 wurde diese Ausgabe, erweitert um *Reitergeschichte* und *Turm* (Kinderkönigfassung), noch einmal nachgedruckt.

Die lange Zeit gültige Ausgabe der »Gesammelten Werke in Einzelausgaben« besorgte Herbert Steiner in schließlich 15 Bänden zwischen 1945 und 1959, deren erste noch in Stockholm, die späteren in Frankfurt/M. erschienen. Stillschweigende Textrevisionen und unglückliche Zuordnungen (wie etwa des *Briefes* von Lord Chandos unter die »Prosa«) wurden früh schon beanstandet. – Einen erweiterten und verbesserten Textbestand bietet die zehnbändige Taschenbuchausgabe, die 1979/80 von Bernd Schoeller in Beratung mit Rudolf Hirsch herausgegeben wurde. Eines ihrer wesentlichsten Verdienste ist die (Wieder-)Einführung der Rubrik »Erfundene Gespräche und Briefe« sowie die Erschließung zahlreicher Aufzeichnungen aus dem Nachlaß.

Inzwischen war aber 1975 der erste Band der von Rudolf Hirsch initiierten Kritischen Ausgabe erschienen, die die Texte durch Beiziehung aller relevanten Vorstufen und Varianten aufbereitet, außerdem die Entstehungsgeschichte und Überlieferung des Werkes berichtet und es durch Zeugnisse und Sacherläuterungen kommentiert. Damit wird der ca. 20000 Manuskriptseiten umfassende Nachlaß der Forschung nach und nach zugänglich. Die Edition des lyrischen und des erzählerischen Werkes ist bereits abgeschlossen und hat gezeigt, daß das Verständnis auch vieler »vollendeter« Werke durch die Kenntnis der Vorstufen nicht nur erweitert, sondern zumindest teilweise erst durch sie ermöglicht wird (Beispiele wären aus dem *Jedermann* oder dem Märchen *Die Frau ohne Schatten* zu geben).

Der handschriftliche Nachlaß ist zum überwiegenden Teil im Freien Deutschen Hochstift/Frankfurter Goethemuseum aufbewahrt, das zugleich Träger der Kritischen Ausgabe ist. Handschriften zahlreicher unvollendeter Werke liegen in der Bibliothek der Harvard University, mithin fast die gesamten Aufzeichnungen und nachgelassenen Fragmente, mit Ausnahme von *Andreas, Silvia im* ›*Stern*‹ und *Der Sohn des Geisterkönigs*; der *Rosenkavalier* und *Arabella* sowie (aus dem Nachlaß von Lili Schalk) die Manuskripte der *Frau im Fenster* und des *Weißen Fächers,* auch *Ein Brief* (des Lord Chandos), schließlich die Reinschriften von *Die Hochzeit der Sobeide* und *Der Abenteurer und die Sängerin* liegen in der Wiener Nationalbibliothek, zahlreiche Briefe (außer dem beträchtlichen Bestand im Frankfurter Hochstift) und einzelne Manuskripte (*Das kleine Welttheater*) im Deutschen Literaturarchiv Marbach/N. – Weitere Handschriften befinden sich v.a. im Stefan George-Archiv, Stuttgart, in der Bayerischen Staatsbibliothek, München, im Richard Strauss-Archiv, Garmisch, in der Bibliotheca Bodmeriana, Genf, und in der P. Morgan-Library, New York.

B. Das Werk

1. Lyrik

Im Jahr 1925 schrieb Hofmannsthal einen Aufsatz über »C.F. Meyers Gedichte« und rühmte, nach viel Kritik, eine Strophe als »nahezu vollkommen«: »Was sie aussagt, ist, wie bei jedem großen Gedicht, in anderen Worten, ja in einer anderen Anordnung der gleichen Worte schlechthin unsagbar. Nicht Gedanke, nicht Gleichnis, nicht Wahrheit; nicht Bild, nicht Ton und Fall der Worte: nichts ist vom anderen zu sondern; aus dem allen ist die Einheit geschaffen« (10 63). Das berührt sich mit der unter dem Titel »Poesie und Leben« schon 1896 vorgetragenen Überzeugung, es komme ganz auf den eigenen Ton in der Lyrik an (8 17). Zwischenzeitlich hat sich Hofmannsthal vielfach über Lyrik geäußert, über Stefan George und Goethe, über Rudolf Alexander Schröder, über Volkslieder, zuletzt über St.-J. Perse, und dennoch läßt sich für die Beschreibung oder *Poetik* seiner Lyrik daraus nur sehr bedingt Aufschluß gewinnen. In den Aufsätzen über Swinburne (8 143–148) und Stefan George (8 214–221) wird die »pénétrance des Tones« (8 145) als Charakteristikum der Lyrik, in der Betrachtung »Bildlicher Ausdruck« (8 234) gar die unvermeidbare Uneigentlichkeit und Bildlichkeit der Sprache, besonders noch der dichterischen Sprache, als zentral herausgestellt. Immer wieder räumt Hofmannsthal dem Lyrischen eine eigenständige, von aller Verständigung oder Mitteilung freie Sphäre ein, ohne sie dem ›Leben‹ völlig zu entfremden. In Goethes »Divan« findet er ein »erhöhtes Leben« (8 441), und in einem späten Brief an Paul Zifferer erinnert er an Baudelaires Äußerung über Sonette: »Daß in einem solchen Gedicht die Zeilen und das in ihnen Gesagte nicht als ein Nacheinander anzusehen seien, sondern daß erst der das Sonnet zu lesen verstehe, der sie als gleichzeitig empfinde« (Bw Zifferer 238f.). Rückbezogen auf Lessings »Laokoon«-These wird auch hierbei das Fließende der Sprache zum Bild in der Omnipräsenz seiner Teile.

Versucht man, als einen anderen Weg, die von Steven P. Sondrup und C. M. Inglis erstellte *Wortkonkordanz* (*155) zu den Gedichten (der Steinerschen Ausgabe) mit gebotener Vorsicht

15

zu nutzen, so verraten vielleicht die mehr als 1200 Belege des Bindewortes ›und‹ etwas vom strömenden, das Übergewicht von ›ich‹ (371) und ›mir‹ (134) gegenüber dem ›du‹ (132 Belege) etwas vom subjektiven Charakter dieser Gedichte. Das ›und‹ wird zur Formel für das Zusammenführende, das Hofmannsthal mit der »millennarischen« Chiffre vom »Abend« einzufangen suchte (10 609); die ›und‹-Reihungen evozieren damit, wie in der »Ballade des äußeren Lebens«, »Tiefsinn und Trauer«. Und es ist nicht zufällig, daß diese das ›und‹ in den Vordergrund hebende »Ballade« am Ende sich auf den bedeutungsreichen Abend einschwingt. – Die Bevorzugung von sieben Substantiven: Leben, Seele, Augen, Nacht, Traum, Welt und Schatten deutet zumindest Hofmannsthals Zugehörigkeit zum Vokabular seiner Zeit und die Thematik seiner Lyrik an. Die Motive der klassisch-romantischen Lyrik, Liebe, Herz, Natur, das Erlebnis einer nicht bloß subjektiven ›Welt‹, spielen nur eine untergeordnete Rolle. Im Vortrag »Poesie und Leben« verweist er auf das Eigenschaftswort als Stilmittel. Daß es vorwiegend magische, geheimnisvolle Übergangszustände, »zarte Schattierungen und verschwimmende Halbtöne« bezeichnet, hat schon W. Perl (*10 30) erkannt.

Festeren Boden betritt man, eine dritte Zugangsmöglichkeit wählend, mit der *zeitlichen Gliederung* der Gedichte, die schon W. Perl 1936 in Grundzügen vorgeschlagen hat (*10 30–40). Hofmannsthal selbst spricht von der »ersten vorwiegend lyrisch-subjektiven Epoche: das Jugendoeuvre bis zirka 1899« (9 130). Dabei reichen die Anfänge lyrischer Versuche bis ins Jahr 1887 zurück. Bis etwa 1891 kann von einem epigonalen, wenn auch gekonnten Umgang mit literarischen Vorbildern gesprochen werden. Altkluge Lebensverdrossenheit (»Die meisten Bücher sind doch wie die Weiber / In einem Zug genossen und dann fort« II 18) tritt neben allzu unvermittelt wiedergegebene Lektüreeindrücke, etwa Nietzsches (»Gedankenspuk« II 33 f., »Sünde des Lebens« I 14 ff.), doch melden sich auch Züge persönlicher Reflexion (»Verse, auf eine Banknote geschrieben« II 28 f.). In den Jahren 1891 bis 1893 hat Hofmannsthal den modernen Ton der Lyrik erreicht, und es gelingen ihm Gedichte symbolistischen Stils. Rauschhaft gesteigerte Bildlichkeit (»Leben«, »Erlebnis«) und charakteristische Rhythmik (»Regen in der Dämmerung«) machen die Texte unverwechselbar. Eine Steigerung und bereits die Zeitgenossen zu Staunen erregende Vollendung und Vervollkommnung bescheren die großen Gedichte der Jahre 1894 bis 1896, die den Kern von Hofmannsthals schmaler Gedichtauswahl ausmachen: »Weltgeheimnis« und »Ballade des äußeren Lebens«, die Terzinengedichte, »Manche freilich . . .«, das »Lebenslied« u. a. Ab etwa 1897 treten zunehmend dialogische oder Rollen-Gedichte hervor, die bereits auf das die lyrischen Dramen beschließende »Theater in Versen« deuten und selbst im Vers ein kleines Welttheater inszenieren: »Der Jüngling und die Spinne«, »Der Kaiser von China spricht:«, »Gespräch«, »Großmutter und Enkel«. Nach 1900 hat Hofmannsthal nur noch vereinzelt Gedichte geschrieben, einige seiner schönsten aber den Libretti und Dramen eingegliedert, so das Lied des Harlekin (»Ariadne auf Naxos«) oder das Lied der Welt (»Das Salzburger Große Welttheater«).

Neben der zeitlichen scheint besonders die *formale Gliederung* eine Übersicht des lyrischen Werkes zu ermöglichen, obwohl sich kaum eine Form in diesen Gedichten wiederholt; jeder Text ist eine Gattung für sich. – Wie in Goethes Gedichtsammlung kann man auch bei Hofmannsthal einige Texte unter der Rubrik »Antiker Form sich nähernd« versammeln, sämtliche Distichen (Elegien und Epigramme), die persönliche Erlebnisse, Glücksmomente besonderer Intensität verarbeiten (»Unendliche Zeit« von 1895, I 51, »Südliche Mondnacht« von 1898, I 85), bzw., wie die Epigramme vom August 1898 (I 86 f., II 141), Elemente einer Poetik entfalten. Am Vorbild Goethes geschult, ließ sie Hofmannsthal nach den Erstdrucken in Zeitschriften später aber nicht wieder erscheinen. – Zu den romanischen Formen gehört, neben der Terzine, auch das Sonett, von dem es ein gutes Dutzend, vorwiegend von 1890/92, gibt; viele davon zeigen Hofmannsthal im Dialog mit einem bestimmten Vorbild; »Mein Garten« (I 20), »Der Prophet« (II 61) und »Rechtfertigung« (II 67) gehören der symbolistischen Phase an, während die sieben »Sonette« von 1891 (II 48–51) Gedichte über Kunst sind. Abgesehen von den symbolistischen Sonetten und der »Widmung« (II 71) für Ferdinand von Saar kann man sagen, daß Hofmannsthal dieser Form am ehesten Bedeutung verleihen konnte, wo er sie freier handhabe, wie etwa in »Die Beiden« (I 50). Noch der Calderónbearbeitung »Dame Kobold« von 1918 fügte er zwei Sonette ein (XV 107 f.). – Daß er auch mit östlichen Formen der Lyrik experimentierte, überdies ein guter Kenner der Gedichtzyklen von Goethe, Rückert und Platen war, belegen die 1890/91 entstandenen »Ghaselen« (vgl. I 10 f., 19, II 24, 44–46, 67), die aber in keine Gedichtsammlung übernommen wurden. Im Unterschied zur Terzine ist beim Ghasel »der reichen Formen Reigen« (I 11) nicht begrenzt, sondern reimlose Verse wechseln sich mit immer demselben Reim ab (abacada..) und zeigen somit etwas von der Selbstbezogenheit dieser frühen Verse an (»Für mich«). – Früh, schon 1892, hat Hofmannsthal auch liedhafte Gedichte verfaßt (»Melusine« I 36, »Mädchenlied« von 1893, II 82), in denen Reflexion und Sprachkunst einer leichteren Sangbarkeit untergeordnet werden. Das gilt weder für das »Lebenslied« noch für das »Reiselied«, wohl aber für die 1899 von »Des Knaben Wunderhorn« angeregten Texte »Im Grünen zu singen«, »Die Liebste sprach«, »Das Wort«, »Kindergebet« (I 93–96; vgl. II 145f.; vgl. *144). Diese Hinwendung zur schlichten Volksform von Lied (vgl. Mahlers Wunderhornvertonungen und seine vier ersten Symphonien) und Märchen schlagen sich zeitgleich im »Bergwerk zu Falun« nieder. Auch das Lied des gefangenen Schiffskochs (I 102) von 1901 gehört in diese Reihe; es erschien als Hofmannsthals letztes Gedicht in Georges ›Blättern für die Kunst‹ 1904.

Eine formal und inhaltlich sich aus der gesamten Lyrik heraushebende Gruppe sind die als Rollen- und Dialoggedichte anzusprechenden »Gestalten«, die Hofmannsthal (zum Teil) in der Gedichtausgabe von 1907 unter diesem Titel verbunden hat und damit den Anschluß ans dramatische Werk betonte. 1896 entsteht das auf fünf Sprecher verteilte Gedicht »Gesellschaft« (I 56f.), ein von Goethe inspiriertes Spiegelbild des Ausseer Freundeskreises. Die Verschränkung der Verse, die reigenhafte Anordnung und die knappe Selbsteinführung der Sprecher schöpfen Isolation und Verbundenheit der Einzelnen aus, damit schon auf »Das kleine Welttheater« vorausweisend. In diesem Zusammenhang sind auch die Rollengedichte »Der Jüngling und die Spinne« (in Terzinen, I 70f.), eine Initiationsgeschichte von der »Verknüpfung mit dem Leben« (I 322), vor allem aber »Der Kaiser von China spricht:« (I 72f.) zu sehen, das ursprünglich dem »Welttheater« zugehörte. Aus dem zur Geburt von Richard Beer-Hofmanns Tochter geplanten »Kinderfestspiel« (III 281–284) gingen zwei Texte hervor: Die märchenhaften »Verse auf ein kleines Kind« (I 79) rufen dieses in das »ewige Land« der Sonne, in dem »die alten, erhabenen Zeiten / Für immer noch immer noch da« sind; schlichte Wortwiederholungen und Tiermotive aus den Grimmschen Märchen (Unke) und den Gesta Romanorum (Delphin) evozieren ein entrücktes Kinderland der Phantasie. Umso artistischer nimmt sich daneben das »Gespräch« (I 80f.) aus, das den Brief Beer-Hofmanns über sein eben geborenes Kind aufnimmt, ihn jedoch zu einer

18

durchgehenden Kontrafaktur von Shakespeares »Sturm« um-
formt: Von der Analogie zwischen dem Zauberer Prospero und
dem Dichter Beer-Hofmann ausgehend, ist es das Kind, das
seinen Vater erst eigentlich mit dem Leben verknüpft, indem es
ihm ein sicheres Maß bietet, alles Scheinhafte und Erlogene zu
vermeiden. Daß der Gezeugte über dem Zeugenden zu stehen
vermag, erkennt Sigismund im »Turm« (XVI/1 95) und ist die
Basis der »Frau ohne Schatten«. – Der Dialog von »Großmutter
und Enkel« (I 91 f.) verwebt mit Goethescher Schlichtheit die
gegenseitige Entsprechung von Liebesaugenblick und Todes-
nähe, die die Kluft der Generationen zeitweilig aufzuheben vermag (vgl. *253 75–87), die Großmutter der abwesenden Geliebten, den Enkel dem verstorbenen Großvater anähnelt.

Als weitere Textgruppe innerhalb der Lyrik sind die nicht
wenigen »Briefgedichte« zu verbinden, die, an Beer-Hofmann
(II 76 ff., 107, 161 ff.) und Richard Dehmel (II 90 ff.), Lili Schalk
(II 97), Hermann Bahr (II 133), vor allem an Gertrud Schlesinger, Hofmannsthals spätere Frau, gerichtet (II 140, 148, 161), alle
unveröffentlicht geblieben sind. Hinzuzuziehen sind aber auch
»Botschaft« (I 78, in einem Entwurf mit »Brief« überschrieben: I
338) und wohl auch »Wir gingen einen Weg...« (I 76 f.). Viele
Briefgedichte zeigen Hofmannsthal von einer humoristischen,
sogar sprachspielerischen Seite, wobei ironisch dichterische Produktion und die Entfernung vom »Herd« aufeinander bezogen
werden (etwa II 161 = Bw Beer-Hofmann 115). – Schließlich
bilden die »Prologe« in lyrischer Form eine eigene Gruppe, zu
Schnitzlers »Anatol« (I 24 f.), zu gesellschaftlichen Ereignissen
(I 34 f., 38 ff., 68 f.) und zur Goethefeier von 1899 (I 97 f.). Die
konventionelle Anrede im Plural (»Ihr«, »Euch«) schlägt die
Brücke zur teilnehmenden Gesellschaft. Während die Gruppe
der »Gestalten« und der Prologe sich der Dramatik nähert (Pro-
und Epiloge auch in »Tod des Tizian«, »Tor und Tod«, »Der
weiße Fächer«), steht die Gattung des Prosagedichtes, deren
Anregung Hofmannsthal wohl den Franzosen verdankt, an der
Schwelle zur Erzählung. Von seinen Prosagedichten (XXIX
225–241, hinzuzuziehen ist 7 454 f.) spricht Hofmannsthal nur
im Jahr 1893, nachdem ihm diese Gattung besonders durch
Turgenjev und Baudelaire nahegebracht worden war. Die Zu-
schreibung der Texte zu dieser Gattung ist jedoch äußerst vage,
zumal Hofmannsthal selbst nur »Das Glück am Weg« (XXVIII
5–11) veröffentlichte und es überdies als »allegorische Nove-
lette« (XXVIII 199) qualifizierte; mit der Prosa »Gerechtigkeit«
(XXIX 228–230) teilt es den erzählerischen Charakter. Als reine

Prosagedichte sind »Die Rose und der Schreibtisch«, die Unversöhnlichkeit von Natur und Kultur thematisierend, »Geschöpf der Fluth« und »Geschöpfe der Flamme« (mit dem Kontrast vom Ausleben der Muschel und dem intensivierten Todesaugenblick des Schmetterlings), »Betrachtung« und die späte »Erinnerung« von 1924 (7 454 f.) anzusprechen (*121, *222).

Mein Garten und *Die Töchter der Gärtnerin* (I 20 und 22) gelten seit ihrer Veröffentlichung durch Bahr als handliche Schulbeispiele des Symbolismus; in beiden Fällen hat Hofmannsthal schon vorliegende Prosanotizen Ende Dezember 1891 unter dem Eindruck der Begegnung mit Stefan George zum Gedicht geformt; George sprach mit ihm über Baudelaire, Verlaine, Mallarmé, Poe und Swinburne (I 133, 10 340), doch war er schon von Hermann Bahr über den französischen Symbolismus unterrichtet (28. Mai 1891: 10 330 f.) und kannte auch Poe (I 126). Gemeinsam ist »Mein Garten« und »Die Töchter der Gärtnerin« die unvermittelbare Gegenüberstellung zwischen natürlich-lebendigem und kulturell-erstarrtem Bereich, der die Welt der Schönheit als künstliches Paradies der Unlebendigkeit aufdeckt. Immer wieder, auch später, deutet Hofmannsthal die künstlerische Formung des Lebens in Analogie zur tödlichen Vergoldung, von der Ovids Metamorphose des Königs Midas erzählt: »Mein Garten« ist der Garten des Midas, doch ist auch dessen Gegenwelt, der andere Garten des vermeintlichen Lebens, das duftende Bacchanal im Unterschied zu den bösen Blumen der Orchideen, nicht einfach eine Umkehrung der Midasmythe (I 135). Das Leben bleibt auch hier in einen Garten, in ein Stillebenbild (nature morte) von Huysum (I 141) eingerahmt und kann nicht unmittelbar erfahren werden: »Wir malen nie ein Ding, sondern immer den Eindruck, den ein Ding in uns macht: das Bild eines Bildes« (10 332).

Das Gedicht *Wolken* (I 23, 1891) spiegelt die Seelensubstanz des lyrischen Ich im unruhigen Schweifen und Gleiten des ›Wolkengewimmels‹; es ist zu keinem völligen Verstehen oder Ergreifen in der Lage und verfehlt sich. Aber die einer identifizierbaren Definition widerstreitende Flüchtigkeit ermöglicht andererseits eine Überwindung der Schwerkraft und somit die Erfahrung neuer Bereiche. Verworfene Varianten wie »schwülduftig« oder »Nachtathem« (I 145) zeigen noch die Anstrengung, aus dem Vokabular der Zeit einen eigenen Ton zu entwikkeln. Zeugnis dafür ist dann schon *Vorfrühling* vom März 1892 (I 26 f.), das Hofmannsthal zwar noch als eine Probe symbolistischer Gedichte bezeichnet (I 159 f.), im Unterschied zu den vorangehenden Texten aber in alle Gedichtsammlungen übernimmt und ihm dabei den programmatischen ersten Platz einräumt. Anders als in »Wolken« ist nicht mehr das Auflösende, sondern noch im Gleiten das seltsam Verbindende erstaunlich. Die Beatmung von Natur, Mensch und Kunst durch den belebenden Wind macht ihn zur Chiffre der Dichtung.

Einem der vorübergeht und *Der Prophet* (II 60 f.) setzen die Begegnung mit George in ein ironisches Licht. Gesteht das erstgenannte Gedicht, das an Titel von Baudelaire, Hugo und Nietzsche anklingt (II 286), dem Angesprochenen zu: »Du hast mich an Dinge gemahnet / Die heimlich in mir sind«, so wird beinahe gleichzeitig der »Prophet« zur gefährlichen Verführerfigur: »Das Thor fällt zu, des Lebens Laut verhallt (...) / Und er kann tödten, ohne zu berühren«. Es ist nicht überraschend, daß Hofmannsthal nur das erste Gedicht für George abschrieb, das zweite aber im Tagebuch verschloß, darüberhinaus sogar den anspruchsvollen Prophetenauftritt als »eine Episode« (II 288) sogleich wieder einschränkte und sich eingestand: »Inzwischen wachsende Angst; das Bedürfnis den Abwesenden zu schmähen«. Möglicherweise hat Hofmannsthal beide Gedichte nach schon vorliegenden Entwürfen erst auf George umgemünzt. Die (An-)-Spannung, unter der diese Beziehung »gleich vom ersten Augenblick an« stand (Bw Pannwitz 25), hat Hofmannsthal später genausowenig verschwiegen wie seine außerordentliche, die Grenze des Nachvollziehbaren zuweilen streifende Wertschätzung des Georgeschen Werkes – davon legen der George-Aufsatz von 1896, die Gespräche »Über Gedichte« 1903 und noch über »Die ägyptische Helena« 1928 Zeugnis ab. Neben das Dramenfragment »Der Priesterzögling« (s. S. 70) ist die Äußerung an Pannwitz (15.11.1919) zu stellen: »War George stärker als ich? Ich weiss es nicht, es ist zu viel Künstliches an ihm, *und er lässt zu viel aus*« (Bw Pannwitz 35).

Erlebnis (I 31, Juli 1892 entstanden) ist eines des Gedichte, das ein Moment des Lebens bereits im Titel führt (vgl. »Sünde des Lebens«, »Leben«, »Prolog und Epilog zu lebenden Bildern«, »Ballade des äußeren Lebens«, »Lebenslied«), jedoch den Verlust des Lebens und das Heimweh nach ihm thematisiert. Das programmatische Titelwort, seit Goethe ein Kennzeichen der Lyrik, wird hier seiner Unmittelbarkeit ganz beraubt: Kein Griff ins volle Menschenleben, sondern eine behutsame Selbstreflexion wird inszeniert, die (wie schon in »Die Töchter der Gärtnerin« die Blumen des Lebens und) die artifiziellen Blumen des Bösen und das Licht der Edelsteine evoziert. Nicht das Erlebnis des Lebens, sondern einer betörenden Musik – »das Wesen des Todes ist Musik« (I 177) – zeichnet sich ab und führt zur verfremdeten Erfahrung des sich selbst beobachtenden Lebens. Nicht die Unmittelbarkeit selbst, sondern die distanzierte, bewußte Reflexion wird zum ›Erlebnis‹, das sich aus umfangreichen Vorstufen zu einem der ersten Texte herauskristallisierte, die von Hofmannsthal in Georges ›Blättern für die Kunst‹ erschienen (Dezember 1892).

Der die Last der ganzen Welt im Kopf tragende Dichter phantasiert sich in dem Ende 1893 geschriebenen Gedicht *Welt und ich* (I 42) als ein neuer Atlas. Die Welt »so wie ein Silberbecken« haltend, wird er aber nicht der Wirklichkeit gerecht, sondern einer künstlichen Welt, die die Reihenfolge der Überschrift zu »Ich und Welt« verkehren müßte. Was hier als etwas überhebliche Anmaßung des Dichters auftritt, läßt das Gedicht »Manche freilich . . .« oder der Vortrag »Der Dichter und diese Zeit« glaubwürdiger erscheinen. Dort ist die Rede von dem Druck, der auf den Dichtern lastet, »als liege der Ozean über ihnen« (8 75).

Weltgeheimnis (I 43) aus dem Jahr 1894 verknüpft die Polarität von einstigem Wissen und jetziger Unwissenheit mit einer formalen Anlage als Kreis, indem das Ende an den Anfang anklingt. Der »tiefe Brunnen« ist einziger Garant einer Kontinuität, in der sich die einst allen gemeinsame Tiefe bewahrt hat, die aber sprachlich nicht vermittelbar ist. »Tief und stumm« zu sein bedingen und erläutern sich wechselseitig; jetzt, im unverstandenen Nachlallen des nicht in seinem Grund Begriffenen, ist die tiefere Verbindung zum Urgrund verlorengegangen, indem sie als Gerede von Mund zu Mund geht. Von der märchenhaft wunderbaren Weise, wie sich dennoch die »tiefe Kunde« des stummen Brunnens zu tradieren vermag, spricht das Gedicht: Der Blick des Mannes in die Tiefe läßt sich nicht rational vermitteln, er verliert das Begriffene, redet irr und singt ein Lied: Die der Logik entrückte Redeweise vermag etwas von der verlorenen Botschaft weiterzugeben, für die das Kind sich als besonders empfänglich erweist. Das zur liebenden Frau gewordene Kind gibt im Kuß die tiefe Mahnung an dumpf Geahntes. Die außerlogischen, ungezähmten Territorien des dichterischen Wortes (das »traumhafte Bruderwort« des Gedichtes im Unterschied zum »Wort als Träger eines Lebensinhaltes« (8 16)), der Kindheit und der Liebe teilen die tiefe und stumme Kunde mit, ohne sie durch Versprachlichung zu nivellieren. »Nun zuckt im

Kreis ein Traum herum«: Das traumhafte Bruderwort, aus der Unterschicht des Bewußtseins, ist der Schlüssel zu jener in Dichtung, Kinderspiel und Liebe bewahrten Tiefendimension, an der ›einst‹ alle teilhatten. Eine mehr dem Umfeld als der Theorie der Psychoanalyse nahestehende Poetik des Traumes hat Hofmannsthal immer wieder skizziert: »Einige begreifen das Leben aus der Liebe. Andere aus dem Nachdenken. Ich vielleicht am Traum« (10 386).

Die *Ballade des äußeren Lebens* (I 44), vermutlich 1894 geschrieben, ist ein Terzinengedicht und teilt mit den anderen Texten dieser Form das Thema der Vergänglichkeit, der »Auseinandersetzung mit dem Tod« (I 224): die sich verströmende Terzinenform spiegelt die Haltlosigkeit des (äußeren) Lebens wieder. Verbindungen bestehen überdies zum Projekt der »Landstraße des Lebens« (III 251 ff.) und, als Kontrapunkt, zum halbautobiographischen »Roman des inneren Lebens«. Das fortlaufende, ineinander verzahnte Reimschema – Vorbilder der Terzine sind bei Dante und Goethe, wohl auch bei Platen und Shelley zu suchen – und der ostinate Versbeginn mit »und« erzeugen eine Spannung, die die Aufmerksamkeit auf die Sprache selbst richtet. Das selbstverständliche Bindewort ›und‹, für das nach dem Ausweis der Wortkonkordanz in Hofmannsthals Lyrik mehr als 1200 Belege zu finden sind, wird durch seine vielfache Wiederholung in den Vordergrund gebracht (›foregrounding‹) und läßt den rhythmisch und reimend suggerierten Fluß des äußeren Lebens unselbstverständlich und fragwürdig werden. Mensch (Kinder, Worte, Orte) und Natur (Früchte, Wind) bleiben untereinander wie gegeneinander ohne Bindung und fremd. »Die wir doch groß und ewig einsam sind« stehen dem äußeren Leben teilnahmslos gegenüber: Die in den Schlußversen aufkommende Gegentendenz (»Und dennoch«) stellt auf eine andere Art wieder die Sprache selbst zur Disposition. Indem der viel sagt, »der ›Abend‹ sagt«, reflektiert das Gedicht sein eigenes Medium. Der Kontrast zwischen »und *reden viele* Worte« und »dennoch *sagt* der *viel*« unterstreicht die der äußerlichen Vergänglichkeit entrückte Sphäre des Wortes. Sein Inhalt ist nicht die romantische Nacht, die dem Reigen des Tages widerspricht, sondern die Zwischenzeit von Licht und Finsternis, vom Nicht-mehr des Tages und dem Noch-nicht der Nacht; nicht beschauliche Abendstimmung vermittelt das Gedicht, es stellt vielmehr der Vergänglichkeit des äußeren Lebens deren Aufhebung, Bewahrung, Steigerung im Wort gegenüber. Wer ›Abend‹ sagt, weiß um die Flüchtigkeit und rettet sie damit, veredelt sie zum tiefsinnig-traurigen, aber reifen (»schwerer Honig«) Wort.

Ende Juli 1894 entstand eine Gruppe von vier Terzinengedichten, nachdem Hofmannsthal zuvor »das erste wahrhaft schwere und traurige« erlebt hatte (I 228), den Tod der ihm sehr befreundeten vierundsiebzigjährigen Josephine von Wertheimstein. Als Hofmannsthal die Kranke zum letzten Mal sah, war er von ihrer Todesangst erschüttert und schrieb ins Tagebuch: »Alle Grösse und Schönheit nützt *nichts*« (I 228). Wie schon in »Ballade des äußeren Lebens« wird die mit einer ›ultima linea‹ schließende Terzinenform zur »Auseinandersetzung mit dem Tod« (I 224). Das erste Gedicht – mit dem Titel *Über Vergänglichkeit* (I 45) – thematisiert die inkommensurable Zeitlichkeit, »daß alles gleitet und vorüberrinnt«, doch steht neben dem Schmerz um die Vergänglichkeit des Anderen die ebensowenig begreifbare Einsicht in die Wandelbarkeit des eigenen Ich. Seiner eigenen Kindheit entfremdet, weiß es sich durch die »Verkettung alles Irdischen« (s. »Die Frau ohne Schatten«) seinen toten Ahnen nahe und verwandt. Daß Lyrik und Libretto sich durchaus zu entsprechen vermögen, was George nicht verstehen konnte, zeigt der Monolog der Marschallin im 1. Akt des »Rosenkavalier« (XXIII 36): »Aber wie kann das wirklich sein, / daß ich die kleine Resi war / und daß ich auch einmal die alte Frau sein werd!..«.

Von einer traumhaft entrückten Verbundenheit mit »niegeliebten Frauen«, einem ahnungsvollen Begreifen des »grossen Lebens«, spricht das zweite Gedicht, *Zuweilen kommen niegeliebte Frauen* (I 46). Das dritte, *Wir sind aus solchem Zeug wie das zu Träumen* (I 48), spielt mit Anklängen an Shakespeares »Sturm« und deutet die menschliche Lebenssubstanz als Traum (»Und drei sind eins: ein Mensch, ein Ding, ein Traum«). Wenn es in den Aufzeichnungen heißt, Hofmannsthal begreife das Leben »am Traum« (10 386), so ist doch, in den Träumen »von großer Magie«, der »Elektra«, der »Bühne als Traumbild« (8 490–493), der »Wege und Begegnungen« oder des »Andreas« der Traum nicht eindeutig lesbare Zeichenschrift, sondern gerade aufgrund seines logisch nicht einholbaren Bedeutungsreichtums Spiegel der Lebenswirklichkeit. – Logische und grammatikalische Ordnung ist auch im vierten Terzinengedicht angesichts eines übermächtigen Staunens aufgegeben: »Die Stunden! wo wir auf das helle Blauen / Des Meeres starren und den Tod verstehn« (I 49).

Die Beiden (I 50) sind das Zeugnis einer erotischen Begegnung von Mann und Frau, die sich gerade im Scheitern ihrer gesellschaftlichen Formulierung – sie bringt dem Reiter einen Becher, doch keiner greift danach, so daß der Wein am Boden rollt – manifestiert. Der dämonische Augenblick läßt ihren Gang unsicher, seine Hand schwer werden, das lyrische Gebilde läßt die Hand-lung förmlich zergehen.

Ein Traum von großer Magie (I 52 f., 1895) bannt den Augenblick einer Entrückung in die fließende Form der Terzine. Die unvermutete Traumbegegnung mit dem großen Magier läßt Gesetze und Grenzen der Wirklichkeit momenthaft zurücktreten vor der Vision einer kosmischen Allverbundenheit. Boden wird zu Wasser, das Flüssige zum tönenden Stein, und die alle Menschen verbindende »Macht der Schwere« kommt zum Erliegen. Der Magier ruft die Vergangenheit herauf und »fühlte traumhaft aller Menschen Los«, womit das Gedicht sich in die Tradition der visionären Inspiration durch den Traum (wie beispielsweise Coleridges »Kubla Khan«) einreiht. Die Rückkehr in den Bereich des irdisch Bedingten formuliert unter Anlehnung an Schopenhauer und Paracelsus die Erkenntnis, daß der Schwerpunkt des Ich diesem nicht intern, sondern extern ist. Er wohnt nicht in uns,

> »Doch Er ist Feuer uns im tiefsten Kerne
> – So ahnte mir, da ich den Traum da fand –
> Und redet mit den Feuern jener Ferne
>
> Und lebt in mir, wie ich in meiner Hand.« (I 53)

Manche freilich ... (I 54) aus dem Jahr 1895/96, ein Text, dem man weder seine längere Entstehungszeit noch die vielfältigen Anspielungen ansehen kann, ist ein Gedicht von der sozialen Verantwortung des Dichtens, mithin eine ans Existentielle rührende Selbstbefragung. Zwischen drunten und droben, Ruder und Steuer scheinen die Geschicke unvermittelt und unversöhnlich verteilt: Während die einen bei den Wurzeln des Lebens mit schweren Gliedern liegen und sterben, ist den andern das Wohnen »leichten Hauptes und leichter Hände« eingeräumt. Doch die vermeintliche Entgegensetzung enthält schon in sich die dialektische Auflösung der Opposition: Die *schweren* Glieder der Benachteiligten bewegen sich an der *Wurzel* des Lebens, während die Bevorzugten nicht nur leichten Hauptes sind, sondern in der Gefahr des leichten Sinnes stehen, nämlich leichtsinnig die Verbindung zum Leben zu verlieren. So fällt der Schatten nicht von der Lichtquelle – von ›droben‹ – auf die untere Welt, sondern von der Schwere auf die leichte Existenz der (jetzt nicht mehr unangefochten) Bevorzugten. Wer Umgang mit der Zeichen- und Deutekunst pflegt – darauf weisen der »Vogelflug«, die »Sterne« und die »Sibyllen« – ist fern von der Schwere und der Wurzel des Lebens: Nicht die Schwere selbst, sondern ihr Schatten fällt ins leichte Leben hinüber, das ihrer bedarf wie der Luft und der Erde. Das vom fremden Geschick beschwerte, vermeintlich leichte Leben ist für das *ganze* Dasein offen; seine Lider verschließen sich nicht vor der Vergangenheit oder der räumlichen Ferne (vgl. »Der Dichter und diese Zeit«), sondern es sieht sich in der Solidarität der Schicksalsgemeinschaft. Nicht des leichten »Lebens / Schlanke Flamme oder schmale Leier«, nicht das behäbige Thronen »wie zu Hause, / Leichten Hauptes und leichter Hände«, ist der Anteil des Dichters, sondern seine Aufgabe als lidloser, schlafloser Seismograph mit einer auch das Fernste erschrocken verzeichnenden Seele. – Der Zusammenhang der »socialen Frage« der unterschiedlichen Geschicke des Lebens, des Volkes und der »obern Schichten« mit dem, was er wirkliches Leben nennt und wie es sich ausdrücken läßt, spielt in Hofmannsthals Brief an den Jugendfreund Edgar Karg von Bebenburg vom 18. Juni 1895, der Entstehungszeit des Gedichtes, eine zentrale Rolle (Bw 79–83).

Dein Antlitz . . . (I 55; 1896) ist ein Gedicht der Erinnerung, dessen ursprünglicher Titel, »Kindersommer« (I 266), klarer als der jetzige mit seiner vermeintlichen Anrede die Selbstbezüglichkeit zum Ausdruck bringt. Es ist daher relativ belanglos, wo nicht irreführend, in dem doch nur gleichsam als Erinnerungshilfe Angesprochenen eine konkrete Person (Georg von Frankkenstein) zu suchen.

In dem *Lebenslied* (I 63) überschriebenen Gedicht von 1896 verbinden sich Erlebtes, Symbolisches und die Sprachmagie von Rhythmus und Reim zu einem Gebilde, dem seit seiner Veröffentlichung der Ruf der Unverständlichkeit vorausgeht. Die Studie von Exner (*53) und die Darlegung der Vorstufen (I 287 ff.) bieten nun eine breite Basis für jede Beschäftigung. Dabei kommt es darauf an, die Gestalt des Erben – in den Handschriften ist er noch der Enkel – in ihrer Außerordentlichkeit wahrzunehmen; die emphatische, Ausrufungszeichen einsetzende Sprachbewegung stellt ihn als eine Ausnahmeerscheinung dar, denn es ist offenbar erstaunlich, daß er etwa geht wie einer, den »kein Walten / Vom Rücken her bedroht«, daß ihm jede Stelle zur »Schwelle« wird. Ex negativo wird hier die – im Unterschied zum Erben – nicht fraglose Existenz des ›Normalen‹ rekonstruierbar als diejenige, die nicht zu lächeln vermag, »wenn die Falten / Des Lebens flüstern: Tod!«, als diejenige, die weder von allen Erden noch den schwebend unbeschwerten Abgründen getragen wird. Der Erbe ist demgegenüber ein lächelnd unangefochtener Gewinner, der sich von irdischer Bedingtheit weitgehend zu lösen verstanden hat: Die Toten sind ihm gerade so viel oder so wenig wie das Schreiten von irgendwelchen Tänzerinnen, das kultisch bedeutsame Salböl verschwendet er lächelnd. Er ist der »Heimatlose«, der sich jeder Welle hingibt, selbst aber keine aktive Rolle übernimmt. Er verschwendet und lächelt, geht unbeschwert und läßt sich mitnehmen, beflügeln, tragen. Nur im abendlichen Dunkelwerden der Flüsse deutet sich eine Begrenzung dieses sonst ungehemmten Strömens ab – allerdings in der Sphäre des tätigen (Hirten-)Lebens, nicht des Erben. In ihm – mit Exner – eine den Hofmannsthalschen Jünglingsgestalten der lyrischen Dramen verwandte Erscheinung zu sehen, hat einiges für sich, weniger aber die Deutung des Gedichts als Triumph der Präexistenz oder Herrschaft über das Leben (*53 96). Neben seiner Passivität diskreditiert den Erben auch sein abweisendes Verhältnis zum Tod: »Er hat von seiner Seele / Der Todten Dienst entfernt« (I 288), heißt es in einer Variante, und die in einer Notiz skizzierte *Eroberung* eines »heidnischen Zustandes« (in dem man »das andere, problematische dem Tod verwandte Gesinnungen« angenommen habe, I 291) gilt nicht für den Erben. Bezeichnend ist, daß Hofmannsthal diese jede Gunst des Lebens pflückende, vielleicht aber auch ihr Leben vergeudende Figur – in der der Abenteurertypus anklingt – nicht mit dem Titel »Lebenslied« verbunden sehen wollte. Erst 1907 erschien das Gedicht mit diesem schon 1896 gefundenen Titel – in dem Jahr also, seit dem Hofmannsthal in den Komödien den Abenteurertypus gewähren lassen und ihn durch eine dramatische Konfiguration relativieren konnte; im »Abenteurer«-Stück von 1898 hatte er ihn noch bloßgestellt, im »Lebenslied« als Ausnahme in ihrer Bedingtheit beschworen. – Und daß Verse des »Lebensliedes« schließlich den Ungeborenen in der »Frau ohne Schatten« in den Mund gelegt werden sollten (I 297), bezeugt noch einmal die den Erben kennzeichnende, bezeichnende Distanz zum Leben.

Die zur Gnome komprimierte *Inschrift* (I 67) von 1896 wurde in den ›Blättern für die Kunst‹ publiziert, von Hofmannsthal aber in keine seiner Gedichtsammlungen aufgenommen, jedoch mit auffallender Intensität in verschiedenen Werken wieder selbst zitiert und variiert, im »Bergwerk« etwa als Motto, daneben auch in »Ödipus«, »Silvia« und der »Frau ohne Schatten«. Eher der Spruchdichtung des alten Goethe als Georges gemeißelter Kunst nahestehend, erfährt das Gedicht die Sprache des Lebens selbst als schaudernmachende Inschrift, als Einzeichnung und Verletzung, die erst dadurch Sinn verstehbar werden läßt.

Wir gingen einen Weg... (I 76f., August 1897) verknüpft einfache Formen wie den Blankvers mit einer ebenso esoterisch wie mystisch erscheinenden Bewegung, einem »Abenteuer« (V. 39), in dem Hingabe und Besitz als »correlative Begriffe«, als »Begegnung« (I 333), erfaßt werden. Die Sprengung der Wirklichkeitserfahrung (»Denn ich war da und war zugleich auch dort«), der Aufschwung, der das lyrische Ich mit dem Berg verbindet, finden sich, gleichsam als Prosagedicht, wieder in der Schilderung von Andreas' glücklichstem Augenblick, der Abreise aus Kärnten. Dort wie hier ist der momenthaft ekstatische Überschwang ein Erlebnis nicht der Nähe, sondern der verbindenden Entfernung.

Das *Reiselied* (I 84) ist in seiner äußersten, liedhaften Verknappung kein Bericht, sondern selbst ein Übergang; geschrieben bei Hofmannsthals Alpenübergang nach Italien (nach Entwürfen von 1897) im August 1898, vollzieht es zugleich, was es benennt. Die erste Strophe führt mit artikellosen Substantiven (Wasser, Vögel) und mehrdeutigen Satzbezügen (Temporal- und Hauptsatz sind nicht unterschieden) die lebensgefährliche Hektik einer kritischen, von äußerster Geschwindigkeit beherrschten Situation vor. Gegenüber der Gewaltsamkeit und Bedrohlichkeit dieses Natureingangs, bei dem offen bleibt, ob die Vögel als Angreifer oder Beschützer zu lesen sind, hebt sich die ruhige und friedliche Szenerie des ›unten‹ liegenden Landes ab. Die Gefährlichkeit von Wasser und Fels entspannt sich zur Harmonie von See und Land, den starken Vogelschwingen antworten nun die leichten Winde. Den Übergang ins fruchtbare Land altersloser Seen, den das Gedicht ins Wort bannt, hat es selbst schon hinter sich, indem es die Bedrohtheit des Lebens in einer beruhigten Kunstwelt überstiegen hat. Und zugleich ist dieses – überaus anspielungsreiche (Goethes »Mignon«, »Tausendundeine Nacht«) – »Reiselied« ein Lebenslied vom Übergang aus dem Chaos in den Frieden einer Unterwelt.

Beschwor die »Ballade des äußeren Lebens« im Abend eine reiche Summe des Tages, so legt das erst 1907 geschriebene Jambengedicht *Vor Tag* (I 106f.) das Gewicht auf »das geisterhafte Frühlicht« eines beklemmenden, fahlen Tagesanbruchs. Zwischen der Teilnahmslosigkeit der animalischen oder organischen Natur (der Kuh, des Wassers) und der Entrücktheit des Marterlbildes von Christus und Maria findet der Mensch seine eigene Mitte nicht mehr, reagiert mit Grausen und Angst auf seine Handlungen, die sich verselbständigt haben. Die Stimmung erinnert an die frühe »Andreas«-Konzeption und »Die Briefe des Zurückgekehrten«.

Die Verse *Josef Kainz zum Gedächtnis* (I 108–110) wurden bei der Trauerfeier für den großen Goethe- und Shakespeare-Darsteller am 22. Oktober 1910 im Berliner Deutschen Theater gesprochen – dort hatte Kainz 1899 den »Abenteurer« gespielt. Später regte er Hofmannsthal zum Gespräch über Goethes »Tasso« (1906) an und brachte ihm die Cristina-Episode aus den Memoiren Casanovas nahe (1908). Die Verse stellen eine bei Hofmannsthal seltene Form sprachlich-hymnischer Evokation vor, die fast den Ton von Rilkes Elegien und Sonetten vorwegnimmt. Gleichzeitig bleibt die Figur des geschätzten Schauspielers eine leere Mitte, gleichsam das chamäleonartige Wesen, das sich der Verwandlung durch das Leben entzieht: »Ein Unverwandelter in viel Verwandlungen« (V. 18). – Vorausgegangen waren die Schauspielergedichte »Zum Gedächtnis des Schauspielers Mitterwurzer« von 1898 (I 82f.) und »Auf den Tod des Schauspielers Hermann Müller« von 1899 (I 89f.). Der Zusammenhang zwischen dem Tod und dem Schauspieler ist in diesen Gedichten, darin Goethes »Auf Miedings Tod« und »Euphrosyne« aufgreifend, mehr als bloße Gelegenheit und verquickt mit dem Motiv der Welt als Bühne. Der Abschied von der Bühne (des Lebens) macht den Tod zur wirklichen Welt ›vor dem Vorhang‹, und der Schauspieler wird zur Maske des Lebens.

Zu Hofmannsthals größeren Gedichtentwürfen zählen *Der Frohe und der Schwermütige* (II 170–176), zwischen 1901 und 1917 im Anschluß an Miltons Doppelgedicht »L'Allegro« und »Il Penseroso« aufgegriffen. Die Konfrontation von Aktivität und Beobachtung, von der Ersetzbarkeit des Augenblicks (II 174) und der Antizipation der Todesstunde setzt die schon im Erzählfragment »Amgiad und Assad« erprobte, in den Komödien nachwirkende Konstellation fort. – Auch die 1912 entstandenen Ansätze zu einer Darstellung der sieben Lebensalter (*Lebenspyramide*, II 181–183) haben Spuren im weiteren Werk gezogen: Komödien und Novellen, aber auch »Jedermann« und

»Andreas« thematisieren immer wieder die typischen Erscheinungen der Lebensstadien.

Pläne für Gedichtsammlungen hat Hofmannsthal bereits 1894 festgehalten, doch wurde auch der Plan für »ein kleines Buch: ›die Betrachtungen, die geschnittenen Steine und die redenden Masken‹«, der 1898 im Briefwechsel mit George erörtert wird, nicht verwirklicht. Erst 1903 erschienen »Ausgewählte Gedichte« (im Verlag der ›Blätter für die Kunst‹, 1904 in zweiter, veränderter Auflage), 1907 dann »Die gesammelten Gedichte« im Insel-Verlag, u. a. vermehrt durch die Gruppe der »Gestalten«, der »Prologe und Trauerreden« sowie »Tizian« und »Idylle«. 1911 erschienen die Gedichte mit den »Kleinen Dramen« (und den Vorspielen) zusammen, 1922 als »Die gesammelten Gedichte« mit Liedern des Harlekin und der Zerbinetta (aus »Ariadne«), der Ungeborenen (»Die Frau ohne Schatten«) und der Welt (»Salzburger Welttheater«). Die Gesammelten Werke von 1924 wurden durch die Gedichte, nun ohne Unterabteilungen, eingeleitet. – Im einzelnen variiert die Auswahl durch den Dichter, doch nahm er »Vorfrühling«, »Erlebnis«, »Weltgeheimnis«, »Ballade des äußeren Lebens«, »Über Vergänglichkeit«, »Die Stunden!«, »Manche freilich . . .«, »Dein Antlitz . . .«, »Der Jüngling in der Landschaft« (z. T. unter »Gestalten«), »Ein Traum von großer Magie«, »Gesellschaft« (unter »Gestalten«) und »Lebenslied« in jede der Sammlungen auf.

Ausgaben der ausführlicher behandelten Gedichte: Mein Garten Die Nation, Berlin, 18. Juni 1892 (in: H. Bahr, Symbolismus); Frankfurt 1952 (GW, Steiner, Gedichte und lyrische Dramen, S. 500); Frankfurt 1979 (1 122); Frankfurt 1984 (I 20) *Die Töchter der Gärtnerin* Die Nation, Berlin, 18. Juni 1892 (in: H. Bahr, Symbolismus); Frankfurt 1952 (GW, Steiner, Gedichte und lyrische Dramen, S. 501); Frankfurt 1979 (1 123); Frankfurt 1984 (I 22) *Wolken* Blätter für die Kunst 1, Bd. 2 (Dezember 1892, S. 40 f.); Frankfurt 1952 (GW, Steiner, Gedichte und lyrische Dramen, S. 470); Frankfurt 1979 (1 126); Frankfurt 1984 (I 23) *Vorfrühling* Blätter für die Kunst 1, Bd. 2 (Dezember 1892, S. 43 f.); Berlin 1903 (Ausgewählte Gedichte); Leipzig 1907 (Die gesammelten Gedichte); Berlin 1924 (GW, Bd. 1, S. 3 f.); Frankfurt 1952 (GW, Steiner, Gedichte und lyrische Dramen, S. 7 f.); Frankfurt 1979 (1 17 f.); Frankfurt 1984 (I 26 f.) *Erlebnis* Blätter für die Kunst 1, Bd. 2 (Dezember 1892, S. 39); Berlin 1903 (Ausgewählte Gedichte); Leipzig 1907 (Die gesammelten Gedichte); Berlin 1924 (GW, Bd. 1, S. 4 f.); Frankfurt 1952 (GW, Steiner, Gedichte und lyrische Dramen, S. 8 f.); Frankfurt 1979 (1 19); Frankfurt 1984 (I 31) *Welt und ich* Wiener Allgemeine Zeitung, 25. Dezember 1894; Frankfurt 1952 (GW, Steiner, Gedichte und lyrische Dramen, S. 73 f.); Frankfurt 1979 (1 141); Frankfurt 1984 (I 42) *Weltgeheimnis*

Blätter für die Kunst 3, Bd. 2 (März 1896, S. 40 f.); Berlin 1903 (Ausgewählte Gedichte); Leipzig 1907 (Die gesammelten Gedichte); Berlin
1924 (GW, Bd. 1, S. 10); Frankfurt 1952 (GW, Steiner, Gedichte und
lyrische Dramen, S. 15); Frankfurt 1979 (1 20); Frankfurt 1984 (I 43)
Ballade des äußeren Lebens Blätter für die Kunst 3, Bd. 1 (Januar 1896,
S. 12); Berlin 1903 (Ausgewählte Gedichte); Leipzig 1907 (Die gesam-
melten Gedichte); Berlin 1924 (GW, Bd. 1, S. 11); Frankfurt 1952 (GW,
Steiner, Gedichte und lyrische Dramen, S. 16); Frankfurt 1979 (1 23);
Frankfurt 1984 (I 44) *Über Vergänglichkeit* Blätter für die Kunst 3, Bd. 2
(März 1896; S. 38); Berlin 1903 (Ausgewählte Gedichte); Leipzig 1907
(Die gesammelten Gedichte); Berlin 1924 (GW, Bd. 1, S. 14); Frankfurt
1952 (GW, Steiner, Gedichte und lyrische Dramen, S. 17); Frankfurt
1979 (1 21); Frankfurt 1984 (I 45) *Zuweilen kommen niegeliebte
Frauen . . .* Pan 1, Heft 2 (1895, S. 87); Frankfurt 1952 (GW, Steiner,
Gedichte und lyrische Dramen, S. 75); Frankfurt 1979 (1 163); Frank-
furt 1984 (I 46) *Wir sind aus solchem Zeug . . .* Pan 1, Heft 2 (1895, S. 88);
Berlin 1903 (Ausgewählte Gedichte); Leipzig 1907 (Die gesammelten
Gedichte); Berlin 1924 (GW, Bd. 1, S. 15); Frankfurt 1952 (GW, Steiner,
Gedichte und lyrische Dramen, S. 18); Frankfurt 1979 (1 22); Frankfurt
1984 (I 48) *Die Stunden! Wo wir auf das helle Blauen . . .* Pan 1, Heft 2
(1895, S. 86); Berlin 1903 (Ausgewählte Gedichte); Leipzig 1907 (Die
gesammelten Gedichte); Berlin 1924 (GW, Bd. 1, S. 15); Frankfurt 1952
(GW, Steiner, Gedichte und lyrische Dramen, S. 17 f.); Frankfurt 1979
(1 21); Frankfurt 1984 (I 49) *Die Beiden* Wiener Allgemeine Zeitung, 25.
Dezember 1896; Berlin 1904 (Ausgewählte Gedichte. Zweite Ausgabe);
Leipzig 1907 (Die gesammelten Gedichte); Berlin 1924 (GW, Bd. 1,
S. 7); Frankfurt 1952 (GW, Steiner, Gedichte und lyrische Dramen,
S. 11); Frankfurt 1979 (1 27); Frankfurt 1984 (I 50) *Ein Traum von
großer Magie* Blätter für die Kunst 3, Bd. 1 (Januar 1896, S. 9–11); Berlin
1903 (Ausgewählte Gedichte); Leipzig 1907 (Die gesammelten Gedichte); Berlin 1924 (GW, Bd. 1, S. 17 f.); Frankfurt 1952 (GW, Steiner,
Gedichte und lyrische Dramen, S. 20 f.); Frankfurt 1979 (1 24 f.); Frankfurt 1984 (I 52 f.) *Manche freilich . . .* Blätter für die Kunst 3, Bd. 2 (März
1896, S. 39); Berlin 1903 (Ausgewählte Gedichte); Leipzig 1907 (Die
gesammelten Gedichte); Berlin 1924 (GW, Bd. 1, S. 16); Frankfurt 1952
(GW, Steiner, Gedichte und lyrische Dramen, S. 19); Frankfurt 1979
(1 26); Frankfurt 1984 (I 54) *Dein Antlitz . . .* Blätter für die Kunst 3,
Bd. 2 (März 1896, S. 44); Berlin 1903 (Ausgewählte Gedichte); Leipzig
1907 (Die gesammelten Gedichte); Berlin 1924 (GW, Bd. 1, S. 9);
Frankfurt 1952 (GW, Steiner, Gedichte und lyrische Dramen, S. 13);
Frankfurt 1979 (1 29); Frankfurt 1984 (I 55) *Lebenslied* Wiener Rund-
schau, 15. November 1896; Berlin 1903 (Ausgewählte Gedichte);
Leipzig 1907 (Die gesammelten Gedichte); Berlin 1924 (GW, Bd. 1,
S. 7 f.); Frankfurt 1952 (GW, Steiner, Gedichte und lyrische Dramen,
S. 12 f.); Frankfurt 1979 (1 28); Frankfurt 1984 (I 63) *Inschrift* Blätter für
die Kunst 3, Bd. 4 (August 1896, S. 112); Frankfurt 1952 (GW, Steiner,
Gedichte und lyrische Dramen, S. 78); Frankfurt 1979 (1 176);

Frankfurt 1984 (I 67) ; *Wir gingen einen Weg . . .* Blätter für die Kunst 4, Bd. 1 und 2 (November 1897, S. 9f.); Frankfurt 1952 (GW, Steiner, Gedichte und lyrische Dramen, S. 83f.); Frankfurt 1979 (1 182f.); Frankfurt 1984 (I 76f.) *Reiselied* Wiener Rundschau, 15. September 1898; Berlin 1904 (Ausgewählte Gedichte. Zweite Ausgabe); Leipzig 1907 (Die gesammelten Gedichte); Berlin 1924 (GW, Bd. 1, S. 6); Frankfurt 1952 (GW, Steiner, Gedichte und lyrische Dramen, S. 11); Frankfurt 1979 (1 35); Frankfurt 1984 (I 84) *Vor Tag* Morgen 1, Nr. 21 (1. November 1907); Berlin 1924 (GW, Bd. 1, S. 5f.); Frankfurt 1952 (GW, Steiner, Gedichte und lyrische Dramen, S. 9f.); Frankfurt 1979 (1 39f.); Frankfurt 1984 (I 106f.).

Literatur zur Lyrik insgesamt: *10; *17; *38; *54, S. 25–44; *58, S. 41–56, 118–124; *61; *94, S. 25–40, 113ff., 191ff.; *137, S. 271–293; *144; *145; *148; *155; *214; *217; *222; *242; *244, S. 979–983; *246.

*Literatur zu einzelnen Gedichten (vgl. dazu den Forschungsbericht von Koch, s. S. 184, sowie die Bibliographie in *246, S. 382–406): Welt und ich:* R.Lorbe in *242, S. 98–120; *Weltgeheimnis:* *35, S. 28–42; *116, S. 120–123; *Ballade des äußeren Lebens:* *30; *Terzinen:* *43; S. P. Sondrup in *242, S. 175–199; *Die Beiden:* *77; *152, S. 55–60; *Ein Traum von großer Magie:* *76; *228, S. 29–40; *253, S. 25–47; *Manche freilich . . . :* *76; *196; *247; *256; *Dein Antlitz . . . :* D. E. Jenkinson in *242, S. 78–97; *Ein Knabe:* *35, S. 20–25; *Nox portentis gravida:* J.Hudson in *242, S. 57–77; *Lebenslied:* *53; *67; *152, S. 64–76; *Der Jüngling in der Landschaft:* *139; *253, S. 49–61; *Wir gingen einen Weg . . . :* R.Exner in *242, S. 29–56; *Reiselied:* *235, S. 34–48; *Großmutter und Enkel:* *253, S. 75–87; *Vor Tag:* *151.

2. Lyrische Dramen der 1890er Jahre

Gestern, das dramatische Erstlingswerk des siebzehnjährigen Dichters, erschien im Herbst 1891 unter dem Pseudonym Theophil Morren und erregte unter den Zeitgenossen bereits großes Aufsehen. Neben Hermann Bahrs, Gustav Schönaichs und Marie Herzfelds rühmenden Besprechungen reagierte auch Karl Kraus auf das Werk, dem der Dichter sich selbst bald entfremdete. Schwankende Charakterisierungen wie »dramatische Studie« (im Insel-Druck 1901), »Lustspiel« (an Max Pirker, III 325, 1921) oder »Proverb in Versen mit einer Moral« (1892 an Marie Herzfeld, III 319), zeigen die unsichere Selbsteinschätzung, die auch in der Orientierung an den Einaktern von Alfred de Musset zum Ausdruck kommt – aus ihnen sind einige

Namen der Protagonisten, aber auch die Anlage des ›proverbe‹ übernommen. Indessen entspringt die Thematik des Stückes einer Hofmannsthalschen Selbsterfahrung, die das Tagebuch vom 17. Juni 1891 festhält:

»Wir haben kein Bewußtsein über den Augenblick hinaus, weil jede unsrer Seelen nur einen Augenblick lebt. Das Gedächtnis gehört nur dem Körper: er reproduciert scheinbar das Vergangene, d.h. er erzeugt ein ähnliches Neues in der Stimmung. Mein Ich von *gestern* geht mich sowenig an wie das Ich Napoléons oder Goethes« (III 309, 10 333).

Die farbenfrohe, luxuriös überladene Endzeit der Renaissance bildet den Hintergrund des Spiels. Andrea ist ein hemmungslos seinen Empfindungen und Launen hingegebener Genuß-mensch, der aus Freunden und Dingen jeweils einen Reiz zu gewinnen sucht, sich aber jeder Verpflichtung oder Bindung enthoben sieht.

> »Das Gestern lügt, und nur das Heut ist wahr!
> Laß dich von jedem Augenblicke treiben,
> Das ist der Weg, dir selber treu zu bleiben« (III 13).

Treue sich selber oder andern gegenüber erscheint ihm als unnatürliche Fiktion, und der Jugendfreund Massilio, der die gemeinsame Begeisterung für die Askese Savonarolas in Erinnerung ruft, erweist sich als unliebsamer Gast einer lebendigen Vergangenheit. Indessen wird Andrea im Verlauf der Szenen die schmerzliche Einsicht zuteil, daß »wir sehend doch nicht sehen, was wir sind« (III 30), denn seine Geliebte Arlette hat ihn gestern, als Andrea bei seinen Freunden war, mit seinem besten Freund betrogen. Andreas anfängliche Behauptung – »Für immer ist dies Gestern hingeschwunden!« (III 13) –, findet am Ende ihre Umkehrung: Das Gestern ist nicht abgeschlossen und vergessen, sondern es »*ist*, so lang wir wissen, daß es *war*« (III 34). – Das bloße Genießen und Sich-treiben-lassen scheitert damit am Bewußtsein und wird einem ethisch-moralischen Urteil unterworfen, wobei es für Hofmannsthal charakteristisch ist, daß die entscheidende Frage an das Moment der Zeit gestellt wird. Andreas Mißachtung der Vergangenheit und Zukunft erweist sich als nicht lebensfähig und muß mit »wahrem Leiden« (III 30) bezahlt werden, denn am Verhältnis zur Zeitlichkeit und ihrer Konsequenz, dem Tod, entscheidet sich das Schicksal der Hofmannsthalschen Figuren.

Die mit diesem Frühwerk, dessen Schwächen Richard Alewyn deutlich gemacht hat (*34 46–63), begründete »Bakteriologie der Seele« (an H. Bahr, III 309) entspringt der Beschäftigung mit Nietzsche und den in den Essays desselben Jahres (1891) gedeuteten fin-de-siècle-Autoren, erweist sich zugleich aber auch als Embryo des gesamten Werkes. Der Zusammenhang von Treue und Selbstbesitz, von Augenblick und Selbstverlust erhält noch in »Elektra« und »Ariadne« entscheidende Akzente, andrerseits ist die Suche nach einer sozialen Existenzform Thema der späteren Komödien, die immer wieder auf die in Andrea präfigurierte Abenteurergestalt zurückkommen. Das »Zerbrechen der Einheit des Ich« (III 329) an der Unfähigkeit, sich mit Zeit und Mitmensch ins Verhältnis zu setzen, bereitet die Problematik von »Tor und Tod« ebenso vor wie die Kernkategorien der Hofmannsthalschen Selbstdeutung in »Ad me ipsum«.

Ausgaben: Moderne Rundschau 4 (1891), S. 49–54 und S. 87–92; Wien 1891; Die Insel 2 (1901), S. 139–173; Leipzig 1907 (Kleine Dramen); Berlin 1924 (GW, Bd. 1, S. 95–132); Frankfurt 1952 (GW, Steiner, Gedichte und lyrische Dramen, S. 139–180); Frankfurt 1979 (1 211–243); Frankfurt 1982 (III 5–35).

Literatur: *34, S. 46–63; *79, S. 14–22; *90, S. 6–24; * 94, S. 41–56; *132, S. 7–27; *137, S. 160–215.

Der Tod des Tizian ist unter dem Eindruck der Begegnung mit Stefan George in Wien wohl im Januar 1892 entstanden; als »Bruchstück« erschien das Werk im Oktober im ersten Band von Georges ›Blätter für die Kunst‹. Lektüre-›Stimmungen‹ aus Nietzsches »Fröhlicher Wissenschaft«, Anregungen und Zitate aus George und dem von ihm an Hofmannsthal herangetragenen Mallarmé (»L'après-midi d'un faune«) verbinden sich hier mit der Dilettantismusproblematik von Kunst und Leben, wie sie zeitgleich die Essays über Amiel, Barrès und besonders Swinburne (8 106 ff., 143 ff.) exponieren. Die Szene »im Jahre 1576, da Tizian neunundneunzigjährig starb« (III 38) hat nichts Historisierendes, sondern fängt die eigene Gegenwart ein, indem sie Tizian selbst mit der Bildwelt Arnold Böcklins vermengt.

Tizians Schüler scharen sich traurig auf der Terrasse seiner Villa. Die fieberhafte Hast, mit der der Sterbende malt, bleibt ihnen ebenso überraschend wie sein Aufschrei fremd: »Es lebt der große Pan« (III 42). Gianino – »er ist 16 Jahre alt und sehr schön« (III 38) – erzählt in üppigen Versen von seinem Weg »durch die blaue Nacht«, die Düfte, leuchtende Farben und süße Töne in »*eine* überstarke schwere Pracht« zusammenfließen läßt. Sein Eindruck der in der Ferne schlafenden Stadt Venedig bleibt ambivalent – »Das Leben, das lebendige, allmächtge – / Man kann es haben und doch sein vergessen!« (III 45) –, aber ihm entgegnet Desiderio mit einer entschiedenen Ablehnung der Stadt als einem Ort voll Häßlichkeit und Gemeinheit, erfüllt von Wesen, »die die Schönheit nicht erkennen« (III 45). Mit dieser Gegenüberstellung von isoliertem Kunstort und der Stadt mit ihrem pulsierenden Leben ist die Mitte des lyrischen Dramas bezeichnet, um die sich Anfang und Ende fügen: Sie lassen mit dem nahenden Tod des Meisters die Frage dringlicher werden, wie sich seine Schüler ohne ihn als Künstler werden behaupten *können* und welchen Abstand sie dabei gegenüber dem ›häßlichen‹ Leben einnehmen *müssen*. Indem die Tizian-schüler nur aus seinen Bildern »die Dinge sehen« lernten (III 49) und sich selbst die Frage nicht zu beantworten vermögen, »ob wir Künstler sind?« (III 47), zeigt sich der große Abstand zwischen dem Meister selbst und seinen dilettierenden Verehrern. Zwar ließ auch er seinen Garten mit Gittern einschließen, konnte aber solchermaßen das Leben als Kunst des Hintergrundes integrieren und bedurfte also nicht der selbstherrlichen Überhebung, wie sie Desiderio propagiert. Für Tizian wird noch der Todesmoment zur höchsten Lebensintensität, wenn er zuletzt den großen Pan hochleben und in ihm »das Geheimnis (...) von allem Leben« Gestalt werden läßt. Souverän weiß er die Formung des Lebens in der Kunst zu meistern, ohne das Leben selbst schmähen zu müssen. »Indes er so dem Leben Leben gab, / Sprach er mit Ruhe viel von seinem Grab« (III 50f.). Vermag Tizian das Leben selbst zu schaffen, so haben seine Schüler nur gelernt, »unserm eignen Leben zuzusehen« (III 48).

Schillernd wie Hofmannsthals Gestaltung des Problems in der Lebensverachtung der Dilettanten einerseits, der schöpferischen Lebensdistanz des Meisters andererseits, bleibt auch der Prolog (der zeitweilig »Gestern« vorangestellt werden sollte), der Zitate aus der Begegnung mit George aufgreift und in dem Verhältnis zwischen Page und Dichter spiegelt, das selbst noch einmal Kunst und Leben ineinander verfließen läßt, wenn der Page sich auf das Bild eines Infanten hin stilisiert. An einer solchen Frage sollte sich auch bald die Differenz mit George erweisen, wenn Hofmannsthal ihm 1896 einen Freund emp-fiehlt: »Er gehört völlig dem Leben an, keiner Kunst«, und George dies »fast als lästerung« empfindet: »wer gar keiner kunst angehört darf sich der überhaupt rühmen dem leben an-

zugehören? Wie? höchstens in halb-barbarischen zeitläuften«
(Bw George 86f.).

Für die Totenfeier Arnold Böcklins, bei der am 14. Februar
1901 im Münchner Künstlerhaus der »Tod des Tizian« uraufgeführt wurde, hat Hofmannsthal den Prolog und das Ende neu
geschrieben.

Ausgaben: Bruchstück: Blätter für die Kunst 1, Bd. 1 (Oktober 1892),
S. 12–24; Leipzig 1907 (Die gesammelten Gedichte); Leipzig 1911 (Die
Gedichte und Kleinen Dramen); Berlin 1924 (GW, Bd. 1, S. 59–75);
Frankfurt 1952 (GW, Steiner, Gedichte und lyrische Dramen, S. 181–
198); Frankfurt 1979 (1 245–259); Frankfurt 1982 (III 37–51).
Fragment 1901: Berlin 1901; *Prolog:* Leipzig 1907 (Die gesammelten
Gedichte); Leipzig 1911 (Die Gedichte und Kleinen Dramen); Berlin
1924 (GW, Bd. 1, S. 55f.); Frankfurt 1952 (GW, Steiner, Gedichte und
lyrische Dramen, S. 531–533); *Fragment:* Frankfurt 1979 (1 261–269);
Frankfurt 1982 (III 221–235).

Literatur: *79, S. 23–33; *94, S. 57–84; *137, S. 216–251; *208, S. 116–
133.

Der im März 1893 entstandene Einakter *Idylle* gestaltet auf
schmalem Raum eine antikisierende Szene »im Böcklinschen
Stil«, bei der sich das Festhalten an Ordnung und Grenze und
die Sehnsucht nach Ungebundenheit gegenüberstehen. Der die
Werte des Hauses, Besitz und Familie vertretende und verteidi-
gende Schmied hat für die ausschweifende Phantasie seiner Frau
kein Verständnis, die sich mit Vorliebe an das Töpferhandwerk
ihres Vaters erinnert. Dessen pflanzenhaft-natürliche Entstehung und der Bilderreichtum der Tongefäße, der eine Welt in
der Welt reproduziert und sich selbst genügt, steht im Kontrast
zu der zweckgerichteten Arbeit des Schmiedes, die ihre Aufgabe mit Beil und Speer, Huf und Pflug erfüllt. Die Gestalt des
jungen Zentauren, halb Gott, halb Tier, weckt in der Frau das
Verlangen nach dem Verbotenen, wo Scham und Treue nicht
gelten. Indes sich der Schmied, um den Speer des Zentauren zu
feilen, dem geschlossenen Raum des Hauses zuwendet, gibt die
Frau die Familie auf und flieht mit dem Zentauren zum strömenden Wasser des Flusses, wo sie aber der Speerwurf des
Mannes niederstreckt. – Zuerst in Georges ›Blätter für die
Kunst‹ erschienen, nahm Hofmannsthal das später von ihm
kühl behandelte Werk in die Reihe seiner Gedichte auf. Während das »zu vehement anticipierte Weltgefühl« (III 423) die
»Idylle« neben »Tor und Tod«, »Kaiser und Hexe« sowie »Elektra« stellt, greift das 1928/29 konzipierte, Fragment gebliebene

»Schauspiel mit drei Figuren« (XXII) dieselbe Konstellation vom Ehepaar und dem Dritten noch einmal in vergleichbarer Konzentration, aber im ganz modernen Gewand, auf.

Ausgaben: Blätter für die Kunst 4 (1893), S. 105–111; Berlin 1904 (Ausgewählte Gedichte, Zweite Ausgabe, S. 45–56); Leipzig 1907 (Die gesammelten Gedichte); Leipzig 1911 (Die Gedichte und Kleinen Dramen); Berlin 1924 (GW, Bd. 1, S. 37–43); Frankfurt 1952 (GW, Steiner, Gedichte und lyrische Dramen, S. 57–64); Frankfurt 1979 (1 271–278); Frankfurt 1982 (III 53–60).

Literatur: *27, S. 25–30; *132, S. 28–45.

Der Tor und der Tod entstand im März/April 1893 und wurde noch im selben Jahr im ›Modernen Musen-Almanach auf das Jahr 1894‹ publiziert. Die Uraufführung am 13. November 1898 im Münchner Theater am Gärtnerplatz stand unter der Leitung von Ludwig Ganghofer. Die erste Buchausgabe erschien 1900 bei der ›Insel‹ und erreichte bis zu Hofmannsthals Tod das 140. Tausend. 1907 nahm er »Tor und Tod« in die »Kleinen Dramen« auf. »Der Thor und der Tod«, so der Titel des Erstdrucks, hat den Ruhm Hofmannsthals unter seinen Zeitgenossen begründet und zugleich der gerechten Einschätzung seiner späteren Entwicklung im Wege gestanden. Auch wenn die enthusiastische Aufnahme des Werkes gar nicht die immanente Kritik am betörenden Schönheitskult erkannt haben dürfte, ist der kleine Einakter ein Schlüsselwerk Hofmannsthals, das durch seine Claudio abverlangte Rechtfertigung des Lebens in einer Reihe steht mit »Kaiser und Hexe«, dem »Bergwerk«, dem »Jedermann« und dem »Großen Welttheater«. – Es ist Claudio in seinem kurzen, aber von äußeren Verpflichtungen ganz unabhängigen Dasein nicht gelungen, »die Treue [zu] lernen, die der Halt / Von allem Leben ist« (III 73): Sein Schreibtisch, der Blick aus dem Fenster und einige Kunstwerke sind die Requisiten seiner durch Reflexion, Sehnsucht und Anschauung bestimmten Existenz. Alles, was man von seiner Versäumnis des unmittelbaren, wirklichen Lebens sagen könnte, erkennt er selbst und formuliert es auf vollendete Weise, die allerdings nichts spürt von dem, »was *ich* als Antwort schien zu sagen« (III 73). Hofmannsthal integriert in die lyrischen Monologe Claudios unterschiedliche Quellen, Zitate von der Bibel über Shakespeare bis zu Goethe. Wie dieser durch die Gestaltung des »Werther« eine persönliche Krise in der Fiktion zu bewältigen vermochte, so hält auch Hofmannsthal sich in Claudio ein Stück seiner eigenen Verfassung vor Augen und damit gleichzeitig vom Leib.

»Mir fehlt Unmittelbarkeit im Erleben« (10 352), ist ein Gedanke, der für Claudio gilt, aber von Hofmannsthal ins Tagebuch geschrieben wurde.

In der Helle seiner Reflexion ist Claudio nicht weniger klug als seine Leser. Wenn er die Natur in den berühmten Versen schildert:

> »Es schwebt ein Alabasterwolkenkranz
> Zuhöchst, mit grauen Schatten, goldumrandet:«

so weiß er selbst, daß er damit die Natur als ein Kunstwerk wahrnimmt:

> »So malen Meister von den frühen Tagen
> Die Wolken, welche die Madonna tragen« (III 63).

Er weiß sich schon von jenem Fluch getroffen, sein »Leben zu erleben wie ein Buch« (III 66), aber natürlich ist er – und zunächst auch der Leser – dem Autor selbst unterlegen, der seine Dramenfigur nicht natürlich-bekenntnishaft mit eigenen Worten ausstattet, sondern gleichsam montiert. Andreas Thomasberger hat nachgewiesen, daß Hofmannsthal die eben zitierten Verse aus einem Brief seiner Jugendfreundin Marie von Gomperz gewonnen hat (HB 29, 1984, S. 42–44).

Daß der Autor seiner ihm auch noch so verwandten Figur überlegen ist – ein Umstand, der in der Identifizierung Hofmannsthals mit Claudios Ästhetentum lange Zeit übersehen worden war (bis zu Alewyns Aufsatz, *34 64–77) –, hängt mit der dramatischen Form zusammen, ohne daß damit ihre theatralische Realisierbarkeit behauptet würde. Aber indem sich das Autor-Ich in die dramatische Konfiguration seiner Bühnenfiguren aufspaltet, schafft es einen Ausgleich; und dies um so mehr, als sich Claudio zwar selbst als eine lebensfremde, kontemplative, kunstrezipierende Gestalt weiß, jede künstlerische Produktivität ihm aber abgeht, gleichsam ein Künstler ohne Kunst. Vertreter der Kunst in diesem »neuen Todtentanz« (III 435) ist vielmehr der Tod, der mit seinen Tönen zur Seele zu reden vermag, aus der Sippe des Dionysos stammt und als Regisseur den Reigen der drei Toten als Spiel im Spiel veranstaltet. Wie dem Dichter ist es dem Tod gegönnt, »in eine Stunde (...) Leben [zu] pressen, / Mehr als das ganze Leben konnte halten« (III 79), d.h. die Essenz des Lebens in sein Ende zu verdichten, als der zutiefst ambivalente »Preis des hingegebnen Lebens« (nach III 119), nämlich Lebensopfer und -preisung in einem, im Tod. Das hier entworfene Bild des dionysischen Todes, dem das reife Leben in den Arm fällt (III 72), erhebt das »Ich der Sterbenden« (10 613) zur höchsten Lebensintensität (vgl. »Alkestis«). Den Tod als das eigentliche Leben erfahrend (»Da tot mein Leben war, sei du mein Leben, Tod!« III 79), lernt Claudio auch den Tod als Lehrer des Lebens, des »lieberfüllten Erdensinnes« (III 73) kennen. Die toten Gestalten der Mutter, der verlassenen Geliebten und des verratenen, politisch aktiven Freundes zeigen ihm, daß im Schmerz das Leben erst greifbar wird, während er »nie von wahrem Schmerz durchschüttert« wurde (III 65).

»Der Tor und der Tod« bietet einen repräsentativen Einblick in die Wandelbarkeit und Breite von Hofmannsthals Selbsteinschätzungen; Beispiele, für die das ebensosehr nachgewiesen werden könnte, sind »Elektra« und »Jedermann«. »Tor und Tod« gilt (vgl. zum folgenden III 446 ff.) 1893 als »tragédie-proverbe« und »ganz familienblattmäßig«, 1897 ist Hofmannsthal »dieser Einakter aus mehreren Gründen recht unerfreulich, vor allem«, heißt es weiter, störe ihn »ein schon unleidlicher Mangel an Proportion zwischen den einzelnen Teilen«. Während ihm die Uraufführung anscheinend »nicht sehr nahe geht«, kommt es ihm zehn Jahre später, bei der Neuinszenierung durch Max Reinhardt (1908 in Berlin), schon »beinahe wie etwas fremdes Classisches« vor, dem er sogar mehr Zukunftschancen auf der Bühne zuspricht als dem Epilog des greisen Ibsen (»Wenn wir Toten erwachen«). 1913 heißt es aber dann gegenüber Borchardt, er sehe »dieses Gedicht sehr ungern auf der Bühne«, weil es dort, so ein Brief von 1923, »nur verlieren, nie gewinnen könne«. Immer wieder kehrt Hofmannsthal bei der Wertung und Gruppierung seiner Werke zu »Tor und Tod« als einem Fixpunkt zurück, in dem er noch 1928 voll Stolz »nicht Weniges vom *heutigen* Weltzustand anticipiert« glaubt.

Ausgaben: Moderner Musen-Almanach auf das Jahr 1894 (1893), hg. von O. J. Bierbaum, S. 25–43; Jugend 4 (1899), S. 86–91; Berlin 1900; Leipzig 1907 (Kleine Dramen); Leipzig 1911 (Die Gedichte und Kleinen Dramen); Berlin 1924 (GW, Bd. 1, S. 133–153); Frankfurt 1952 (GW, Steiner, Gedichte und lyrische Dramen, S. 199–220); Frankfurt 1979 (1 279–298); Frankfurt 1982 (III 61–80).

Literatur: *34, S. 64–77; *79, S. 34–45; *80, S. 49–73; *90, S. 25–43; *93; *94, S. 84–113; *113; *137, S. 252–270; *208, S. 133–156; *235, S. 49–81.

Die Frau im Fenster, in nur drei Tagen als erster der vier Einakter von 1897 im August niedergeschrieben, geht auf eine Stelle in d'Annunzios »Sogno d'un mattino di primavera« und den Eindruck zurück, den die Jugendfreundin Elisabeth Baronin Nicolics bei Hofmannsthal hinterlassen hatte (III 541); es ist das erste Stück, das auf einem Theater gespielt wurde, am 15. Mai 1898 bei einer Sonntag-Mittagvorstellung der ›Freien Bühne‹ Berlin. Rudolf Steiner und Rudolf Kassner gehörten zu den Bewunderern des Werkes, das für Maeterlinck, dessen Stücken es viel verdankt, »la chose la plus parfaite et la plus belle du théâtre d'aujourd'hui« war (III 536). Die Dreigliederung der Szenen: Madonna Dianoras Warten auf den Geliebten, ihr Dialog mit der Amme über den von Demut und Ergebung predigenden Priester und die Brutalität ihres Mannes, und schließlich die mit ihrem Tod endende Aussprache mit eben ihrem Mann, diese Dreiteilung korrespondiert der Struktur des Textes. Er ist sinnfällig in den symbolischen Schwellenraum zwischen dem ernsten lombardischen Palast (die Ordnung der Ehe und des Mannes) und dem Liebesort des Gartens (mit seinen ungeordneten Obstbäumen) plaziert. Dianoras gesteigerter Augenblick der Glückserwartung ist damit zwischen Vergangenheit und Zukunft, Zwang und Freiheit, Stolz und Demut gestellt als das Zwischen-Spiel einer nur im Übergang aufscheinenden Identität, die sogleich mit dem Tode bezahlt werden muß: »*Einmal* darf eine Frau / *so* sein wie ich jetzt war« (III 112). Die Lust der Liebe zu Palla degli Albizzi und die schmerzhafte Verwundung des Ehemannes (durch den Biß eines Pferdes: es ist in der »Reitergeschichte«, im »Andreas« und im »Rosenkavalier« Zeichen triebhafter Natur) korrespondieren einander und führen durch unglückliche Umstände am Ende zum Tod Dianoras. Beide sind auf den Magdalenentag (22. Juli) datiert, der Glück und Unglück in sich vereinigt und im »Geiger vom Traunsee« (XXIX) wie in der »Reitergeschichte« thematisch wird. Dianoras Identität ist somit nicht als Einheit, als Selbstbesitz möglich, sondern nur in der Spaltung: »Mir ist, als wär ich doppelt, könnte selber / mir zusehn, wissend, daß ich's selber bin« (III 105).

In einem mehr als vierhundert Verse umfassenden »Prolog« hat Hofmannsthal die Entstehung der »Frau im Fenster« in diesen drei »dem Leben fremden Tagen« (III 120) dargestellt und chiffriert als den – dreimal 24 Stunden füllenden – Traum des Dichters, der sein Stück vorgelesen hat. Was der Traum in undurchdringlicher Bildhaftigkeit aneinanderreiht, hat ›in Wirklichkeit‹ nicht mehr Zeit erfordert, »als einen Krug zu füllen unter'm Brunnen« (III 128), doch ist es in dieser überwirklichen Zeitlosigkeit Abbild der dichterischen Produktion, die nicht dem Gesetz der Realität unterliegt. – Der von der Dichterfigur an einen Freund gerichtete »Prolog« wurde zwar unmittelbar nach der »Frau im Fenster« geschrieben (28. – 30. August 1897), aber nie mit dem Stück zusammen gedruckt; 1918 nahm ihn Hofmannsthal in die »Rodauner Nachträge« unter die Rubrik ›Unveröffentlichte Gedichte‹ auf und ließ die Bühnenanweisung fallen. Er teilt mit anderen Prologen Hofmannsthals – zu »Anatol«, »Tor und Tod«, »Antigone« und »Theater des Neuen« vor allem – das Schwanken zwischen Realität und Theaterfiktion.

Ausgaben: Die Frau im Fenster: Pan 4 (1898/99), S. 79–87; Berlin 1899 (Theater in Versen, S. 5–36); Leipzig 1911 (Die Gedichte und Kleinen Dramen); Berlin 1924 (GW, Bd. 1, S. 223–248); Frankfurt 1953 (GW, Steiner, Dramen I, S. 55–81); Frankfurt 1979 (1 341–361); Frankfurt 1982 (III 93–114).
Prolog: Neue deutsche Rundschau 9 (1898), S. 595–604; Zürich 1918 (Rodauner Nachträge, Teil 1); Frankfurt 1952 (GW, Steiner, Gedichte und lyrische Dramen, S. 122–136); Frankfurt 1979 (1 325–339); Frankfurt 1982 (III 115–129).

Literatur: *79, S. 58–73; *132, S. 46–66; *207; *228, S. 91–120.

Der weiße Fächer. Ein Zwischenspiel wurde innerhalb weniger Tage im September 1897 niedergeschrieben, vom Dichter selbst aber nicht für spielbar angesehen (gegenüber Otto Brahm, III 659); es erschien 1898 als Zeitschriftendruck in der Wiener ›Zeit‹, 1907 mit den – von Hofmannsthal abgelehnten – Holzschnitten von Edward G. Craig und zugleich im ersten Band der »Kleinen Dramen«. Das Spiel, das nicht mehr Kraft zu haben vorgibt, »als wie ein Federball«, ist eine der subtilsten Arbeiten Hofmannsthals, in der bereits Keime der späteren Lustspiele angelegt sind. Der Stoff entstammt einer chinesischen Vorlage, wird aber in die 20er Jahre des 19. Jahrhunderts (wie »Der Tor und der Tod«) und auf eine westindische Insel verlegt. Die beiden jungen Witwer, Fortunio und Miranda, Vetter und Kusine, haben sich jeweils auf sich und ihre Trauer um den verlorenen Partner zurückgezogen. Die Warnung seiner Großmutter, das Leben darüber nicht zu versäumen, sondern es zu lieben, spricht Fortunio gegen Miranda aus. Eine Traumvision hat sie aber bereits verunsichert: Mit einem weißen Fächer hat sie das ihr aus den Blumen auf dem Grab entgegenblickende Gesicht ihres Mannes verweht, während er sie sterbend gebeten hatte, solange die Erde auf seinem Grab feucht sei, an keinen andern zu denken. (In der chinesischen Vorlage versucht die Witwe absichtlich, das Grab trocken zu fächeln).

Die an Naturbildern auffallend reiche Sprache des Dramoletts entfaltet aus der Gegenüberstellung von Feuchtigkeit und Trockenheit, Blüte und welkem Blatt, Tau und Staub, lebendigem Fließen und erstarrtem Vertrocknen ein Beziehungsnetz, das den beiden Protagonisten die Orientierung erschwert und durch die Konkurrenz von Prosa und Vers überdies in der Schwebe gehalten wird. Ironisierend wird dabei dem – unausgesprochenen – Credo Heraklits von der beständigen Unbeständigkeit des Lebens, daß alles im Fluß sei, die Überzeugung entgegengestellt: »Alles trocknet« (III 649), ohne daß die Positionen dialektisch kontrastiert würden. Vielmehr erweist sich das Zwischenspiel als ein Spiel im Zwischen-Reich von Verlebendigung und Erstarrung, als Spiel von der Ambivalenz der Grenze, die nur scheinbar zwischen Tod und Leben verläuft. Schon die ausführliche Regieanweisung gibt dies zu verstehen, wenn eine »lebendige, mit Blüten bedeckte Hecke« den zypressenreichen Friedhof von der Umgebung ausgrenzt, aber selbst durchlässig und fruchtbar ist. Fortunio lernt seine unbedingte Treue der verstorbenen Frau gegenüber als eine Verschuldung vor dem Leben begreifen, denn seine leidgeprüfte Großmutter macht ihm deutlich, daß gerade die Erfahrung des Todes einem das Leben nur um so unschätzbarer werden läßt. So nimmt die von den beiden jungen Witwern in Anspruch genommene Treue eine ambivalente Position zwischen Leben und Tod ein, denn einerseits ist sie verknüpft mit der feuchten Erde, andererseits führt sie zur unlebendigen Fixierung auf das Vergangene. Dieser Zwischenposition entspricht die blühende Friedhofshecke und das Kleid der weisen alten Großmutter mit den schwarzen (Tod) Blumen (Leben). Der befeuchtende Tau – für Miranda mit der Erinnerung an die Treue verknüpft – und der Wind, der alles wieder trocknet, verbinden sich zur Einheit von Leben und Tod, vor der sich auch die Treue verantworten muß. Die Verfestigung der Treue (vgl. »Elektra«) erweist sich als Untreue gegenüber sich selbst: »Kein Festes nirgends! (...) wir selber nur der Raum, / Drin Tausende von Träumen buntes Spiel / So treiben wie im Springbrunn Myriaden / Von immer neuen, immer fremden Tropfen« (III 173f.). – Der Ironisierung der Treue ist – im Anschluß an »Ad me ipsum« – v.a. Peter Szondi (*137) nachgegangen und hat die Nähe zu »Tor und Tod« und zur »Frau ohne Schatten« demonstriert.

Ausgaben: Die Zeit, Wien, 29. Januar und 5. Februar 1898, S. 78–80 und S. 94–96; Leipzig 1907; Leipzig 1907 (Kleine Dramen); Leipzig 1911

(Die Gedichte und Kleinen Dramen); Berlin 1924 (GW, Bd. 1, S. 154–
184); Frankfurt 1952 (GW, Steiner, Gedichte und lyrische Dramen,
S. 221–255); Frankfurt 1979 (1 453–476); Frankfurt 1982 (III 151–176).

Literatur: *79, S. 46–57; *90, S. 44–65; *94, S. 270–280; *132, S. 67–93;
*137, S. 294–303; *234.

Das kleine Welttheater oder Die Glücklichen ist auf verschlunge-
nen Wegen mit dem gesamten Frühwerk verbunden und nimmt
darin einen zentralen Platz ein. Schon 1893 sollten die dramatischen Entwürfe »Das Glück am Weg« und »Landstrasse des
Lebens« (III 247–258) ein »allegorisches Gegenspiel zum ›Tor
und Tod‹« (III 774) darstellen, wobei hier die spätere Grund-
struktur des »Welttheaters« schon deutlich wird: Dem strömenden, enteilenden Moment des Lebens (als Weg, bzw. Straße)
wird ein statisches Moment der Begrenzung oder einer Ausnahme entgegengestellt (das Glück auf der »Bank der Liebe«
oder die Mauer). Diese Konstellation greift eine Tagebuchauf-
zeichnung von 1894 noch einmal auf: »Garten des Lebens, in
dem alle gegenwärtigen und *zukünftigen* Mitspieler versammelt.
Auf der Mauer sitzt der Tod« (10 379). Pläne für ein »gleichzeiti-
ges Welttheater« (1895/96, III 593) verdichten sich im Frühsom-
mer 1897 zu der Idee eines »Puppenspiels«, das im August/
September desselben Jahres schließlich in wenigen Tagen niedergeschrieben wird. Den noch in der Handschrift zu Anfang
stehenden Monolog »Der Kaiser von China spricht:« löst Hofmannsthal zur Veröffentlichung aus dem Zusammenhang und
läßt ihn Ostern 1898 getrennt erscheinen, später geht er in die
»Gesammelten Gedichte« ein. Die Zeitschriften ›Pan‹ und ›Die
Zukunft‹ teilen zuvor, Ende 1897 / Anfang 1898, den Text des
»Welttheaters« zum Erstdruck zwischen sich auf. Die erste
Buchpublikation erfolgt 1903 mit dem Untertitel »Die Glücklichen«. – Während Hofmannsthal später eine szenische Reali-
sierung vehement ablehnte (so 1906 gegenüber Paul Brann, dem
Leiter des Münchner Marionettentheaters), hatte er in der
Handschrift – vielleicht unter dem Einfluß von Maeterlincks
»Trois petits drames pour marionnettes« (1894) – noch ver-
merkt: »Die Puppen sind nicht viel kleiner als wirkliche Men-
schen« (III 594). Mit dem ästhetischen Phänomen der Puppe hat
sich Hofmannsthal auch später noch befaßt; im »Ungeschriebenen Nachwort zum ›Rosenkavalier‹« (XXIII 547) heißt es: »Der
Mensch ist unendlich, die Puppe ist eng begrenzt; zwischen
Menschen fließt vieles herüber, hinüber, Puppen stehen scharf

43

und reinlich gegeneinander. Die dramatische Figur ist immer zwischen beiden.«

Die Struktur des »Kleinen Welttheaters« nimmt diese Idee vorweg, indem sie die unverbundenen, aber einander korrespondierenden Monologe der Figuren zur »Suite« (III 624) aneinanderreiht, das statisch Begrenzte der Puppe durch das dynamisch Fließende (»lyrischer Monologe«) ergänzt: Daher auch die beidem gerecht werdende, nicht ganz geklärte Unterschrift von dem »durch Wasser getriebenen Puppenspiel« (III 593). Das Bühnenbild zeigt einen entsprechend symbolischen Ausschnitt: Den Längsschnitt einer über den Fluß (des Lebens) gespannten, gewölbten Brücke, die noch durch ihr steinernes Geländer den Gegensatz zum enteilenden Wasser unterstreicht. Zwischen Dämmerung und Nacht treten eine Reihe von Figuren auf und sprechen sich aus. Zunächst der Dichter, vom »Widerschein« der Sonne in seinem Zimmer ins Freie gelockt und nun nach »ungewissen Schatten« ausschauend; den Menschen im Park, den Pilgern und Badenden fühlt er sich schicksalhaft verbunden: »wie angeschlagne Saiten beb' ich selber«. Sein Gedicht wird eben den »Widerschein« dieser Erfahrungen festzuhalten versuchen und das Gefühl vermitteln, »irgendwie (...) darein« verwebt zu sein und nicht zu wissen, »wo sich Traum und Leben spalten«. Der Gärtner erfährt das Glück im Verzicht; er hat (wie Diocletian) »Ruhm und Glanz der Welt« gegen das Dasein als Gärtner getauscht und sich damit befreit. Gewalt, Macht und Verstellung sind dem »reinen Drang des Lebens« gewichen. Auch Der junge Herr spricht nicht eine Erfüllung des Glücks, sondern seine indirekte Vermittlung an, die er dantenah durch einen Gruß der Geliebten angedeutet gefunden hat. Die Begegnung mit einem alten Bettler, der Traum mit der Erscheinung des Vaters und das Erlebnis des eigenen Spiegelbildes im Wasser haben ihm das Glück der Einsamkeit deutlich werden lassen: Alle Wege scheinen geheimnisvoll und »wunderbar verschlungen« zur Geliebten zurückzuführen. Dieser erhöhte Augenblick des Selbstbesitzes, der gleichsam in der Mitte der Brücke den Lebensfluß greifbar erscheinen läßt, aber eben darum am weitesten von ihm entfernt ist, wird auch im Monolog des Fremden, der sich anschließt, thematisch. Er wird als Goldschmied eingeführt (Hofmannsthal dachte an Benvenuto Cellini) und erkennt im strömenden Wasser die Fülle der Formen, doch formuliert er als entscheidende Erkenntnis seine Ästhetik des Verzichts. Er vermag nicht alles dem Lebenswasser nachzuahmen, sondern muß sich beschränken. »Gebildet hab ich erst, wenn ich's vermocht / vom grossen Schwall das eine abzuschliessen« (III 140). Darin liegt die Botschaft der ›Glücklichen‹ beschlossen; nicht unmittelbare Auslieferung an das Leben, sondern Beschränkung, Auswahl gilt als Weg der Selbstverwirklichung. Darum kann Hofmannsthal ins »Buch der Freunde« den Gedanken von Pannwitz aufnehmen: »Das Lebendige fließt, aber das Fließende ist nicht die Form des Lebens« (10 269). Der Vers »Ein-Wesen ist's, woran wir uns entzücken!« greift die reiche und entsagungsvolle Erkenntnissumme Goethes auf: »Am farbigen Abglanz haben wir das Leben«. Während der Auftritt von Mädchen und Bänkelsänger das Glück der Lebenserfüllung durch kindliche Ahnung und resignierte Erinnerung ausspart, zeichnet sich der von Diener und Arzt begleitete junge Wahnsinnige durch seine rastlose Identifizierung mit dem Leben aus und beschließt den Reigen der Monologisierenden. Sein dionysischer Drang, »in den Kern des Lebens« vorzustoßen, läßt ihn durch Länder und Schicksale streifen, ohne je verweilen zu können. Die Versenkung ins innerste Geheimnis des Lebens, das er von Paracelsus angedeutet findet, macht Flüsse (!) und Steine (!) zu seinen Brüdern. Als einziger »die volle Zwillingsnäh« von Leben und Tod erfahrend, gilt er als Wahnsinniger, da sich ihm die Begrenzungen von Identität, Zeit und Raum auflösen. Das »Ordnen der Dinge«, wie es Gedichte und Paläste versuchen, scheint ihm nur wenig im Vergleich zu der Macht, die ihn dazu bestimmt, »den *ganzen* Reigen anzuführen, / den wirklichen«. Die Selbstauflösung in den Strom des Lebens – er will sich übers Geländer hinabstürzen – wird mit »sanfter Gewalt« verhindert und ist schon durch den Bezug zur Selbstbefangenheit des Narcissus kontrapunktiert (III 602). – Ebenfalls nur um den Preis wahnsinniger Selbstüberschätzung, die in sich befangen bleibt, glaubt Elektra am Ende der Tragödie, den Reigen anführen zu können. Auch ihre direkte Erfahrung des Glücks kann nicht mehr mit dem Leben vermittelt werden; sie bricht tot zusammen, während hier Der Wahnsinnige ins Leben zurückgebracht und sein Glück damit beschnitten wird.

Ausgaben: Pan 3 (1897), S. 155–159 (Teildruck); Die Zukunft, Berlin, 22 (1898), S. 299–304 (Teildruck); Leipzig 1903; Leipzig 1906 (Kleine Dramen); Leipzig 1907 (Kleine Dramen); Leipzig 1911 (Die Gedichte und Kleinen Dramen); Berlin 1924 (GW, Bd. 1, S. 76–94); Frankfurt 1952 (GW, Steiner, Gedichte und lyrische Dramen, S. 297–316); Frankfurt 1979 (1 369–387); Frankfurt 1982 (III 131–149).

Literatur: *36; *90, S. 66–87; *94, S. 248–263; *106; *137, S. 318–332; *228, S. 121–132.

Um die Treue gegenüber sich selbst geht es auch in *Der Kaiser und die Hexe*, in dem der junge Kaiser von Byzanz sich aus der Verstrickung in einen Zustand der Uneigentlichkeit, für den die Hexe steht, löst und dabei »den Weg nach Hause findet«. Das nach Anregungen aus Edward Gibbons Buch über den Untergang Roms und nach dem Motiv einer Novelle aus Eduard von Bülows »Novellenbuch« im November/Dezember 1897 niedergeschriebene Werk erschien 1900 mit Zeichnungen von Heinrich Vogeler (Worpswede) im Insel-Verlag und wurde 1906 den »Kleinen Dramen« integriert, wo es einen prominenten Platz einnimmt. Hofmannsthal schätzte nicht nur die hier erreichte Virtuosität in der Handhabung des spanischen Dramenverses, des Trochäus, wie ihn Grillparzer in der »Jüdin von Toledo« erprobt hatte, hoch ein, sondern zog das Stück auch immer wieder bei der Einschätzung seines Werkes heran, so daß er es schließlich als »Analyse der dichterischen Existenz« apostrophierte (10 608). Aber der 1918 unternommene Versuch, das Werk noch einmal als Pantomime, bzw. als Novelle umzuschreiben, dabei den Kaiser zum Dichter, die Hexe zur Muse und Inspiration zu machen (XXIX 209–212 und 388–390), zeigt zugleich die kritische Distanz, die er noch 1926 präzise formuliert hat; er schreibt über das Stück:

»Ich denke oft daran, nicht so, wie man an eine abgeschlossene Arbeit denkt, sondern eher wie an einen Plan oder Entwurf. Ich glaube zu verstehen, woher dies kommt. Daher, daß ich als recht junger Mensch in dieser Arbeit einen sehr großen wahrhaft tiefen Stoff ergriffen habe, aber in halb traumwandelnder Weise, ohne ihm ganz gewachsen zu sein, nämlich, was es auf sich habe mit der Verschuldung des Kaisers, worin seine Verbindung mit dieser Hexe liege, die – das fühlt man wohl – in bloß gemein Sinnlichen sich nicht erschöpft haben kann. Das wird in dem Stück nicht offenbar. Ja, ich muß, so seltsam Ihnen dies klingen wird, es aussprechen, daß dies mir selbst nie ganz offenbar geworden ist, obwohl ich weiß, es liegt irgendwo hinter dem Ganzen. Am ehesten geben noch die Reden des Kaisers an den jungen Kämmerer den Schlüssel zu dem Geheimnis, aber es ist ein Schlüssel, der nicht völlig in das Schloß paßt und es nicht sperrt« (III 707f.).

So wie die Verschuldung des Kaisers selbst abstrakt bleibt, bloß zweidimensional (HB 35/36, 1987, S. 59), so wird auch der Bezug zur dichterischen Existenz im Text nicht greifbar, und die späteren Selbstkommentare, die »magische Herrschaft über das Wort (...) darf nicht aus der Prae-existenz in die Existenz hinübergenommen werden« (10 601), vergrößern die Problematik statt sie zu lösen. Die behauptete »Sprachsünde« des Kaisers (III 707) ist aus dem Text nicht rekonstruierbar. – Der junge Kaiser verweigert sich der als »Teufelsbuhle« bezichtigten Hexe und flüchtet sich, um nach sieben Tagen Enthaltsamkeit wieder »Mich mir selbst zurückzugeben«, in die Jagd, fühlt sich aber selbst als die gejagte Beute: Die Lösung von der Hexe wird zur Trennung von einem durch sie repräsentierten Teil seines Selbst (»Brauchst du Wachen, dich zu schützen, / Armer Kaiser, vor dir selber?«). Die ihn mit allen Facetten der Sinnlichkeit und schließlich des Mitleids in Versuchung führende Hexe wird bei Sonnenuntergang in ein runzliges altes Weib zurückverwandelt und löst damit den Bann, dessen Ausmaß dem Kaiser in zwei Begegnungen offenbar wird: An dem zum Tode verurteilten Lydus, einem Michael Kohlhaas, beeindruckt den Kaiser die Konsequenz, mit der dieser sich bis ins Letzte treu ist, so daß er ihn begnadigt und zum Kapitän ernennt. Die Begegnung mit dem geblendeten Greis, seinem (im Namen des damals dreijährigen Kaisers) vom Thron gestürzten und ausgesetzten Vorgänger, zeigt ihm, daß er nur durch Raub auf seinen Platz kam und daß man nicht Kaiser werden kann, ohne bei jedem Atem »mit der Luft ein Schicksal / Einzuschlucken«. Seiner unbedingten Verantwortung bewußt werdend, besinnt er sich auf sein Amt und will »aus Wirklichkeit Träume baun, gerechte Träume«. Der entscheidende Schlag gegen die durch die Hexe personifizierte Selbstentfremdung ist aber nicht das bloße Durchhalten der Frist bis zum Untergang der Sonne, sondern die im Gespräch mit dem jungen Kämmerer Tarquinius formulierte Erkenntnis von der Uneinholbarkeit eines jeden Schrittes. Die später im »Jedermann« christlich getönte Lehre: »Hie wird kein zweites Mal gelebt!« (IX 84) nimmt der Kaiser vorweg, daß »Nicht ein Wort, nicht eines Blickes / Ungreifbares Nichts (...) je / Ungeschehn zu machen ist«. Trotz des ans Ende gestellten Dankgebetes geht es hier weniger um die Anerkennung der Transzendenz als um den *eigenen* Entwurf eines selbstverantworteten wahren Lebens: »Wer nicht wahr ist, wirft sich weg!« Die vom Kaiser mit dem Gewicht eines Testamentes ausgezeichnete Erkenntnis, daß es auf die Wahrheit des eigenen Lebensentwurfes ankomme – ihre Beglaubigung wird in den Komödien problematisiert –, wird zur eindrücklichen Warnung vor der Lüge »mit verstelltem Mund«, von der aus das Gift das ganze Dasein zerstört. – Die der sexuellen Lust, aber nicht der Generation ergebene Hexe (vgl. *220 163–179) erweist sich als

Außenprojektion der der wahren Identität im Weg stehenden Abenteurernatur des Kaisers. Ironischerweise sind die Hexe und die Ehefrau, Repräsentanten einander ausschließender Lebenswege, durch den einen Namen ›Helena‹ verbunden.

Ausgaben: Die Insel 1 (1900), S. 1–47; Leipzig 1900 (mit Zeichnungen von Heinrich Vogeler); Leipzig 1906 (Kleine Dramen); Leipzig 1907 (Kleine Dramen); Leipzig 1911 (Die Gedichte und Kleinen Dramen); Berlin 1924 (GW, Bd. 1, S. 185–222); Frankfurt 1952 (GW, Steiner, Gedichte und lyrische Dramen, S. 256–296); Frankfurt 1979 (1 477–507); Frankfurt 1982 (III 177–208).

Literatur: *35, S. 102–115; *79, S. 74–92; *94, S. 263–270; *129; *132, S. 94–109; *137, S. 304–317; *220, S. 163–179; *237.

3. Dramen

Neben die Reihe der sogenannten lyrischen Dramen, auf der Hofmannsthals früher, nicht unproblematischer Ruhm beruht (denn er wurde zum Schema, an dem alle Abweichungen gemessen wurden), tritt seit der frühesten Zeit das Bemühen um genuin dramatische, theatralische Formen, das aber nur in Ausnahmefällen zu einem Abschluß kam (»Alkestis«). Aus den Versuchen des noch nicht Zwanzigjährigen, sich mit historischen Stoffen auseinanderzusetzen (Giordano Bruno, Demetrius, Französische Revolution), ragt das *Alexander*-Fragment (XVIII 10–24) heraus, zunächst durch die von Droysen (in seiner »Geschichte Alexanders des Großen«) erzählte Szene, da ein Narr den Königsthron in Besitz nimmt, solange Alexander im Bad ist, ferner durch das Motiv von der geplanten Ermordung Alexanders durch seine Edelknaben. – Zwischen 1892 und 1918 beschäftigte sich Hofmannsthal immer wieder mit der Umarbeitung der *Bacchen nach Euripides* (XVIII 47–60), die durch ihre schwierige Zuordnung zu dem sonst eher aufklärerisch erscheinenden Werk des dritten attischen Tragikers schon immer erhöhte Aufmerksamkeit erreicht hatten, nicht zuletzt bei Goethe. Der Stoff vom Einzug des orgiastischen Bacchos-Kultes in Theben, gegen den sich König Pentheus, der logische Rationalist, »dem das Sondern, das Auseinanderhalten alles ist« (XVIII 51), vergeblich zur Wehr setzt, gestaltet sich für Hofmannsthal im Hinblick auf Nietzsches Dionysosmythologie, wie sie »Die Geburt der Tragödie aus dem Geist der Musik«

entwirft. Das Verhältnis der Geschlechter, aber auch das von Mutter und Sohn, wird hier als Konflikt von logischer Begrenzung und irrationaler Auflösung, von Ordnung und Chaos, Individuum und Vielheit ausgelegt. Zusammen mit »Ödipus« und »Elektra« ist der ›Bacchen‹-Plan der »Auflösung des Individualbegriffs« (XVIII 379) gewidmet (vgl. *83, S. 113–124).

Ascanio und Gioconda (XVIII 62–110) ist der umfangreiche Torso einer Renaissance-Tragödie aus dem Sommer 1892, bei der es darauf ankam, »für die wirkliche brutale Bühne« zu arbeiten (Bw Schnitzler 23). Zu diesem Zweck griff er auf eine Novelle von Bandello – die Quelle zahlreicher elisabethanischer Stücke – zurück, die von einem jungen Adligen erzählt, der erst einer Frau versprochen, dann doch eine andere heiratet, von den Verwandten der ersten aber ermordet wird. Mit voller Absicht suchte Hofmannsthal dem Stoff eine Fülle weiterer Anregungen zu integrieren; Spuren aus Sophokles, Montaigne, Shakespeare, Grillparzer und Otto Ludwigs Shakespeare-Studien sind nachweisbar. Indessen geht es nicht um Historisierung der Renaissance, sondern Hofmannsthal machte aus der Figur der verlassenen Frau, Gioconda, ein Portrait moderner Überbewußtheit, Nervosität und Melancholie, von »seelentödtendem Verstehen-wollen« (XVIII 105). Dazu griff er u.a. auf Swinburne, Bourget, das Buch über »Chopin und Nietzsche« des Polen Stanislaw Przybyszewski, das Tagebuch der Russin Marie Bashkirtseff, aber auch auf eigene Aufzeichnungen, den »Bacchen«-Plan und den intensiv geführten Briefwechsel mit der sensiblen, melancholischen Marie von Gomperz zurück. Die Schwierigkeit, diese gleichsam zeitgenössische Figur mit dem – von der intriganten Rivalin Francesca vertretenen – »Lebensfieber« und »trunkenen Verlangen« (XVIII 93) der florentinischen Renaissance zu verbinden, dürfte mit ein Grund für den Abbruch der Arbeit gewesen sein.

Die Bearbeitung der *Alkestis* des Euripides aus dem Jahr 1894 bildet zusammen mit dem »Tod des Tizian« und »Der Tor und der Tod« eine Trilogie von Todesstücken, die sich jedoch durch einen dionysischen Todesbegriff (der wohl ohne Nietzsche nicht denkbar wäre) auszeichnen. Hofmannsthals Affinität zum letzten der drei griechischen Tragiker, in dessen Werk die Momente der Kritik, der Rhetorik und des Abstandes gegenüber Mythos und Religion dominieren, reicht bis zur »Ägyptischen Helena« und hat mit der eklektischen Reflektiertheit von Hofmannsthals Dichten zu tun. Eine energische Abwendung von aller bloß philologischen Treue ist dabei für alle Bearbeitungen Hofmannsthals verbindlich; ihm kommt es darauf an, den Mythos neu zu beleben. Hier, wie später in »Elektra« und »Ödipus«, bleiben die Chöre der Vorlage unübersetzt, bzw. sie werden durch verschiedene Sprecher ersetzt oder verteilt. – In der »Alkestis« mildert er die unversöhnlichen Schroffheiten der Vorlage durch psychologische Vertiefung. Nach der Sage hat Apollon aus Dankbarkeit für König Admetos die Gunst erwirkt, daß er seinen Tod aufschieben kann, wenn ein anderer für ihn zu sterben bereit ist. Als die alten Eltern dies ausschlagen, opfert sich seine Frau Alkestis, die aber von Herakles dem Tod (in einem Kampf) entrissen und zurückgebracht wird. Damit bedankt sich Herakles für die Gastfreundschaft Admets, die dieser ihm gewährt hatte, ohne ihm vom Tod seiner Frau zu berichten. Die auch von Euripides nicht gefüllten Leerstellen des Mythos, etwa, wie Admet das Opfer seiner Frau annehmen könne, hat Hofmannsthal zu einer tragischen Situation verdichtet, die nur durch ein Wunder zu lösen ist. Admet bereut seine Frage, wer für ihn zu sterben bereit sei, kann sie aber ebensowenig zurücknehmen wie Alkestis ihre spontan geäußerte Bereitschaft. So steht das Verhältnis zum Tod im Mittelpunkt des Stückes: Apollon ist ihm gegenüber machtlos, Admet kann sein dem Lebensopfer Alkestis' verdanktes Weiterleben nur als langsames Sterben empfinden. Die Angst vor dem Tod ist auch bei Alkestis ausgeprägt, aber sie bringt sich aus Liebe zu ihrem Mann zum Opfer: Dieses, der Einsatz des ganzen Lebens, wird zum Wendepunkt des Märchenspiels, dessen »Grundstimmung (...) das unsäglich Wundervolle des Lebens« ist (10 376). Dem Selbstopfer der Alkestis (zu Hofmannsthals Opfergedanken vgl. »Das Gespräch über Gedichte«, XXXI 74–86) soll Admets königliche Selbstüberwindung entsprechen, daß er Herakles bewirtet und ihm seinen Schmerz verschweigt. Herakles erscheint als dionysischer Zecher, dem in seinem Rausch auch das Totsein als »göttliche Art der Trunkenheit« (2 70) begreifbar ist. Die Opferbereitschaft der Menschen wird von den übermenschlichen Wesen wie Herakles oder Apollon als wesentlich herausgestellt. – Es liegt vielleicht nahe, aus Admets Worten (nur an dieser Stelle spricht, wie es heißt, »Der König«, nicht Admet als Mensch), er wolle den Leib der jungen Königin als Same in die Erde senken, damit Wunderbäume daraus wachsen (2 66), als patriarchalische Herrscherattitüde zu lesen, die die Frau unter die Macht seines Samens zwänge; indes kommt es nicht auf eine Apotheose (oder Dekonstruktion) einer ›Phallokratie‹ an, sondern die Frau erweist sich – wie noch des öfteren bei Hofmannsthal – als ethisch eindeutig überlegen, wenn auch als schwächer, indem sie ihm im Opfer vorangeht, das dann den (durchaus ambivalent gesehenen) »Schatten wundervoll erhöhten Lebens« (2 66) wirft, wobei offen bleibt, ob der Schatten derjenige des Lichtes oder der Unterwelt ist. In der »Ariadne« und der »Frau ohne Schatten« wird dieses Thema weiterentwikkelt.

Ausgaben: Wiener Rundschau, 15. Dezember 1898 (Auszug); Leipzig 1909 (Hesperus-Jahrbuch, S. 1–48); Leipzig 1911; Berlin 1924 (GW, Bd. 6, S. 229–274); Frankfurt 1953 (GW, Steiner, Dramen I, S. 7–51); Frankfurt 1979 (2 47–81).

Literatur: *27, S. 30–44; *46, S. 39–57; *78; *83, S. 87–98; *110; *126; *140.

»Völlig tragisch« (B I 230) nennt Hofmannsthal den Stoff der *Hochzeit der Sobeide,* der ihn im September 1897 in einem Rausch der Inspiration in Varese überfiel und Motive aus »1001 Nacht« verarbeitet. Sogleich in einer ersten Fassung ausgearbeitet, wurde aus dramaturgischen Gründen im Winter eine Umarbeitung vorgenommen, die sich in zwei verschiedenen Stufen bis Ende 1898 hinzog. Am 18. März 1899 wurde die »Sobeide« (der Name ist viersilbig) zusammen mit »Der Abenteurer und die Sängerin«, zugleich am Deutschen Theater Berlin und am Wiener Burgtheater, aufgeführt. Trotz der beinahe balladesken Plastizität der Handlung – die mit ihrem alten, aber gutmütigen Ehemann unglückliche junge Braut erhält ihre Freiheit zurück, zu ihrem Geliebten zu gehen, der sie aber im Lust- und Goldtaumel verstößt, woraufhin sich die Frau den Tod gibt und in den Armen ihres Mannes stirbt (in der 1. Fassung vom September 1897 kehrt Sobeide nicht mehr ins Haus ihres Mannes zurück, sondern stirbt in dem des untreuen Geliebten) – hat das Stück sich auf der Bühne nicht durchsetzen können. Seine Position zwischen der lyrisch getönten, sich bisweilen verselbständigenden Verssprache und der theatralischen Handlung kommt in der Bezeichnung als »Dramatisches Gedicht« ebenso zum Ausdruck wie durch die erste Buchpublikation: Zusammen mit der »Frau im Fenster« und dem »Abenteurer« erschien die »Sobeide« 1899 als »Theater in Versen« (nach dem Einzeldruck von »Gestern« Hofmannsthals zweites Buch), das den Anspruch auf die Bühne anmeldet. Eine Umarbeitung in Prosa unter dem Titel »Der adelige Kaufmann«, Anregungen und Namen aus Thomas Dekker, einem Zeitgenossen Shakespeares, aufgreifend, gedeiht 1908 über etliche Notizen nicht hinaus (V 75–93).

Das Stück, das zu den von der Forschung am meisten vernachlässigten zählt, kündigt mit dem Motto aus Beaumont und Fletchers »Two Noble Kinsmen«: »Lieber Gott, wie verschieden sind Männer!« die Thematik an. Wie in kaum einem zweiten Werk führt Hofmannsthal hier eine Abrechnung mit dem ›male chauvinism‹ durch, der die Frau einer ununterbrochenen Verdinglichung unterwirft und ihr jede Möglichkeit der Selbstverwirklichung benimmt. »Besitz« und »Ding« sind Schlüsselworte, die auch Sobeide verinnerlicht hat und nicht in Frage stellt. Ihrem Mann beteuernd, »Ich bin Dein Ding« (V 17), nennt sie sich doch das »Gut« ihres vermeintlichen Geliebten: »gehör' ich ihm denn nicht?« (V 27). Entlassen aus dem autoritären Blick der Eltern, deren Verarmung Sobeide durch die Heirat mit dem reichen Kaufmann behebt, geht sie unmittelbar danach über in den Besitz ihres Mannes. Bisher ins elterliche Schicksal »eingeschlossen«, will ihr Mann sie nun im Prunk »eingerahmt« erblicken (V 15). So scheitert ihr Versuch, den Augenblick des Übergangs zwischen beiden ›Herren‹ als Moment freier Selbsterfahrung zu erleben, nicht an der Konfrontation von subjektiver Traumwelt und brutaler Lebenswirklichkeit (die Sobeide in dem von Geilheit und Luxus aufgepeitschten Haus Ganems und seines lüsternen Vaters wahrnimmt), sondern an der Verdinglichung der Liebe. Die zwischen Sobeides Vater und Mann ausgehandelte Geldheirat degradiert sie zum Tauschobjekt, der frühere Geliebte Ganem demütigt sie als bloßes Lustobjekt, und auf dem Weg zwischen beiden Erniedrigungen wird sie beinahe das Beuteopfer eines Räubers (in einer später separat gedruckten Szene: V 67–73). Indem sie sich dem männlichen Besitzanspruch unterwirft, glaubt sie die ›Freilassung‹ aus der Gewalt ihres Mannes, die nicht zu einer neuen Identität geführt hat, mit dem Tod sühnen zu müssen. Der Gedanke des Dieners vom Anfang: »still thut ein Thor sich auf, / daraus uns eine fremde, kühle Luft / anweht, und denken gleich ans kühle Grab« (V 10), bestätigt sich in den Worten der sterbenden Sobeide: »unsre Seele lebt in uns / wie ein gefangner Vogel. Wenn der Käfig / zerschlagen wird, so ist sie frei« (V 65). Daß diese Freiheit nicht im Leben zu verwirklichen ist, macht die Anklage des Stückes aus.

Ausgaben: Berlin 1899; Berlin 1899 (Theater in Versen, S. 37–126); Wiener Allgemeine Montagszeitung, 17. Juli 1899 (Szene aus der älteren Fassung); Berlin 1924 (GW, Bd. 6, S. 3–77); Frankfurt 1953 (GW, Steiner, Dramen I, S. 83–157); Frankfurt 1979 (1 389–451); Frankfurt 1992 (V).

Literatur: *104; *132, S. 110–128.

Der Abenteurer und die Sängerin oder Die Geschenke des Lebens ist, wie später die Florindo-Cristina-Komödie, nach einer Episode aus den Memoiren Casanovas gestaltet. Ausgearbeitet innerhalb von zwei Wochen im September 1898, wurde das Stück am 18. März 1899 gleichzeitig in Berlin und Wien uraufgeführt (zusammen mit der »Sobeide«) und erschien noch im selben Jahr in Buchform als »Theater in Versen« bei S. Fischer. Im Jahr der Uraufführung stellte Hofmannsthal auch zwei erheblich gekürzte Bühnenfassungen her, wovon die eine den illegitimen Sohn Vittorias, Cesarino, ganz streicht, der doch »der geistige Kern des ganzen« ist (V 508); er wäre an einer Hofbühne nicht möglich gewesen. Das Werk unternimmt als erstes den Schritt vom lyrischen Drama zur Theaterbühne und kann zugleich als Komödie wie auch als Versuch einer dramatisierten Poetik gelten. Darauf deutet bereits der Titel, der den Lebenskünstler und die Künstlerin danach gruppiert, was sie aus dem Geschenk des Lebens machen. Der unter dem Decknamen Baron Weidenstamm aus der Verbannung nach Venedig zurückgekehrte Abenteurer erweist sich gegenüber dem biederen Adligen Venier, dessen Frau Vittoria, die Sängerin, der Baron als eine seiner verlassenen Geliebten erkannt hat, als hemmungsloser Genießer aus. Alle Schicksale »mit einer Zunge« schmeckend (V 99), möchte er »wie ein Schwamm die Welt einsaugen« (V 107), verbraucht dabei aber auch ohne Rücksicht das Leben und die Liebe der anderen. Zwischen Genuß und Begierde taumelnd, verwischt sich ihm die Identität des Gegenübers, er verwechselt die Geliebten, kennt seinen Vater nicht und weiß auch Cesarino, seinen und Vittorias Sohn, nicht zu würdigen. Das Leben als Orgie ausschöpfend, lehnt er es ab, sich »mit totem Material abzugeben« (V 112), ist aber ständig von der Furcht vor dem Ende dieses ausschweifenden Lebens, vor dem Tod gepeinigt. Anders dagegen Vittoria, der die Liebe nicht Episode, sondern Epoche war: Den Schmerz der Trennung hat sie ins Kunstwerk der Stimme verwandelt, in »körperlose Töne« (V 112), in denen sich Vergessen und Erinnerung, Wonne und Wehmut mischen. So bewahrt sie dem Vergänglichen Dauer, ohne es in seiner Lebendigkeit zu mindern. Dafür ist Vittoria außer der Künstlerin viel zu sehr Mutter, als daß sie sich dem Leben entfremden könnte. Ihr Gesang macht den Abwesenden anwesend (»Ich sang, da warst du da«, V 132) und enthüllt den Kompensations-charakter der Kunst; aber nur als Kunst kann das Geschenk des Lebens dauerhaft vermittelt werden. So steht dem vergäng-lichen Genuß des Abenteuerlebens das zeitüberdauernde Lied vom Verzicht der Ariadne gegenüber, das Vittoria schließlich anstimmt. Diese Dialektik der beiden Eimer eines Brunnens, wovon der eine leer ins Dunkle, der volle nach oben geht (V 174; vgl. 8 16), hat Hofmannsthal in der Gestalt des senilen Komponisten Passionei zusammengefaßt, der seine eigenen Me-lodien nicht mehr erkennt; indem sein Leben schon am Erlö-schen ist, bewahrt sich in seiner Kunst eine unvergängliche Le-bendigkeit. Dabei wird der Begriff des Lebens selbst, dieses Schlüsselwort des frühen Hofmannsthal, zunehmend dem Pro-zeß einer ›Dekonstruktion‹ unterworfen, denn nicht allein der Abenteurer phantasiert sich in die Inszenierung eines orgiasti-schen Lebensfestes hinein (V 106), das mehr Theater als Realität ist, sondern auch Vittoria legt die schäbige Vergeßlichkeit (V 135) und unvermeidbare Lügenhaftigkeit des Lebens (V 147, 161) bloß. Wie der Abenteurer nur unter falschem Namen »des Lebens Sklave« (V 174) bleiben kann, schwimmt auch Vittoria »auf einer großen Lüge durchs Leben« (V 161). Ihren Sohn Cesarino gibt sie als jüngeren Bruder aus. Er ist eine jugendliche Präfiguration des Abenteurers, die ganze Welt scheint ihm Musik zu sein. Auch die anderen Figuren sind geschickt zu einer Konfiguration verbunden, variieren und ironisieren die Hauptgestalten: So der glücklose Salaino, der das Leben nur aus der Perspektive der Gedemütigten und Schwachen zu sehen vermag, die kokette Tänzerin Marfisa mit ihrer Mutter oder die eitle Sängerin Redegonda mit ihrem als Diener ausgegebenen Bruder. – Hofmannsthals Affinität zum Maskenwesen Venedigs (vgl. den »Tod des Tizian«, »Das gerettete Venedig«, »Cristinas Heimreise«) wird sich besonders im »Andreas«-Roman manife-stieren, der ab Juni 1907 zunächst als »venezianisches Erlebnis« entworfen wird. In dieser ersten Konzeptionsphase des Romans arbeitet Hofmannsthal zugleich an der Prosaskizze *Erinnerung schöner Tage* (XXVIII 61–69), in der er die Atmosphäre der Entstehung des »Abenteurers« schildert, aber auch, unter Bezug auf den Amphitryonstoff (XXVIII 67), eine Poetik des Verzichts (»die Anrechte des Herrn haben und doch fremd sein«). Dabei stellen sich – überraschend – autobiographische Bezüge ein, wenn es in einer Notiz heißt: »Die einzelnen Gestal-ten sind Traumgestalten – Wunscherfüllungen« (XXVIII 228), oder die Namen der beiden ältesten, damals noch ungeborenen

Kinder Hofmannsthals, Christiane und Franz, als Geschwister-paar erwogen werden (ebd. 229), das den Dichter während der Tage begleitet haben soll, als er den »Abenteurer« schrieb.

Ausgaben: Neue deutsche Rundschau, Berlin, 10 (1899), S. 394–438; Berlin 1899 (Theater in Versen, S. 129–260); Berlin 1924 (GW, Bd. 5, S. 3–112); Frankfurt 1953 (GW, Steiner, Dramen I, S. 159–272); Frankfurt 1979 (1 509–604); Frankfurt 1992 (V).

Literatur: *79, S. 109–127; *80, S. 89–134; *90, S. 88–113; *132, S. 130–157; *137, S. 335–350, 372–375; *235, S. 82–101.

Das Bergwerk zu Falun wurde 1899 geschrieben und vollendet, als Ganzes aber nie von Hofmannsthal veröffentlicht. 1900 er-schien der als »Vorspiel« bezeichnete erste Akt (mit zwei Ver-wandlungen) in der ›Insel‹; er erschien Hofmannsthal als der einzig gelungene Teil des Werkes, das trotz seiner äußeren Ab-geschlossenheit innerlich als nicht vollendet gewertet wurde (ähnlich »Der Kaiser und die Hexe«, »Florindos Werk«). Der zweite, vierte und fünfte Aufzug erschienen in Zeitschriften, der dritte erst postum 1932. Die dem Stück zugrundeliegende Bege-benheit von dem Bergmann aus dem schwedischen Falun, der am Hochzeitstag verunglückt und fünfzig Jahre später unver-west geborgen wird, ist zuvor schon von Johann Peter Hebel (»Unverhofftes Wiedersehen«) und in einer Novelle von E.T.A. Hoffmann (in den »Serapionsbrüdern«: Die Bergwerke von Falun) behandelt worden. Hofmannsthals Version, die die Auf-findung des toten Bergmanns ausspart, basiert auf Hoffmann, knüpft aber auch an Gedanken Kierkegaards (er war Hof-mannsthal seit seiner Begegnung mit Raoul Richter, 1896, ein Begriff) und Novalis' an. – Dem heimkehrenden Matrosen Elis Fröbom wird über dem Tod der Eltern das Leben zum Ekel; statt mit Mädchen zu schäkern, sinnt er trübsinnig vor sich hin und wird für den Ruf ins unterirdische Reich der Bergkönigin erreichbar. Elis muß aber erst reif werden für diese körper- und zeitlose Unterwelt; sein Weg führt ihn nach Falun, wo er das verkommene Bergwerk neu belebt und die sanfte Anna durch seine Werbung zerstört, denn ihm kann »dies Leben hier nicht alles« sein (2 165). Am Hochzeitstag schüttelt er »die ganze Welt« (2 170) von sich ab und folgt dem Ruf in die Tiefe.

Wie später in der »Frau ohne Schatten« stehen sich im »Berg-werk« Menschen und Geisterwelt gegenüber; hier geht es je-doch nicht um den Weg ins Menschliche, sondern um die Faszi-nation durch die unlebendige Innenwelt der Bergkönigin, die die Bedingungen des Menschseins, wie Zeit, Tod und Körperlichkeit, nicht kennt. Ihr Reich ist von silberner, steinerner Unbeweglichkeit und tritt »das Menschliche mit Füßen« (2 163). Der alte Torbern, ihr unheimlicher Bote, erfuhr vor Jahrhunderten dasselbe Schicksal wie Elis, der nun an seine Stelle treten soll. Für Elis ist dies »tiefe Haus« (2 98) der Erde ein Teil seines Selbst, der ihn immer mehr in seinen Bann schlägt und die Erdenträume (Annas Liebe) gewichtloser macht. Indem ihm auf seinen Lippen »ein Geschmack vom Tode« (2 169) sitzt bei Tag und Nacht, kann er in diesem Leben nur ein schauerlicher Gast sein (2 158), der nicht hätte werben dürfen. Sein Tief-sinn macht ihn süchtig nach der Drift »dort drunten, von woher / Kein Schoner wiederkommt« (2 95). Der Drang, sich narzißhaft ins eigene Ich zu vergraben, »als kröch ich in den Mutterleib zurück« (2 98), wird zum Abstieg in tödliche Tiefe und zur Verschuldung gegenüber dem Leben. Die Zerstörung von Annas Leben ist der Preis, der für »das fürchterliche Andre« (2 173) bezahlt wird. Elis' Weg vom Rand des Lebens in den Abgrund ist gesäumt von geheimnisvollen Zeichen, besonders von der Gestalt des zwischen Leben und Tod hängenden Fischersohnes. Lebensversäumnis und Todverfallenheit lassen Elis dem Dichter verwandt erscheinen, dessen Gefährdung Hofmannsthal in der wesenlosen Gestalt des Knaben Agmahd, an den Elis die für Anna bestimmten Liebesworte verschwendet, deutlich gemacht hat: Agmahd (der Name aus Mabel Collins »The Idyl of the White Lotus«) ist nur Spiegel und zeigt, was jedem »heimlich (...) am Herzen ruht« (2 111). Somit sind es Momente narzißhafter Selbstbezogenheit, homoerotischer Spiegelbildlichkeit (Agmahd), vergeudeter Liebe (der Same Onans) in den eigentlich Anna, versehentlich jedoch Agmahd zugesprochenen Worten und das Moment kristalliner Unlebendigkeit (vgl. das Gedicht »Mein Garten«), die diese »Analyse der dichterischen Existenz« (10 608) schonungslos aufdeckt. Indem Elis vor Annas Liebe und der Bewältigung des Lebens versagt, gilt ihm dieselbe Erkenntnis wie jenem »Priesterzögling« (1919), »daß das mystische Erlebnis zur Onanie erniedrigt werde, wofern nicht der strenge Bezug auf das Leben gesucht« (3 590).

Hofmannsthal entgeht dieser Gefahr nicht nur durch die Gestaltung des Problems selbst, sondern er entwirft auch eine der einseitigen Todverfallenheit Elis' und Annas naiver Lebendigkeit überlegene Gegenmöglichkeit in der Figur der blinden Großmutter. Sie umgreift beide Seiten, innen und außen, Tod und Leben, Seinsstarre und Vergänglichkeit. »Dich und die Kinder und die nicht mehr sind, / Ihr aller Schicksal fühle ich in

Einem« (2 120), sagt sie zu ihrem Sohn. Ihre Blindheit prädestiniert sie für den Blick »ins Innere« (2 167), ohne daß er, wie bei Elis, zur tödlichen Faszination würde. (Vgl. auch »Das Märchen von der verschleierten Frau«, S. 131).

Ausgaben: Die Insel 2 (1900), S. 28–67 (Akt I); Die Zeit, Wien, 25. Dezember 1902 (Akt II); Leizpig 1906 (Kleine Dramen; Akt I); Leipzig 1907 (Kleine Dramen; Akt I); Hpyerion 1 (1908), S. 4–9 (Akt V); Leipzig 1911 (Die Gedichte und Kleinen Dramen; Akt I); Almanach der Wiener Werkstätte, 1911 (Akt IV); Berlin 1924 (GW, Bd. 1, S. 249–295; Akt I); Corona 3 (1932; Akt III); Wien 1933 (Akt I–V); Frankfurt 1952 (GW, Steiner, Gedichte und lyrische Dramen, S. 317–464); Frankfurt 1979 (2 83–184).

Literatur: *58, S. 68–91; *62, S. 28–59; *79, S. 93–108; *90, S. 114–141; *94, S. 280–297; *180.

Hofmannsthals Parisaufenthalt im Frühjahr 1900 brachte eine Fülle von Entwürfen, Szenen und Projekten hervor, kaum aber ein abgeschlossenes Werk, gerade etwa den *Antigone*-Prolog, der auf Schnitzlernahe Weise mit den Ebenen von Illusion und Realität spielt (III 209–219). – Hofmannsthal wurde Zeuge der Uraufführung von Jules Renards »Poil de carotte«, das er unter dem Titel *Fuchs* (6 293–331) ins Deutsche übertrug (Uraufführung am 16. 2. 1901) und das seine Sensibilität für das Schicksal des dem Knabenalter entwachsenden Jünglings belegt (vgl. »Knabengeschichte«). Autobiographische Momente – die Gestalt Gerty Schlesingers, Hofmannsthals späterer Frau – bestimmen das *Festspiel der Liebe* (XVIII 137–145) durch den Rückgriff auf die dem Tode nahen alten Großeltern (als Philemon und Baucis) und den Vorgriff auf das Dritte, das die Geschlechter zu verbinden vermag, das Kind (präfiguriert durch den geschlechtslosen Engel). – Mit die wertvollsten, offensten Fragmente hat Hofmannsthal mythischen Vorlagen gewidmet – Mythen dabei verstanden als »aufs Menschliche gebrachter Ausdruck des allgemein Natürlichen« (10 382): »Leda und der Schwan« (XVIII 146–151) hat Hofmannsthal noch länger beschäftigt, läßt aber den Plan der Handlung kaum deutlich werden. *Jupiter und Semele* (XVIII 155–157) überträgt Semeles tödlichen Wunsch, den Geliebten in wahrer Gestalt zu sehen, auf das Verhältnis von Dichter und Geliebter. Auf schmalstem Raum skizziert Hofmannsthal hier eine Poetik: Die Geliebte ist als »stumme Creatur« Ausdruck des Lebens (»reden ist nicht für die lebendigen (...) diese Thierheit diese Stummheit Unlöslichkeit ist das Leben«), der Geliebte dagegen ist eine Existenz auf dem Grat zwischen Leben und Chaos. Die »phantastische Dichtercomödie« weist dem Dichter die prekäre Randzone, »das Verhältniss von Geist zu Körper, Idee zum Ausdruck, Mensch zum Thier« zu und setzt es damit potentiell dem Untergang aus: »das Reden ist die Verflüchtigung, Vergeistigung, Vernichtung.« Zeichen dieser tödlichen Bedrohung des Dichters ist der »grenzenlose Zauber« der einfachsten Worte, des Personalpronomens, an das aber das Gesetz der Identität geknüpft ist: »indem ich aussprreche: Ich und Du, so bricht schon das Chaos herein« (vgl. *228 133–140; *245).

Neben den mythologischen Stoffen, denen »Elektra« und die »Ödipus«-Dramen zu verdanken sind, versucht Hofmannsthal immer wieder, auf das Drama der Elisabethaner und Jakobiner, bzw. auf historische Stoffe zurückzugreifen; keinem dieser Versuche, auch nicht dem aufwendigen »Geretteten Venedig«, ist ein Durchbruch beschieden. Pläne zu »Maria Stuart« oder der Gestaltung des Struensee-Stoffes bleiben ebenso liegen wie die an Thomas Dekker anknüpfenden Fortunatus-Fragmente (alle diese Fragmente in XVIII). Relativ weit gediehen dagegen *Die Gräfin Pompilia*, die einen historischen Mord in der Version von Robert Brownings Riesenepos »The Ring and the Book« zugrundelegt (XVIII 163–244), indessen aber über den Rang von dramatischen Studien nicht hinausgekommen ist – ganz im Unterschied zur Selbsteinschätzung des Dichters, der hier, nicht etwa in »Elektra«, glaubte Großes getan zu haben.

Aus dem Jahr 1903 stammen etliche Notizen zu *König Kandaules* (XVIII 272–285), die auf Hebbels »Gyges«-Tragödie zurückgehen: Auf Geheiß des Königs wird der Soldat Gyges, der sich durch einen Ring unsichtbar zu machen weiß, Zeuge der ehelichen Vereinigung von König und Königin. Die außerordentliche Brutalität, in der hier das Geschlechterverhältnis und die Suche nach der eigenen Identität aus dem Zeugnis der anderen vorgeführt wird, läßt an die Visionen Max Beckmanns denken, die unter freilich expressionistischem Zeichen Sexualität und Ichmanie fixieren. Kandaules will sich seiner Form, seines Königtums entkleiden und spüren, wie die Dinge eigentlich sind; sein Verbrechen besteht darin, daß er den andern, die Königin und Gyges, nur als Instrument (XVIII 274) und Spiegel (278) benutzt, um die Wahrheit herauszupressen, was nämlich die Königin an ihm eigentlich liebt und was vom sexuellen Genuß bleibt, wenn er sich ihm in Anwesenheit (aber unter Ausschluß) des Zeugen Gyges hingibt (274). Kandaules ist der geborene Despot, dem jeder andere unzugänglich bleibt und der sich nicht selbst zu erfahren vermag: durch die anderen hindurch will er nur *sich* spüren (276; vgl. *83 104–113).

Die zunächst als eine »sehr freie Bearbeitung« der Sophokleischen Vorlage konzipierte *Elektra* entwickelte sich zu einer »durchaus persönlichen Dichtung« (3 104), der der Dichter nicht ohne Bedenken gegenüberstand. Seinem Versuch, einer gipsern gewordenen Bewahrung des Alten das Lebendige gegenüberzustellen, »den Schauer des Mythos *neu* [zu] schaffen (...), aus dem Blut wieder Schatten aufsteigen [zu] lassen« (10 443), kam die Begegnung mit den Hysteriestudien von Breuer und Freud zugute. Die psychologische Differenzierung der Frauenfiguren (Klytemnästra, Elektra, Chrysothemis) als »Schattierungen eines intensiven und heimlichen Farbtones« (B II 384), die Durchleuchtung der »physiologischen Untergründe« der Seele (zitiert in *251 237) sowie eine expressiv gesteigerte Symbolsprache machen das düstere Werk zu einem auch von Nietzsche, Bachofen und Rohde geprägten Gegenentwurf zum Griechenbild Winckelmanns und Goethes. In einer Atmosphäre orientalischer, alttestamentarischer Archaik (in den vom Symbolismus geprägten »Szenischen Vorschriften« besonders deutlich: 2 240–242) verdichtet sich das Geschehen, dem Hofmannsthal auch die Motivierung des Agamemnonmordes durch Iphigenies vorausgegangene Opferung nimmt, auf Elektras doppelte Fixierung auf den Mord, auf den ewig erinnerten Mord ihres Vaters und auf den stets vorweggenommenen Rachemord an Klytemnästra und Ägisth. Ihrer Denunziation und gleichzeitigen Obsession durch den Geschlechtsakt (vgl. die Tier- und Blutmetaphorik) kontrastiert Chrysothemis' Wunsch nach einem »Weiberschicksal« und Kindern sowie Orests vollbrachte Tat. Elektras unbedingte Treue dem Toten gegenüber führt zur Auflösung des Individuums, das »eben ganz und gar Elektra zu sein sich weihte« (10 461). In der Wiederholung und Antizipation des Mordes spart sie die unmittelbare Lebenszeit, die Gegenwart, aus. Im Auftrittsmonolog versucht sie, den toten Vater heraufzubeschwören und phantasiert sich in eine Art »Privattheater« hinein (diesen Begriff aus der Krankengeschichte der Anna O. aus den »Studien über Hysterie« zitiert Hofmannsthal wenig später in »Dominic Heintl«, XVIII 322) und berauscht sich dabei an der Vision eines blutrünstigen Todes- und Siegesfestes, dessen Höhepunkt, der königliche Siegestanz, ihren Tod bedeutet. Sobald die Rache vollzogen ist, stirbt Elektra, denn alle Erinnerung ist durch die

Erfüllung der Rache aufgehoben und gleichsam gelöscht. Elektra, die ihr Leben lang jegliche Gegenwart und Lebendigkeit verbannt hatte (nicht zuletzt durch den von niemandem ausgehaltenen Medusenblick), ist nunmehr in die Erfülltheit des Augenblicks und der Gegenwart geworfen, der sie sich aber nicht gewachsen zeigt. Indem ihr alles um Agamemnons willen »nichts« war, »es war mir alles / nur Merkzeichen, und jeder Tag war nur / ein Merkstein auf dem Weg!« (2 227), hat sie in die als Lücke belassene Gegenwart der tödlichen Macht des Zeichens Einlaß gewährt: Es blieb ihr nur das Wort und die Stimme als tödliches Supplement einer ausgesparten Gegenwart. Davon ist sie im Augenblick der erfüllten Rache befreit. Sie hebt an zu einem »namenlosen Tanz« (2 233), in dem sich kein Moment des Symbolischen, Darstellerischen oder Zeichenhaften mehr findet, sondern der pure Präsenz ist. In ihm manifestiert sich das sprachlose Glück Elektras, wenn sie zum Schluß sagt: »Schweig und tanze. Alle müssen / herbei! hier schließt euch an! Ich trag die Last / des Glückes, und ich tanze vor euch her. / Wer glücklich ist wie wir, dem ziemt nur eins: / schweigen und tanzen!« (2 233 f.). Das ekstatische Moment des Glücks läßt sich jedoch nicht in der Lebenswirklichkeit, sondern nur am Rand des Lebens oder gar außerhalb erfahren: So steht die reine Präsenz von Elektras Tanz außerhalb des Lebens. Im frühen »Alexander«-Fragment stellt Hofmannsthal explizit einen Zusammenhang zwischen Zeichenhaftigkeit und Lebendigkeit her, von dem aus Elektras Affinität zum Wort eine letzte, abgründige Bedeutung erfährt: »das Leben ist ein Zeichendeuten, ein *unaufhörliches*, wer nur einen Augenblick innehält thut seinem Tod ein Stück Arbeit zuvor« (XVIII 16). Wenn Elektras Glück nur sprachlos und um den Preis des Todes formuliert werden kann, dann ist die Sprache nicht nur Ersatz der Präsenz und insofern tödlich, sondern zugleich das adäquate Medium für den Zustand der Hemmungen und Hindernisse, damit aber auch des Lebens. Während dagegen der Tanz »Freiheit, Identität« enthüllt (10 508), heißt es von der Sprache unter Berufung auf Goethe verschiedentlich: »individuum est ineffabile« (XVIII 51; XXIX 149; 8 348; 10 449 und 560). In der Sprache des Zeichens ist der Wesenskern des Menschen nicht formulierbar, wenngleich er auf dieses Instrument existentiell angewiesen ist: »Mit Reden kommen die Leut zusammen«, heißt es im »Turm« (XVI/1 17). In Tanz und Musik kann sich wohl Identität momenthaft enthüllen, doch nur in einem Schritt über die Lebenswirklichkeit hinaus. Daher heißt es in dem Aufsatz *Über die*

Pantomime 1911: »Die Sprache der Worte ist scheinbar individuell, in Wahrheit generisch, die des Körpers scheinbar allgemein, in Wahrheit höchst persönlich« (8 505). – Hofmannsthals
Plädoyer für die Sprachzeichen als einen lebensbedingenden
»partiellen Tod« (10 509), letztlich auch für die fruchtbarsten
Lebensbedingungen der Hindernisse und Hemmungen, die den
Ausbruch in die reine Präsenz des Tanzes, wohl auch der
Musik, nur augenblickshaft erlauben, kommt in seiner Einschätzung der Musik zum Ausdruck. Im Vortrag »Der Dichter
und diese Zeit« wollte er den Satz, die Künste »streben danach,
Musik zu werden«, »nur gleichnisweise« gelten lassen (8 65). –
Von diesen Zusammenhängen aus gesehen, der Integration von
Tanz und Lichtregie mit symbolischem Bühnenbau und schließ-
lich von Musik (in der Strauss'schen Vertonung), nimmt *Elektra*
einen ganz zentralen Platz in der Ästhetik Hofmannsthals und
der Jahrhundertwende ein. Seine spätere Distanzierung von
dem Werk, zugunsten des nicht ausgeführten zweiten Teils,
»Orest in Delphi«, steht in auffallendem Widerspruch zu der
Häufigkeit, mit der er sich gerade zu »Elektra« immer wieder
geäußert hat.

Ausgaben: Blätter für die Kunst 7 (1904), S. 40–43 (Auszug); Berlin
1904; Berlin 1924 (GW, Bd. 5, S. 113–181); Frankfurt 1954 (GW, Steiner,
Dramen II, S. 7–75); Frankfurt 1979 (2 185–239).
Oper: Berlin 1908.

Literatur: *27, S. 44–74; *32; *46, S. 58–95; *54, S. 85–94; *60; *62,
S. 67–92; *79, S. 151–171; *83, S. 134–149; *85; *97, S. 12–29; *101,
S. 98–125; *118; *140; *154; *162; S. 35–38; *167, S. 99–110; *168; *169;
*202, S. 259–295; *214, S. 194–204; *230; *251.

Aus dem Verlangen heraus, sich »der dramatischen – nicht
mehr dramatisch-lyrischen – Form extensiv zu bemächtigen«
(IV 258), gelang es Hofmannsthal nur im Fall der »Elektra«, ein
wirklich lebendiges und modernes Stück zu schreiben. Die Bearbeitung *Das gerettete Venedig* stand unter einem weit weniger
günstigen Stern. Hofmannsthal sah sich in seiner Hochschätzung der Tragödie »Venice Preserved« von Thomas Otway
(1682) durch Goethe und Balzac (XXXI 30) bestätigt; schon
1896 mit dem Stück vertraut, wollte er es zunächst als Novelle
bearbeiten, entschied sich aber 1902 für die dramatische Form,
die er in einem außergewöhnlich fruchtbaren Schreibstrom zwischen Mitte Oktober und Ende Dezember 1902 bewältigte.
Eine aufgrund dramaturgischer Unstimmigkeiten notwendige

Umarbeitung zog sich bis Mitte 1904 hin, so daß die Uraufführung am Berliner Lessingtheater Otto Brahms erst am 21. Januar 1905 erfolgen konnte, »mit geringem Erfolg« (IV 253). Schon Stefan George hatte in einem wenig schmeichelhaften Brief, mit dem er auf die Widmung (in der 1. und 2. Auflage: »Dem Dichter Stefan George in Bewunderung und Freundschaft«) reagierte, von »übelangewandtem Shakespeare« (IV 268) gesprochen, und die meisten Rezensenten fragten sich, warum Hofmannsthal gerade diesen Stoff ausgegraben habe, dessen fernes historisches Sujet »nah verwandt erscheinen zu lassen« nicht annähernd so überzeugend gelungen war wie in »Elektra«. Der Dichter selbst erkannte später, daß er daran gescheitert war, das Verhältnis zwischen dem starken, handlungsbereiten Pierre, und dem schwachen, reflektierenden Jaffier zu motivieren – einer unter mehreren Belegen, daß Notizen und Entwürfe dem endgültigen Text überlegen sein können. Der Plan der ersten Notizen, die »Schwäche stärker als Stärke« (IV 175) erscheinen zu lassen, wird nicht verwirklicht. Eine verworfene Variante des 5. Aktes, in der Pierre erkennt: »dass ich der Jaffier / hätt werden können wenn ich nicht der Pierre / geworden wäre und du hättest Pierre / sein können wärst du nicht Jaffier geworden / gar nichts als Schicksal, Hülle, Zufall! nichts / als Zufall liegt dazwischen« (IV 219), ist nicht wirklich Gestalt geworden. Das Verhältnis der beiden Männer, das Zeugnis davon ablegen soll, wie Hofmannsthal sich gegenüber George sah, ohne daß »solche Figuren geradehin Gleichnisse zweier Menschen« wären (an George, IV 265), hat Manfred Hoppe (Berliner Vortrag 1989) aus einer homosexuellen Neigung zu deuten versucht, die im Text einige Stützen findet (etwa IV 21), von Hofmannsthal aber auf die entsprechende Vermutung einer Briefschreiberin hin vehement bestritten worden war. – Neben der offenbaren Schwäche des Stückes, die im zu realistischen Ton besteht und die Brutaliltät von Mord und Lust (anders als »Elektra«) nicht mythisch entfernen und differenzieren kann, darf das Gelungene nicht übersehen werden, so das Gegenspiel der Frauen Belvidera und Aquilina, von Ehefrau und Kurtisane (die zeitweilig Sprachrohr der Sympathielenkung ist, IV 223 ff.), oder die kleine, aber wichtige Rolle der Mulattin. Auch die Figuren der Senatoren Dolfin und Priuli sind von dramaturgischer Überzeugungskraft.

Ausgaben: Blätter für die Kunst 6 (1902/03), S. 21–23 (Auszug), und 7 (1904), S. 37–39 (Auszug); Die neue Rundschau 15 (1904), S. 1342–1366 (Akt I); Berlin 1905; Berlin 1924 (GW, Bd. 6, S. 275–472); Frankfurt

1954 (GW, Steiner, Dramen II, S. 77–270); Frankfurt 1979 (2 243–380); Frankfurt 1984 (IV).

Literatur: *79, S. 128–150.

Die Auseinandersetzung mit dem von Sophokles überlieferten Ödipus-Stoff hat sich nicht in der gleichen Weise lebendig halten können wie »Elektra«. Wohl schon 1901 entstehen erste Notizen zu »Ödipus auf Kolonos«, doch weckt erst die Bekanntschaft mit Joséphin Péladans »Oedipe et le Sphinx« (1903) im September 1904 Hofmannsthals Interesse an einer Ödipus-Trilogie. Während der Plan zum dritten Teil, »Des Ödipus Ende« (nach Sophokles' »Ödipus auf Kolonos«), über Entwürfe nicht hinausgelangt (XVIII 251–271), fixiert Hofmannsthal im Herbst 1904 zunächst anderthalb Akte einer Bearbeitung von Péladan. Allerdings erst mit der Erfindung der Kreon-Figur (August 1905) befreit er sich von seiner Vorlage und arbeitet bis zum Jahresende eine eigenständige Version von der Vorgeschichte des Ödipus aus (»*Ödipus und die Sphinx*«). Einzelne Teildrucke erfolgen schon während der Niederschrift, die Uraufführung am Deutschen Theater, Berlin, am 2. Februar 1906 wird zu einem großen Theatererfolg – dank der Mitwirkung Max Reinhardts und Alfred Rollers sowie der Starbesetzung durch Agnes Sorma, Adele Sandrock und Gertrud Eysoldt, Friedrich Kayssler, Albert Steinrück und Alexander Moissi. Die zeitgenössische Kritik nahm das Werk (wie schon »Elektra«) nicht einhellig auf. – Das Mittelstück der geplanten Trilogie, *König Ödipus*, hat Hofmannsthal wohl im Herbst 1905 nach ihm vorliegenden Übersetzungen (von J. A. Hartung und A. Wilbrandt; vgl. *140) als, wie der Untertitel (1911) besagt, »Tragödie von Sophokles. Übersetzt und für die neuere Bühne eingerichtet«. Diese Übersetzung wird Anfang 1907 gedruckt, erst im September 1910 in München gespielt, besonders jedoch seit der Vorstellung im Berliner Zirkus Schumann (7. November 1910) zu einem Triumph für Hofmannsthal und Reinhardt. Der Dichter stand dem ganzen Werk später kritisch gegenüber und wollte nur die beiden ersten Akte von »Ödipus und die Sphinx« als eigentlichen Kern (»Des Ödipus Ankunft«, VIII 207) gelten lassen – auch dies ein Beispiel einer nachträglichen Fragmentarisierung.

Wie im »Geretteten Venedig« ist auch im Ödipus-Drama der Konflikt zwischen der »stummen That« (des Ödipus: VIII 524) und der beredten Reflexion (des Kreon) von zentraler Bedeutung. Steht mit der Gestalt des Ödipus der »Lebenstraum (…) von Kind und Vater und Mutter« (VIII 531) im Blick, der die

Persönlichkeit bis zur austauschbaren Unterbewußtheit auslöscht: »Das sind keine Schranken;/ es waltet durch uns hindurch wie durch leeren Raum« (VIII 32), so versucht Ödipus darauf mit seiner Opferbereitschaft, mit dem Verzicht auf das Königtum in Korinth, zu reagieren. Vatermord und Mutterinzest, die geträumte Obsession, erfüllen sich aber in Wirklichkeit, aus der es kein Entrinnen, kein Erwachen gibt: »Nun kannst du mich nicht wecken, / denn nun träumt alles mit« (VIII 16). Die doppelte Blutschuld des Ödipus behauptet sich gegenüber seinem Versuch einer freien Tat: Am Ende ist es nicht er, der die Sphinx besiegt, sondern sie tötet sich selbst, nachdem sie ihn als den vom Schicksal Bezeichneten identifiziert und ihm die Hoffnung auf einen Ausweg aus dem Blutbann genommen hat. Wirkt Ödipus zuweilen als Variante des Abenteurer-Typus (VIII 102), so reagiert sein schwermütiger Gegenspieler Kreon, die wohl interessanteste Figur des Werkes, ganz anders auf seine Träume: Sie hindern ihn an der Tat und lassen »des Lebens Möglichkeiten abgelebt / im voraus« erscheinen (VIII 49). Kreons Seele ist »immer an 2 Orten zugleich« (VIII 563). Von einer Psychologisierung des Schicksals und des Mythos legen dabei die Umstände Zeugnis ab, daß nach Hofmannsthals Deutung das Kind Kreon die Botschaft zu übermitteln hatte, Laios' Sohn (Ödipus) werde einst den Vater töten, und daß die Sphinx von Iokaste als Verdinglichung des Schuldbewußtseins (vor ihrem vermeintlich getöteten Sohn) verstanden wird (VIII 641). Neue Töne stimmt die alte Antiope an, besonders aber Iokaste in ihrer Todessehnsucht – sie ist eine Existenz, die »so weit am Rande draußen« steht (VIII 453); auch hier bieten die Notizen und Vorstufen (etwa die Niederschrift 6 H; vgl. VIII 420 ff.) reichhaltige Ansätze, die später aufgegeben wurden.

Auffallend ist überdies das Motivgeflecht, das die Ödipus-Dramen mit anderen Werken Hofmannsthals verknüpft, etwa die Apathie Kreons (VIII 49) mit der des Elis Fröbom (»Das Bergwerk«), die von ihrer Geburt schon diskreditierte Existenz des Ödipus mit der Sigismunds (»Der Turm«) oder Iokastes Todesbereitschaft mit der Ariadnes. Als besonders fruchtbar erweist sich die Figur des Kreon, der nicht zufällig mehrfach als ein »Mann ohne Schatten«, ohne schöpferische Tat, auftritt (VIII 294 f.; 453, 465, 579) und später zum Komödientypus des »Schwierigen« fortentwickelt wurde (über den Umweg der »Lucidor«-Novelle: XXVIII 247 und HB 25, S. 77 f.). – Die naheliegende Frage, inwiefern der »Ödipus« eine Auseinandersetzung mit der Psychoanalyse darstelle, läßt keine eindeutige

Antwort zu. Hofmannsthal hatte 1908 wohl die Schriften Freuds »sämtlich« gelesen (HB 7, 74), wandte sich aber immer entschiedener gegen das deterministische Moment, das er in der Psychoanalyse erkannte; auch schien sie ihm keine überragende Rolle in der zeitgenössischen Psychologie zu spielen, deren Arbeiten er seit Anfang an mit großem Interesse verfolgt hatte (Lombroso, später Ribot, Janet, Morton Prince): So ist es nicht überraschend, daß er im »Ödipus« Vorstellungen der Psychoanalyse aufgreift (der Traum als Manifestation des Unbewußten, das ›anamnestische‹ Gespräch zwischen Ödipus und Phönix im 1. Akt), in Ödipus aber weniger den Mythos psychologisiert als die Psyche mythologisiert und, darin analog der »Elektra«, den »Blutbann« und den »Verzicht auf das schönste Griechische, auf das Resultat« (9 30) herausstreicht.

Ausgaben: Der Tag, Berlin, 24. Dezember 1905 (Auszug); Die neue Rundschau 17 (1906), S. 52–76 (Akt I); Die Arena 1 (1906), S. 57–61 (Auszug); Berlin 1906; Berlin 1924 (GW, Bd. 6, S. 78–228); Frankfurt 1954 (GW, Steiner, Dramen II, S. 271–417); Frankfurt 1979 (2 381–499); Frankfurt 1983 (VIII).

Literatur: *27, S. 74–95; *46, S. 96–159; *79, S. 172–197; *83; *90, S. 201–221; *127; *140; *154; *162, S. 53–62; *202, S. 303–333; *236.

Das orgiastische Element, das »Elektra« und »Ödipus« zumindest begleitet, tritt im *Semiramis*-Fragment (3 559–587) in den Vordergrund. Hofmannsthal arbeitete mit größeren Unterbrechungen zwischen 1905 und 1921 an diesem Plan, der auf Calderóns zweiteiligem Drama »Die Tochter der Luft« beruht und als Oper für Richard Strauss gedacht war, schließlich aber, wohl zugunsten des »Turm«, zurückgestellt wurde. Es hätte leicht das gewaltigste Werk Hofmannsthals werden können. In ihrer grenzenlosen Liebes- und Machtgier läßt Semiramis ihre Liebhaber töten und ihren Sohn, in seiner Schwäche der unheimliche Doppelgänger ihrer Stärke, einkerkern, und verkörpert somit etwas mehr als Menschliches, »das Überpersönliche des Ich« (3 561). Die spätere Neukonzeption, unter dem Titel »Die beiden Götter«, entwirft eine Fülle von nicht ganz leicht durchschaubaren Motiven, wobei Mutter und Sohn, Semiramis und Nynias, Macht und Geist, Zwang und Liebe einander gegenüber stehen. Die heroische Sternenwelt Semiramis' ist das »Unbegrenzte, aber einfach Starre und niemals Veränderliche«, die menschlichere Erdenwelt ihres Sohnes »das Begrenzte, aber vielfältig Mögliche und immer wieder Neue« (3 580). Offenbar sollte Ninyas, der verschiedentlich die Weisheit Laotses vertritt, als

Parallele des Dionysos, aber auch Apollons, des Adonis und auch Christus' erscheinen, während Semiramis der Semele, der Mutter des Dionysos, angenähert wird (3 579). Der Einfluß von Bachofens »Mutterrecht« ist unverkennbar und verantwortlich für die chthonische Lichtlosigkeit des Entwurfs, in dem am Ende wohl die lebensnotwendige Synthese von Körper und Geist scheitern, der Materialismus (auch darin, mater, die Mutter) über die Lichtmacht siegen sollte.

Literatur: *83, S. 124–134; *91; *142.

Jedermann. Das Spiel vom Sterben des reichen Mannes gilt besonders nach der 1920 begründeten Tradition, das Stück vor dem Salzburger Dom zu spielen, als das populärste Werk des Dichters. Aus dem Jahr 1903 stammen die ersten Notizen, nachdem Hofmannsthal durch Clemens von Franckenstein auf den Stoff des mittelenglischen »Everyman« aufmerksam gemacht worden war. Eine 1905/06 ausgeführte Prosafassung – sie steht auch unter dem Eindruck von Edgar Kargs von Bebenburg Tod – sollte in einem »Garten bei Wien« spielen, wurde aber vom thematisch eng verwandten Komplex des »Dominic Heintl« abgelöst. Erst 1910 kam Hofmannsthal auf den »Jedermann« zurück, bereitete dann eine Übersetzung der englischen Vorlage vor und schrieb schließlich im Jahr 1911, stimuliert durch die Lektüre des Hans Sachs, die endgültige Fassung nieder, die am 1. Dezember 1911 in Berlin gespielt werden konnte. Bis zu Hofmannsthals Tod (1929) erlebte das Werk 70 Auflagen.

Das aus den Zeugnissen belegbare Schwanken des Dichters, dieses Werk der Hauptlinie seiner Produktion einzuordnen oder es als Erneuerung und Bearbeitung abzuwerten, ist kein Einzelfall und kann in ähnlicher Weise bei »Elektra«, »Ödipus« oder »Dame Kobold« verfolgt werden. Davon unbetroffen ist freilich die Tatsache, daß schon die früheste Auseinandersetzung mit dem Stoff Hofmannsthals Interesse und Strukturierung deutlich werden läßt. Insofern der Tod Mitte und nicht bloß das sonst übliche Ende des Spieles einnimmt, kann der »Jedermann« sogar als ein zentrales Werk Hofmannsthals gelten, zumal er ein anderes gewichtiges Stück, die Totentanzkomödie »Der Tor und der Tod«, in Erinnerung ruft. Wie Claudio wird auch Jedermann mitten im Fest des Lebens von der Todesdrohung überrascht; die Geliebte, die Freunde und die Verwandten verlassen ihn in seiner Not, und auch der vermeintliche Sklave Mammon, die Personifizierung des eigentlichen Herren, des Geldes, kündet ihm die Gefolgschaft auf. Den Weg des Sünders ins Grab teilen nur seine Guten Werke, die indes vor Schwäche nicht zu gehen vermögen und der Unterstützung durch ihre Schwester, den Glauben, bedürfen. Reuig und heilsgewiß steigt Jedermann ins Grab, während der Teufel um seine Seele geprellt wird. In den den »Jedermann« begleitenden Aufsätzen »Das alte Spiel von Jedermann« und »Das Spiel vor der Menge« (3 89–106), betont Hofmannsthal, er wollte mit »diesem allen Zeiten gehörigen und allgemein gültigen Märchen«, das »nicht einmal mit dem christlichen Dogma unlöslich verbunden« sei (3 90), der eigenen Zeit mit ihren »unsäglich gebrochenen Zuständen« ein ungebrochenes Weltverhältnis« (3 106) gegenüberstellen. Diagnostizierte er schon in dem Vortrag »Der Dichter und diese Zeit« (1906) die ironische Dialektik von Lebendigem, das für tot, und von Totem, das für lebend gehalten wird, als den entscheidenden Zug der Gegenwart, so stellt er in seiner Behandlung des »Jedermann« (und des »Dominic Heintl«) das Motiv des Geldes (u.a. angeregt durch Georg Simmels »Philosophie des Geldes«) unter ähnlichem Vorzeichen in den Mittelpunkt: »Was wir besitzen sollten, das besitzt uns, und was das Mittel aller Mittel ist, das Geld, wird uns in dämonischer Verkehrtheit zum Zweck der Zwecke« (3 90). Den Zweifeln an der Aktualität des Stoffes zum Trotz gelingt es Hofmannsthal, den motivischen Kern des »Jedermann«, das Geld und den Tod, mit der allegorischen Form der alten Moralität und mit der vom Christentum vertretenen Botschaft einer moralischen Weltordnung zu einer modernen Aussage zu verknüpfen. Das Geld ist der abstrakteste Ausdruck für die uneingeschränkte Austauschbarkeit und Verrechenbarkeit von allem mit allem: »Da ist kein Ding zu hoch noch fest, / Das sich um Geld nicht kaufen läßt« (IX 44). Ohne Ansehen der Person oder irgendwelcher Rechte setzt das Geld die Käuflichkeit aller Beziehungen durch, denen sich keiner entziehen kann: »Denn das Geldwesen ist ein solches alle-verfangendes Netz, daß irgendwie ein jeder Reiche der Gläubiger und Fronherr jedes Armen ist« (3 96). Jedermanns Eindruck, daß er ungerührt alle seine Freunde »kaufen und wiederum verkaufen« (IX 56) könnte, bestätigt sich zuerst an ihm, wenn er sich von allen verkauft fühlen muß, weil niemand ihn begleitet. – Der Austauschbarkeit einer vom Geld beherrschten Gesellschaft entspricht die allegorische Form des Spiels, deren Titelfigur schon durch jeden einzelnen zu ersetzen und wieder von bloßen Allegorien umgeben ist. Demselben Gesetz der Ersetzbarkeit unterstehen innerhalb des allegorischen Spiels aber dann auch Sozialstrukturen wie die von Herr und Knecht, die den Führungsanspruch des Geldes in Szene setzt, sowie die scheinbar gesicherte Domäne menschlicher Individualität. Schon in der frühen Prosafassung von 1905/06 hatte die Szene mit der »Verwandtschaft« das Individuelle auf ein beschränktes Arsenal von Gesichtszügen reduziert, das in neuer Mischung stets sich wiederholt (zwischen Geburt und Tod »da lebt ein jeder sein bischen Leben«, IX 20). Kommt im Titel des Werkes die mit der Form des allegorisch-geistlichen Spiels verknüpfte Austauschbarkeit heraus – »Jedermann« ist jeder Mann, im »Spiel« sind die Rollen vor jeder Individualität schon verteilt, »es kommt alles wieder, nur ein bischen anders zusammengemischt« (IX 20), und der Reichtum des »reichen Mannes« ist gerade sein beliebigstes, fragwürdigstes Prädikat –, so nimmt der Tod die zentrale Stelle ein. Er kann nicht ausgetauscht oder vertreten werden (»Hie wird kein zweites Mal gelebt!« IX 84), sondern muß von jedem einzeln geleistet werden und macht doch alle gleich. Die Bewältigung des Todes wird zur eigentlichen Lebensaufgabe. Hier ist auch der Punkt, an dem ein (erst durch den in der Kritischen Ausgabe Heinz Röllekes veröffentlichten Nachlaß bekannt gewordener) Zusammenhang von Hofmannsthal als roter Faden angelegt scheint. Es ist die bereits in den ersten Notizen angesprochene Dialektik von der Endlichkeit des Lebens und seiner dadurch bedingten Steigerung zum Unendlichen. Analog zum dionysischen Todesbild in »Tor und Tod« erscheint er auch hier, scheinbar christlich, als der Bote, »dessen Nähe schöner und erhabener macht« (IX 133), und damit dem Leben erst die entscheidende Essenz beisteuert (IX 146f.). Der Tod wird nicht zum Gegner, sondern zur extremen Steigerung am Rand des Lebens: »Und weil kein einziges der Unendlichkeit genug thun kann, so müssen immer wieder neue auf die Welt kommen. Die Kinder! die Kinder!« (IX 145). Jedermann muß lernen, daß das Unendliche nicht »im Endlichen, durch Häufung des Endlichen« faßbar wird, sondern nur im Symbol (IX 137), »daß alles [:] Wollust, Macht, Reichtum nur ungeheure Springbrunnen sind, unseren Durst nach dem Unendlichen zu löschen« (IX 23).

Der »Jedermann« ist damit Dichtung auf der Grenze zwischen Allegorie und Symbol, zwischen Austauschbarkeit und einmaligem Geschehen. Die letztlich zynische Verachtung des Individuellen, wie sie das Geld und der Tod an den Tag legen, führt zur Forderung nach dem moralisch-individuellen, nicht materiellen Verdienst, das auch den Umschlag von der Metaphorik des Geldes und Tausches in den der unverrechenbaren

Schenkung und Gnade erlaubt. Insofern hebt sich die frühkapitalistische Motivreihe von der »Abrechnung« Gottes, zu der Jedermann Rechnung und Schuldbuch mitzubringen habe, um seinen Lohn zu empfangen, auf, denn durch das Erlösungswerk Gottes ist alle Schuld bereits »vorausbezahlt«.

Ausgaben: Prosa-Jedermann: Der Tag, Berlin, 24. Dezember 1911 (Auszug); Frankfurt 1957 (GW, Steiner, Dramen III, S. 439–446); Frankfurt 1979 (3 75–88); Frankfurt 1990 (IX).
Jedermann: Die Zeit, Wien, 25. Dezember 1910 (Auszug); Neue Freie Presse, Wien, 16. April 1911 (Auszug); Berlin 1911; Berlin 1924 (GW, Bd. 5, S. 182–266); Frankfurt 1957 (GW, Steiner, Dramen III, S. 7–93); Frankfurt 1979 (3 9–72); Frankfurt 1990 (IX); Frankfurt 1991 (revidierter Text).

Literatur: *52, S. 17–82; *90, S. 222–230; *158; *219.

Zum Umkreis des »Jedermann« gehört die moderne Variante vom Sterben des reichen österreichischen Durchschnittsbürgers: *Dominic Heintls letzte Nacht* (XVIII 299–327). Georg Simmels »Philosophie des Geldes« und Balzacs »Eugenie Grandet« brachten – nach dem Prosa-»Jedermann« – 1906 das Thema von Besitz und Geiz Hofmannsthal erneut zu Bewußtsein. Dabei verschob sich die Idee der »Guten Werke« aus dem »Jedermann« in die von Heintls Tochter Hermine, die seine Leiden übernimmt. Hofmannsthal griff dazu erneut auf die Hysteriestudien von Breuer und Freud (XVIII 309, 311, 322), auf Stevensons »Dr. Jekyll and Mr. Hyde« und, ab 1907, auf die Fallgeschichte von Morton Prince zurück, die für »Andreas« von zentraler Bedeutung ist. Wohl 1912/13 kam er auf den »Heintl«-Stoff zurück, dann übernahm er den Namen der Hauptfigur (ab 1916) in den Komödienplan »Der glückliche Leopold«. – Der »Geldbesitz« wird für Heintl zu dem das Individuum nivellierenden »Wollustzustand, in welchem jede Incommensurabilität zwischen Wunsch und Erfüllung ausgeschlossen« ist (XVIII 300). Ihm steht seine Tochter gegenüber, die zwischen Selbstverleugnung und Selbstbesitz, zwischen dem Realitätssinn und dem »Privattheater« (ein Freudsches Stichwort) ihrer Träume schwankt. Sie identifiziert sich mit ihrer verstorbenen Schwester Anna, verliert damit das Gefühl der Grenze und weiß sich nur durch eine Maske vom Chaos (XVIII 306), vom »auseinanderfallen« (XVIII 321) in zwei Hälften getrennt. Beide, Vater und Tochter, die Verkörperung von endlichem Besitz und »unendlicher Forderung« (XVIII 306), leben auf einander entgegengesetzte Weise »aus dem Tode der Anderen« (XVIII 309), denn in ihrem Haus sind »die lebendigen halbtodt und die Todten lebendig« (XVIII 305; vgl. »Der Dichter und diese Zeit«). Motivisch eng verwandt ist dann das Fragment »Das steinerne Herz« nach W. Hauff (XVIII 334–341), das zunächst als Oper geplant war und zwischen 1910 und 1916 verfolgt werden kann, seine Substanz jedoch an »Ariadne« und »Die Frau ohne Schatten« abgab.

Eurasius, der symbolische Name der Hauptfigur in dem Fragment *Der Priesterzögling* von 1919 (XIX / 3 588–590), deutet das Verhältnis zwischen Europa und Asien als Zentrum des Fragments an. Dabei lassen die von E. Ritter ermittelten Quellen – Bachofen und Silberer (»Probleme der Mystik und ihrer Symbolik«), L. Hearn, K. Burdach (»Faust und Moses«), H. Taine, Goethe und Novalis – die tragende Idee nur umrißhaft erkennbar werden. Analog zu den »Lehrlingen zu Sais« geht es um die Initiation, um Vermittlung des Höheren und Allgemeinen durch den Einzelnen, der gleichsam in einer Passage durch alle kulturellen Entwicklungsstufen der Menschheit (»Jahrtausende wechselnd als Hintergrund: Urzeiten, Mithrasreligion, neuere Zeit«, 3 588) hindurchgehen sollte. Gegenstand späterer Gespräche mit Walter Benjamin, diente das Fragment v.a. (*34) als Kronzeuge seiner Absage an den Ästhetizismus, besonders in der folgenden Passage: »Letzte Initiation, wo der Zögling aus dem Tempel hinausgewiesen wird, auf die wimmelnde Straße, nach einem strengen Gespräch mit einem bisher unbekannten Lehrer, worin ihm gesagt wird, daß das mystische Erlebnis zur Onanie erniedrigt werde, wofern nicht der strenge Bezug auf das Leben gesucht« (3 590).

Das Salzburger Große Welttheater – die Neuschöpfung von Calderóns Fronleichnamspiel »Das große Welttheater« – war von vornherein als Projekt für die 1917/18 gegründeten Salzburger Festspiele geplant und wurde, 1919 entworfen, 1921 geschrieben, wobei der zunächst als Mittelteil vorgesehene Stoff, »Christianus der Wirt«, wieder verworfen wurde; die Uraufführung unter der Regie Max Reinhardts fand am 12. August 1922 in der Salzburger Kollegienkirche statt. Im selben Jahr erschien eine gekürzte Fassung in den ›Neuen Deutschen Beiträgen‹ sowie die vollständige Buchausgabe. Eine 1925 als »Bühnenfassung« bezeichnete Version erweitert die Rolle des Vorwitzes und streicht diejenige des Meisters. – Hofmannsthal legte seinem Werk die Eichendorffsche Übersetzung von Calderóns geistlichem Spiel zugrunde, verwahrte sich aber gegen die Einschätzung seines Textes als einer bloßen Bearbeitung, denn sie habe »nur das Gerüst, die das Ganze tragende Metapher (Bühne = Welt, Geschick = Rolle) mit ihm [Calderón] gemein, die ja aber dem großen Mythen- und Allegorienschatz zugehört, den das ausgehende Mittelalter den folgenden Jahrhunderten hinterlassen hat« (X 211). Die äußere Anlage des Werkes entspricht zunächst der Vorlage: Der Meister (Gott) läßt sich von der (als »Heidenweib«) unverständigen Welt ein Schauspiel, nicht von Naturkräften, sondern von Menschen, bereiten. Auf die Frage des Widersachers, wie ein von Anfang bis Ende vom Meister doch vorbestimmtes Spiel noch unterhalten könne, wird er belehrt, die »Kreaturschaft« des Menschen bestehe in jenem Funken von Freiheit, in der Wahl zwischen Gut und Böse. »Tuet Recht! Gott über euch!« (X 16) ist der Titel des Schauspiels, in dem der Tod als »Bühnenmeister« (X 14) fungiert. Unverkörperte Seelen werden mit der Rolle des Königs, der Weisheit, der Schönheit, des Reichen, des Bauern und des Bettlers belehnt; aber nicht die Rollen sind entscheidend, sondern das, was einer am Ende der Dinge aus ihr gemacht hat. Das Spiel im Spiel inszeniert den sozialen Konflikt, den der Bettler so formuliert: »Ihr habt, und ich hab nicht – das ist die Red, / Das ist der Streit und das, um was es geht!« (X 33). Während er die Axt zum Schlag gegen jede, nicht nur diese Ordnung erhebt, vollzieht sich in einer momentanen Entrückung die unglaubliche Handlung: Er läßt die Axt sinken; als weiser Eremit zieht er sich in den Wald zurück. Die Welt läßt ihr Lied von der vergänglichen Zeit ertönen, und alle Spieler verspüren den nahenden Tod (eine der subtilsten Eingebungen Hofmannsthals), der sie einzeln abruft. Aber nur Weisheit und der Bettler gehen ihm gelassen entgegen. »Welt« nimmt den Seelen ihre geliehenen Prädikate ab und muß daraufhin den Engeln des Meisters das Urteil überlassen: Vor allem der frühere Bettler, sodann die Weisheit, haben »im Spiel bestanden« und werden in den Palast des Meisters eingelassen. – Hofmannsthal verstand sein Werk als »Mysterium oder eine theatralische Allegorie«, der es nicht auf eine bis ins Letzte stimmige dramatische Kausalität ankommen müsse. So blieb der Angelpunkt der Handlung, der Umschwung des Bettlers, »allerdings außerhalb des Gebietes des eigentlich dramatisch Möglichen«. Um aber die eher theaterpraktischen Erwartungen von Max Reinhardt zu erfüllen, entwarf Hofmannsthal 1923 für diese Szene eine Pantomime, in der der Bettler »blitzschnell in einer filmartig vorüberfliegenden Bilderfolge alles vor sich sieht was eintreten würde wenn er in diesem

Augenblick seinen Gedanken zur Tat werden läßt« (X 256). Für eine geplante Aufführung des »Welttheaters« in Amerika schrieb Hofmannsthal dann noch 1927/28 zwei Pantomimen, die den Mittelteil, das Spiel im Spiel, ersetzen sollten, bzw. ohne den Rahmen des »Welttheaters« gespielt werden könnten: Die erste, kürzere, hat wiederum »Christianus«, einen Wirt, zum Gegenstand, die zweite (in 15 Bildern) trägt den Arbeitstitel »Gott allein kennt die Herzen« und entwickelt aus einer Kombination von Motiven des verlorenen Sohnes und der Maria von Magdala eine novellistisch zugespitzte Handlungsführung, in der, wie im Mittelteil des »Welttheaters«, etwas Chaotisches – hier sind es Zigeuner – in die geordnete Welt (hier: des Gouverneurs) einbricht und zugleich Formen der Unterdrückung (hier: das Galeerensklaventum) aufdeckt.

Diese Konfrontation von Chaos und Ordnung, von Hofmannsthal als das Problem der Nachkriegszeit erkannt, versuchte er auf eine imaginäre Art zu gestalten. Dabei sollte der unmittelbare Zeitbezug in einem Theater, das hinter das 18. Jahrhundert zurückgeht (X 201), erkennbar bleiben und durch eine Verbindung des Volkstümlichen mit dem Kunstmäßigen ein breiteres Publikum angesprochen werden. Die bewußte Hervorhebung des Bettlers – in der Uraufführung durch Alexander Moissi vom Dichter als »Gespenst des Bolschewismus« wahrgenommen – macht das »Welttheater« auch zu einer politischen Aussage, deren Problematik nicht in der Absage an »Lenins Lösung« besteht (»Umsturz des Bestehenden, Ansichreißen der Gewalt; und was dann? aufs Neue Gewalt!«, X 221), sondern in der Verbindung zwischen der Einforderung seines Rechtes durch den Bettler und seiner Apologie durch den Widersacher liegt, wodurch der Anspruch auf »natürliche Gleichheit des Schicksals« als Teufelswerk erscheint. Erschwert der ewige und zugleich österreichische Stoff (X 193) seine zeitgeschichtliche Angemessenheit, so will er doch Gefäß sein für den »gesamten Inhalt (...) der rein menschlichen, sozialen Sphäre« und die »Verherrlichung jenes Hohen in uns, der inneren Freiheit, die gleichbedeutend ist dem Schöpferischen und Abglanz des höchsten Schöpfers« (X 206 und 214f.).

Ausgaben: Neue deutsche Beiträge 1 (1922), S. 9–73; Leipzig 1922; Berlin 1924 (GW, Bd. 5, S. 267–352); Frankfurt 1957 (GW, Steiner, Dramen III, S. 251–337); Frankfurt 1977 (X); Frankfurt 1979 (3 107–169).

Literatur: *48, S. 64–90; *52, S. 150–183; *62, S. 112–121; *90, S. 231–253; *176; *199; *235, S. 269–302.

Hofmannsthals *Turm*-Dichtung läßt sich in ihren Anfängen bis ins Jahr 1901 zurückverfolgen, als er sich mit den Dramen Calderóns zu beschäftigen begann; zunächst, in der Nachfolge Grillparzers, mit der Bearbeitung des Schauspiels »La vida es sueño« (1634), die ihn mit langen Unterbrechungen bis ins Jahr 1920 beschäftigte. Zu diesem Zeitpunkt trat dann die Anlehnung an die Vorlage, die Übersetzung von Gries, endgültig hinter eine ganz eigenständige Konzeption zurück, die unter dem Titel *Der Turm* zum beherrschenden Werk der zwanziger Jahre wurde. Zugleich wird der Übergang vom Vers (Trochäen, bzw. Jamben) zur Prosa vollzogen.

Zunächst aber, in *Das Leben ein Traum*, wird die Situation von Calderón übernommen, daß der aufgrund unheilvoller Prophezeiungen zwanzig Jahre in einem öden Turm eingekerkerte Königssohn Sigismund im Augenblick politischer Instabilität doch wieder von seinem Vater in alle Rechte eingesetzt werden soll. Sigismund wird betäubt und über Nacht als Prinz ins Schloß geführt, besteht dort aber seine Probe nicht, sondern verlangt Genugtuung für das ihm zugefügte Unrecht, woraufhin er in den Turm zurückgebracht wird und den Vorgang als bloßen Traum begreift: Hofmannsthal erfindet aber nun bereits einen »tiefen dem Calderon fast entgegengesetzten Schluß« (XV 259): Aufrührerische Massen suchen ihn zu befreien und an die Macht zu bringen, doch will Sigismund nicht wieder Opfer eines Traumes werden, wird darauf beiseite geschafft, selbst aber durch einen ehrgeizigen Emporkömmling ersetzt, der ein zweiter, natürlicher Sohn des alten Königs ist.

Calderóns Drama, ein Hauptwerk seines barocken Welttheatergedankens, der alle Wirklichkeit als Schein entlarvt, wird von Hofmannsthal überraschend wenig im barocken Sinn adaptiert, wie er zu dieser Zeit viel eher in den mit dem Spiel im Spiel experimentierenden Einaktern von Schnitzler wiederauflebt. Hofmannsthal überführt die für den Barock konstitutive Spannung zwischen weltlichem Schein und überirdischem Sein in die letztlich psychologische, die Ichkonstitution betreffende Frage nach der Realität und Definierbarkeit der Person, die Mühe hat, sich »abzugrenzen«, um sich »nicht zu verlieren« (XV 233), und damit von der Gefahr der »Dissolution« der Person (XV 244) bedroht ist. Einem eigenen Briefzeugnis zufolge wollte der Dichter hier »in die tiefsten Tiefen des zweifelhaften Höhlenkönigreiches ›Ich‹ hinab (...) steigen und dort das Nicht-mehr-ich oder die Welt (...) finden« (XV 260). Unter Zuhilfenahme psychologischer Arbeiten von Ribot und der Hysteriestudien von

Breuer und Freud wurde Sigismund zu einer zwischen Verkleinerung und Größenwahn schwankenden Figur: »alles was er früher als Object der Qual in sich hineingeschluckt hat, assimiliert er sich jetzt« (XV 234).

Dabei sind es zwei Aspekte, die Sigismunds Schwierigkeit, sich aus seinem Kerker heraus der Welt zu vermitteln, deutlich werden lassen und zugleich diese Vermittlung erschweren: Das Verhältnis zur Sprache und das Verhältnis zum Vater. Sigismunds Sprachnot (»Wo fände ich die Hieroglyphen, um den ungeheuren Rang meiner Leiden auszudrücken?« XV 234) rückt ihn in die Nähe Kaspar Hausers, aber auch des fiktiven Lord Chandos, mit dem er die Erfahrung »alle Worte sind Wirbel die in mir rotierend mich ins Grundlose hinabschauen lassen« (XV 233) teilt. Sigismunds vergeblicher Wunsch nach der Stummheit und Unwissenheit des Tieres läßt Hofmannsthal in der Bezeichnung der »giftigen Gabe« des Wortes schwanken: sie ist ebenso »Todesgabe« wie »Lebensgabe« (Variante XV 201, Zeile 28, zu XV 21,4): »Welcher Geist der Hölle hieß dich / Mir des Redens, mir des Sinnens / Fürchterliche Kunst zu geben. / Daß es Innen gibt und Außen, / Jenes Drüben, jene Ferne, / Daß es gibt den Glanz der Sterne, / Feuerlüfte, Adlerflügel, / Herrschaft, Freiheit und Genuß / Und daß ich es wissen muß!« (XV 20).

Zur schmerzhaften Sprachaporie wird diese Erfahrung angesichts der kulturell-religiös wie persönlich besetzten Rede » Vater unser« (XV 239). Für die eindringliche Gestaltung dieses zentralen Verhältnisses fehlt hier noch die Kraft; sie wird in weitgehender Anlehnung an Calderón aus der Vorstellung von der »Stimme des Blutes« oder der Natur entwickelt. Im »Turm« wird das Verhältnis Vater-Sohn zum Angelpunkt. Sehr deutlich zeichnet sich in »Das Leben ein Traum« aber bereits ab, wie Hofmannsthal das letztlich religiös motivierte Spiel Calderóns zu einer Auseinandersetzung mit der politischen Gewalt nutzen wollte, die ein Schlüsselwort des Textes ist: »Weißt du, was die ganze Welt / Einzig nur zusammenhält?/ Halt den Mund, merk auf: Gewalt / Und Gewalt und noch einmal / Die Gewalt« (XV 12). Scheint hier bereits das in den zwanziger Jahren ausgeformte Olivierische Wesen vorweggenommen, so steht auch für den von Hofmannsthal nicht ganz ausgeführten 3. Akt die Frage Sigismunds »Was ist Königs Gewalt« im Mittelpunkt (XV 240). Von daher ist es nicht überraschend, daß eine späte Notiz zu »Das Leben ein Traum« auf den 9. November 1918 datiert ist (XV 253) und gerade dieser Stoff Hofmannsthal »erst durch die

Erkenntnisse des Krieges (...) ganz fasslich« (XV 261) werden sollte.

Im Sommer 1920 wendet er sich erneut der abgebrochenen Beschäftigung mit »Das Leben ein Traum« zu. Bis zum Oktober des folgenden Jahres entstehen die vier ersten Akte des Trauerspiels *Der Turm*, wie das Werk nun heißt, der fünfte Akt verweigert sich bis Ende 1924 der Gestaltung. Die Akte 1 und 2 erscheinen 1923, die folgenden drei erst 1925 in der von Hofmannsthal herausgegebenen Zeitschrift ›Neue deutsche Beiträge‹. Eine gegenüber dieser Zeitschriftenfassung (›Erste Fassung‹) gestraffte Buchfassung erschien im Oktober 1925 im Verlag der Bremer Presse. Gespielt wurde diese Fassung erst nach Hofmannsthals Tod (1948 im Wiener Akademietheater). Gerade die Tatsache, daß sich Max Reinhardt nicht zur Aufführung des Stückes entschließen konnte, veranlaßte Hofmannsthal, das Werk noch einmal (1926/27) umzuarbeiten: In dieser »Neuen Fassung« (nach XVI/1 143: ›Dritte Fassung‹) ging »Der Turm« am 4. Februar 1928 am Münchner Prinzregententheater über die Bühne; die »Neue Fassung« erschien noch 1927 als Buch.

Während gleichzeitig entstehende Projekte (»Großes Welttheater«, »Timon«) durchaus einzelne Reflexe der politischen Lage nach dem Kriege enthalten, wird »Der Turm« zu einem durch und durch politischen Werk. Der Rückgriff auf Calderón und die deutsche Barockdichtung (besonders Grimmelshausen und Gryphius) überspringt die ›klassische‹ Form des Tragischen zugunsten des »Trauerspiels«, dem eben Walter Benjamin seine herausragende Studie gewidmet hatte: Sie wurde Hofmannsthal im Typoskript im Juni 1925 bekannt und von ihm hochgeschätzt. Eine wichtige Quelle bieten darüberhinaus die Schriften des Germanisten Konrad Burdach, vor allem »Faust und Moses«, die sich in alttestamentarischen und christologischen Bezügen der Sigismundfigur niederschlägt, der Kommentar zum »Ackermann von Böhmen« mit seinem reichen Wissen um den Aberglauben des Mittelalters, und die Schrift über »Renaissance und Reformation«, aus der Hofmannsthal für die heilsgeschichtlichen Züge des Stückes schöpfte.

Gegenüber »Leben ein Traum« hat im »Turm« vor allem die Gestalt des Julian an Kontur gewonnen – er ist der Aufseher, Erzieher und geistige Vater Sigismunds und hofft, durch die Versöhnung von Vater und Sohn selbst an die Macht zu kommen. In der entscheidenden Begegnung (im dritten Akt) ist Sigismund aber der unsicheren Selbstgefälligkeit und dem politischen Kalkül seines Vaters Basilius nicht gewachsen und wirft den der Gewaltherrschaft bezichtigten König nieder. In den Turm zurückgebracht, verweigert er sich dem Plan Julians, die Macht zu erkämpfen. Für ihn ist alle Wirklichkeit nur Traum und der ›Turm‹ seiner Innerlichkeit uneinnehmbar. Vom aufrührerischen Volk befreit und zum König ausgerufen, setzt er sich über Julians Intrige wie über die Gemeinheit des Mordbrenners Olivier hinweg, fällt aber schließlich dessen Geliebter zum Opfer. In einer phantasmagorischen Szene, die Inneres und Äußeres, Geträumtes und Erlebtes mischt, verletzt diese ihn tödlich, und er erfährt sterbend, daß er nur ein »Zwischenkönig« war. Sein Nachfolger wird ein gewaltloser, utopisch entrückter Kinderkönig. – In der späteren, ›dritten‹ Fassung (gelegentlich als ›Turm 2‹ bezeichnet) läßt Basilius seinen Sohn nach der gescheiterten Begegnung (3. Akt) zum Tode verurteilen, doch die Zeremonie der Hinrichtung wird zum Fanal: Der Hochadel entmachtet Basilius und hebt Sigismund auf den Thron, der daraufhin den Adel entläßt und nur Julian als seinen Berater duldet. Wiederum aber verweigert sich Sigismund dem pragmatischen, der Machtsicherung verpflichteten Denken Julians. Olivier reißt mit Gewalt die Herrschaft an sich; ihm fallen nicht nur Basilius und der Adel, sondern auch Julian und Sigismund zum Opfer, der Olivier nicht als Marionette dienen will. Um das Volk zu täuschen, ersetzt Olivier Sigismund durch einen Doppelgänger und läßt den Königssohn heimtückisch erschießen: »Es ist ein nüchterner Tag über der Welt angebrochen«.

Die heilsgeschichtlichen und politischen, in der Gegenwart erfahrenen Aspekte des Stückes führen über den Konflikt von Geist und Macht, den man immer wieder darin erkannt hat, weiter in die Problematik und Aporie des »legitimen Königtums« (XVI/1 616), das sich in seiner Legitimität letztlich nicht ausweisen kann. Im Zentrum des Trauerspiels stehen daher wiederholte Versuche der Zeichenstiftung und Zeichendeutung; aber alle Bemühungen, die »Interpretation der *Zeichen*« (XVI/1 279) vorzunehmen, scheitern. Zwar ist die politische Ordnung des Basilius auf einem strengen reglement von Signalen aufgebaut, aber die Zeichen der Zeit – etwa der rote Hahn – deuten auf das bevorstehende Chaos. Sigismunds entscheidende Frage an den Vater: »Woher – so viel Gewalt« gilt der Beglaubigung von Gesetz und Souverän, von irdischer »Vatersgewalt« (XVI/1 71) und der transzendenten »Gewalt des schaffenden Gottes« (ebd.). Seine Aufforderung: »Beglaubige dich!« wird pantomimisch umgesetzt in einen Schlag ins Gesicht des Vaters, der sich umsonst »von Gott unmittelbar« legitimiert sieht (XVI/1 82). Denn auch die höchste Macht verweigert sich der endgültigen Lesbarkeit; die aus den Sternen abgelesenen Prophezeiungen sind falsch gedeutet worden, sie treffen wörtlich und nicht nur bildlich ein (XVI/1 44): Deshalb weiß der König keinen Ausweg mehr und wendet sich an den Großalmosenier mit der Frage, ob die Sterne lügen: »So ist es Gott oder der Satan, der durch die Sterne redet?« (XVI/1 49). »Redet Gott mit zwei Zungen?« (ebd. 51). Das Volk reagiert auf diese Auflösung aller Ordnung seinerseits mit Rebellion und Gewalt. Dagegen ist es Sigismund, »auf den die Zeichen weisen« (ebd. 300), und der durch sie schon in der Geburt verurteilt wurde. Hofmannsthal hat ihn unter Rückgriff auf Analogien zu Ödipus, Adam, Moses, Joseph und Christus zu einer engelhaften Erscheinung gemacht, zur »quinta essentia aus den höchsten irdischen Kräften« (ebd. 23), »seine Sprache ist Zutagetreten des inwärts Quellenden« (ebd. 72): In einer durch Bürgschaften und Zeugnisgeben verzeichneten Welt, die die Sprache für die Macht ausnützt (ebd. 259; »Alles ist Macht!«, ebd. 291), erweist sich Sigismund nicht nur als ein »weisses unbeschriebenes Blatt« (ebd. 53), sondern er verweigert sich bewußt allen Versuchen, ihn aus der Zuverlässigkeit seiner Erkenntnis in die Scheinhaftigkeit der Wirklichkeit zu vertreiben und ihn politischen Zwecken unterzuordnen. Den Aufständischen und Olivier hält er entgegen: »Wir wissen von keinem Ding wie es ist« (ebd. 105) und verschanzt sich hinter seiner Unlesbarkeit: »Ich bin Euch unleserlich? Ich will euch dunkel sein! denn zwischen mir u. euch ist eine Mauer aus dem was nicht ist: die Begier das Trachten (...) Ich weiß ich bin ein dunkler Autor – aber nur zweideutigen Gemüthern« (ebd. 438 f.). Den Preis für diese Aporie des Wissens in einer »Nicht-Sprache« (ebd. 349), das die Zeichen als unlesbar zu ›lesen‹ vermag, ist die qualvolle Unsicherheit der eigenen Person und der Sprache gegenüber. Die Unmöglichkeit aller Legitimation, durch die jede Zeichenstiftung oder -deutung zur Verzeichnung, Verzerrung wird, stellt für Sigismund auch die genealogische Legitimität in Frage (»Vater? Das ist ein furchtbares Wort«, ebd. 48; »Es bedeutet den der herrscht u. verzehrt«, ebd. 233) und ruft »den ganzen Vatercomplex« (ebd. 463) herauf. Freilich erweist sich auch Julians geistige Vaterschaft als brüchig, denn Sigismund hält ihm entgegen, er, als Gezeugter, sei über dem Zeugenden (ebd. 95). Diese Genealogie wird bezogen auf den Hintergrund der christlichen Konfiguration von Gottvater und

Sohn, doch ist das »Verbrechen durch das Wort« (ebd. 321) und die Bezeichnung an die Stelle getreten einer »Schöpfung im Wort: ich hätte müssen dein fleisch-gewordenes Wort sein« (ebd. 275). Daß das Wort nicht Fleisch wurde (»Nicht alles der Geist allein. Der Leib ist der dunkle Bruder«, ebd. 214, lautet die Einsicht des Arztes, der Sigismund durchschaut), läßt Sigismunds Namen zur größten Wunde werden: »Wer ist das: ich? Wo hats ein End? Wer hat mich zuerst so gerufen? Vater? Mutter? Zeig mir sie!« (ebd. 64).

Am Ende entwickelt sich Sigismund zur chiliastischen Christusfigur mit dem Anspruch auf eine utopische Führerschaft im »Sinn des Begründens« (ebd. 132). Aber auch hier tritt ihm die Notwendigkeit der Beglaubigung in der Gestalt des märchenhaften Kinderkönigs gegenüber, der Sigismund abzulösen bestimmt ist. Während seine Stirn »das königliche Zeichen« trägt und ihm damit die »Gewähr« der Macht gibt (ebd. 441), ist der Anführer der gewaltlosen Kinder, die »eigentlich Communisten« sind (ebd. 427), ein Garant der gesetzeschaffenden Autorität: »Ich weiss im Augenblick wo ich befehle. Was zu mir kommt an Wissen wird sogleich Gewalt in mir u. aus mir heraustretend Gesetz für alle!« (ebd. 397). Erst im Zeichen der natürlichen Autorität, nicht des Wissens, löst sich der Konflikt von Gesetz und Gewalt, auf denen die Herrschaft ruht (ebd. 441) und den Sigismund nicht lösen konnte. So exzerpiert sich Hofmannsthal 1926 aus Carl Schmitt das Hobbeszitat »Autoritas, non veritas facit legem« (10 587); aus Sigismund spricht die »Vergangenheit und das Wissen« (XVI/1 379). Ihm war es bestimmt, ein »Zwischenkönig« zu sein, der sein überlegenes Wissen der Tatsache verdankt, daß er »schon einmal tot war« (ebd. 135). Seine Aufgabe bestand aber nicht in der Begründung neuer Herrschaft, sondern »Zeugnis zu geben« von dem, was sich als Zeichen nicht deuten läßt. Nicht die Lesbarkeit, sondern die Unlesbarkeit, Unverständlichkeit des Zeichens (das es dann nicht mehr ist) ist Gewähr seiner Bedeutung und der Garant seiner Erinnerung: »Gebet Zeugnis: ich war da. Wenngleich mich niemand gekannt hat« (ebd. 139).

Die 1927 publizierte, 1928 gespielte Bühnenfassung (›Dritte Fassung‹) streift viele der heilsgeschichtlichen Bezüge ab, trägt aber durch ihre – oft vehement getadelte und dem Einfluß Max Reinhardts zugeschriebene – Nüchternheit und Pragmatik der zeitgenössischen Entwicklung Rechnung. Die Handlung ist ab dem 3. Akt entscheidend verändert – Sigismund widersetzt sich der Macht seines Vaters ebenso wie der Julians oder Oliviers und wird schließlich von diesem ermordet und durch ein double ersetzt. So kann er sich nur um den Preis des Todes der Vergewaltigung und Degradierung zum Zeichen entziehen.

Ausgaben: Das Leben ein Traum: Der Tag, Berlin, 25. Dezember 1907 (Auszug); Die Zeit, Wien, 15. Mai 1910 (Auszug); Zürich 1918 (Rodauner Nachträge, Teil 1, S. 80–114); Corona 7 (1937), S. 60–93 und S. 153–202; Frankfurt 1957 (Dramen III, S. 339–438); Frankfurt 1979 (3 177–254); Frankfurt 1989 (XV).
Der Turm »I« (1. Fassung): Neue deutsche Beiträge 1, H. 2 (1923), S. 18–91 (Akt I und II); Neue deutsche Beiträge 2, H. 2 (1925), S. 9–98 (Akt III bis V); Frankfurt 1958 (GW, Steiner, Dramen IV, S. 7–208); Frankfurt 1979 (3 255–381); Frankfurt 1990 (XVI/1). *(2. Fassung):* München 1925.
Der Turm »II« (3. Fassung): Neue Zürcher Zeitung, 21. August 1927 (Auszug); Berlin 1927; Frankfurt 1958 (GW, Steiner, Dramen IV, S. 321–463); Frankfurt 1979 (3 383–469).

Literatur: *19; *22; *48, S. 91–112; *52, S. 184–302; *54, S. 101–108; *62, S. 93–111; *79, S. 241–268; *90, S. 314–330; *124; *193; *198; *202, S. 295–298; *204; *228, S. 221–252; *235, S. 303–341; *239.

Neben der alles überschattenden Arbeit am »Turm« sind in den zwanziger Jahren eine Reihe von dramatischen Plänen liegengeblieben. In dem Entwurf für einen Einakter, *Herbstmondnacht* überschrieben, sammelte Hofmannsthal zwischen 1920 und 1928 Notizen für eine neue Alkestis-Variation, wobei es diesmal – ähnlich wie im »Jemand« – zu einem Gespräch des Witwers mit seiner verstorbenen Frau kommen sollte. Den Hintergrund des Geschehens sollten wohl der Krieg und der daraus resultierende Generationenkonflikt abgeben, von dem es einmal heißt: »Der Krieg war der Versuch der Alten die Jungen zu ermorden«.

Ein Volksschauspiel im Sinne des »Jedermann« sollte auch der *Xenodoxus* werden, in den zwischen 1920 und 1925 Hofmannsthals intensive Auseinandersetzung mit der Barockliteratur einfloß. Nach der Vorlage des gleichnamigen Dramas von Bidermann steht die Figur des auf Geld, Liebe und Macht sinnenden Arztes im Mittelpunkt, der sich dem Teufel verschworen hat. In einer großangelegten Gerichtsszene sollte über den Sünder befunden werden, den entgegen allem Anschein das Schweißtuch vom Totenbett einer Frau entschuldigt und rettet, die er verführt, verlassen und getötet hat. Der Kampf zwischen Engel und Teufel um die Seele des Menschen sollte dem Stück die Dimension eines Welttheaters geben. Unter dem Einfluß von Walter Benjamins Buch über den »Ursprung des deutschen Trauerspiels« verschob sich die Figur des Xenodoxus vom

Hochmütigen hin zum Melancholiker. Aus Benjamin übernahm Hofmannsthal den Gedanken: »Wissen, nicht Handeln ist die eigenste Daseinsform des Bösen« (XIX).

Die Probleme der »Turm«-Dichtung beschäftigen Hofmannsthal noch weiterhin in dem umfangreichen Fragment vom *Kaiser Phokas*, einem Stoff aus der byzantinischen Geschichte, der ihm auf dem Umweg über Voltaire von Calderón zugetragen und zwischen 1924 und 1927 bearbeitet wurde. Der blutrünstige Phokas sieht sich im Alter vor die Notwendigkeit gestellt, sein Dasein zu rechtfertigen; während seine schrecklichen Taten gegen ihn zeugen, versucht der bestallte Dichter seiner Biographie, die von Phokas nun am liebsten geleugnete Vergangenheit zu bewahren. Sich von seinen Taten abwendend, läßt Phokas seine Biographie verbrennen und hofft, durch seinen ihm unbekannten Sohn, nach dem er sucht, einer Wiedergeburt teilhaftig zu werden. Statt mit einem wird er aber mit zwei Söhnen konfrontiert, wovon der eine sein leiblicher, der andere aber der Sohn des von Phokas getöteten Maurizius (dem Vorgänger Phokas') ist. Es gelingt Phokas nicht, aus dem Pflegevater und den als Brüdern aufgewachsenen Söhnen die Wahrheit herauszureizen – Calderóns barocke Erkenntnis, alle Wahrheit sei Lüge, bestätigt sich. Weder die Zeugung seines Sohnes noch die Adoption eines anderen läßt sich beglaubigen; Phokas stirbt, indem er seinen Sohn krönt, den er aber für den seines Gegners hält (XIX).

Mit außerordentlicher Intensität arbeitete Hofmannsthal zwischen August und Dezember 1927 an einem chinesischen Trauerspiel, dessen Titel, *Die Kinder des Hauses* (XIX), er von Schiller entlehnte. Eine Einzelszene daraus erschien 1928 (3 614f.). Einschlägige Arbeiten zur chinesischen Geschichte sowie das Drama Claudels, das schon für »Herbstmondnacht« und den »Turm« wichtige Anregungen gegeben hatte (besonders »La ville« und »Tête d'Or«), verschmelzen zu einer aus Notizen und Handschriften gut rekonstruierbaren Handlung, deren Ausgang Hofmannsthal aber offenbar nicht fixieren konnte. Einmal mehr stehen sich hier brutale Gewaltherrschaft – in der Person des neuen Gouverneurs – und die alte Ordnung des Rechtes und der Pietät gegenüber (in den vier minderjährigen Kindern des früheren, ermordeten Gouverneurs: Sie werden von ihrem Vater aus dem Jenseits zur Wiederherstellung der Ordnung angerufen und widmen sich ihr mit allem Einsatz). Wichtige Einzelmotive hat Hofmannsthal nicht nur aus »Dominic Heintl« und »Kaiser Phokas«, sondern vor allem aus dem »Andreas«-Fragment und »Elektra« übernommen: Dem neuen Gouverneur steht seine Tochter gegenüber, die unter der Last der Ereignisse hysterisch geworden ist und sich in zwei Persönlichkeitshälften gespalten hat. Wie Elektra hat sie sich mit Blick und Wort der Erinnerung des Vergangenen auf Kosten ihres Lebens verschrieben. Mit Gong und Becken wollte Hofmannsthal die Tradition des fernen Ostens evozieren, spiegelt aber im nachrevolutionären China von 1911 das Trauma seiner eigenen Gegenwart: Den Verlust einer verbindlichen Ordnung und die Vorherrschaft eines nivellierenden, nicht legitimierbaren Materialismus, den Hofmannsthal in Rußland mit großer Sorge verfolgte, während ihn nur sein früher Tod davor bewahrte, die Unterdrückung des Geistes in der unmittelbaren Umgebung zu erfahren.

4. Komödien

Hofmannsthals Komödien zeigen wie kaum eine zweite Gattung dieses Werkes die Fragwürdigkeit des klassischen Textbegriffes auf. Eigentlich nur zwei seiner Komödien hat Hofmannsthal zu Lebzeiten vollständig drucken lassen – den die Gattung vollgültig repräsentierenden »Schwierigen« und die in mehreren Fassungen überlieferte Komödie »Cristinas Heimreise«; aber selbst der in die »Gesammelten Werke« von 1924 als definitiv aufgenommene Text dieses Werkes wurde noch einmal bearbeitet – gerade die unterdrückte Urfassung von 1908 (»Florindos Werk«) wollte ihm bisweilen als die interessantere erscheinen. Daneben sind noch, zwischen Übersetzung und Eigenständigkeit stehend, »Die Lästigen« (nach Molière) und »Dame Kobold« (nach Calderón) unter Hofmannsthals Namen publiziert worden, dagegen von »Silvia im ›Stern‹«, »Timon der Redner« und dem 1923 uraufgeführten »Unbestechlichen« nur Teildrucke erschienen. Den klassischen Bestand der Komödien – »Silvia«, »Cristina«, »Der Schwierige«, »Der Unbestechliche« – hat die Forschung, Hofmannsthal folgend (vgl. 9 131), um das eine oder andere Libretto, bisweilen um den »Abenteurer und die Sängerin« erweitert. Angesichts des gesamten Nachlasses zeigt sich, inwiefern dieser Kern die Vorstellung eines klassischen Textes nur annäherungsweise erfüllen kann, zugleich aber den komplexen, offenen Charakter des Komödienschaffens verdeckt hat, in dem sich ganz andere Bereiche auftun. So sind etwa die Bemühungen um das Genre des Phantastischen und Grotesken oder des Volksstückes nicht über das Notizenstadium hinausgediehen, andererseits Überlegungen zur Tragikomödie Theorie geblieben: »Wesen der Tragödie. Ob ihr die Komödie überhaupt als koordiniert gegenüberzustellen ist. Vielleicht wird die Zukunft die Komödie hervorbringen, während die Kurve der Tragödie im absteigenden Ast ist. Tragikomödie. Das Hebbelsche Lachen aus tollem Grauen« (10 395). Der Ungewißheit eines endgültigen Textes entspricht dann die der Terminologie: Trotz des tödlichen Ausgangs ist »Der Tor und der Tod« eine »Totentanzcomödie« (III 246) oder »Jupiter und Semele« eine »phantastische Dichtercomödie« (XVIII 155). Die Differenzierung von Komödie und Lustspiel kann aber sehr entschieden sein – so bei »Valerie und Antonio« (XVIII 245 ff.), das eine »5actige Comödie, nicht Lustspiel, sondern mehr comédie« ist (an F. Schlesinger, Mitte August 1901, Nachlaß). Nach Ellen Ritters Vermutung (XVIII 528) ist ›Komödie‹ ein anderer Terminus für Bühnenstück, aber nicht mit Lustspiel identisch.

Das Komödienschaffen reicht von 1890 bis zum Tod, läßt jedoch in den Jahren 1906/07 eine deutliche Zäsur erkennen, nach der dann die Reihe der großen Ehekomödien entsteht. Aus den davorliegenden Jahren entsprechen am ehesten »Gestern«, »Der weiße Fächer« und der »Abenteurer« dieser Idee, während die kleineren Fragmente vor 1906 einen ganz heterogenen Eindruck hinterlassen. Neben dem ersten Versuch, in einem »Einacter« die Mussetlektüre fruchtbar werden zu lassen, tritt die in wenigen Zeilen entworfene »Marie B.«-Komödie, die aus dem Tagebuch der Marie Bashkirtseff und der Bekanntschaft mit der Jugendfreundin Marie von Gomperz entwickelt wird. Hinzu kommen Abstecher in den Bereich des Phantastischen und des Volksstücks, dann auch Bearbeitungen nach Boccaccio, Jonson (»Volpone«), Lillo und Aristophanes (»Lysistrata«) (XXI). Auffallend ist schon hier die Vorliebe für den Typus der ›Cocotte‹, aber auch den des Dichters (etwa in »Paracelsus und Dr. Schnitzler«, einer »Groteske« aus dem Jahr 1900), während Andrea (in »Gestern«) und die »Abenteurer«-Figur auf den für die späteren Komödienhauptwerke zentralen Typus des bindungslosen Genußmenschen verweisen, der entweder ausgebootet wird (Florindo in »Cristinas Heimreise«) oder den Weg zur Bindung, und das ist für Hofmannsthal in der Regel die Ehe, findet (Jaromir im »Unbestechlichen«).

Damit zeigt sich bereits die für die Komödie insgesamt verbindliche Nähe zu ethischen und moralischen Vorstellungen. Neben der Ehe, die gerade in den von Hofmannsthal selbst autorisierten, vollendeten Komödien eine zentrale Rolle übernimmt, tritt in vielen Fragmenten das Moment der Wahrheit, mehr noch der Lüge in den Vordergrund. Beide, die in der Ehe mit der Moral versöhnte Liebe und die Wahrheit, lassen sich nicht durch äußere Anzeichen beglaubigen, sondern bestehen auf dem Wagnis, daß der Geprüfte ihnen auch gegen den Anschein von Umständen und Zeichen Glauben schenkt – in einem rein säkularisierten Sinn. Andrerseits streifen einige der Komödien, wie »Der Schwierige«, das Gebiet des Mysteriums (vgl. »Jedermann«, »Das Salzburger Große Welttheater«), in dem ein religiöser Glaubensbegriff entfaltet wird. Ohne einen »Hauch von Mystizismus« konnte sich Hofmannsthal die Komödie nicht vorstellen (10 296).

Die besonders im »Schwierigen« virtuos gehandhabte Poetik der Komödie verbietet Hofmannsthal allerdings jede didaktische Tendenz. Gemäß der vielberufenen Formel aus dem »Buch der Freunde«: »Die Tiefe muß man verstecken. Wo? An der Oberfläche« (10 268), kommt es bei den Komödien in besonderer Weise auf ihre theatralische Darstellbarkeit an, ihre ›theatricality‹ (vgl. *235), der Hofmannsthal in den begleitenden Werkstattgesprächen (etwa mit Harry Graf Kessler) ebenso Rechnung zu tragen sucht wie in der zuweilen über ein Jahrzehnt sich erstreckenden Textkonzentration, der eine Fülle von zunächst (in der ›Tiefe‹) angelegten Motiven dann wieder zum Opfer fällt.

Das unermüdliche Ringen mit den Texten spiegelt die Problematik der Sprache selbst, in der man sehr früh einen Angelpunkt des Lustspielschaffens erkannt hat; das Sprachproblem ist indes wohl nur der prominenteste Teil des für das gesamte Werk relevanten Zeichenzusammenhangs, zu dem auch die zahlreichen Botenfiguren gehören (vgl. »Das Bergwerk zu Falun« und »Die Frau ohne Schatten«). Neben die Problematik von Mißverstehen und Verständigung in der Sprache tritt die übergreifende Aufgabe der Entzifferung uneindeutiger Zeichen – Zeichen der genealogischen (»Silvia«) oder sozialen Herkunft (»Der Schwierige«), Zeichen der nur rätselhaft lesbaren Physiognomie (»Florindos Werk«) und der gedruckten und geschriebenen Lüge (»Cristinas Heimreise«, »Der Unbestechliche«). – Schließlich ist die Komödie auch der bevorzugte Ort, die politisch (durch Inflation, Krieg, Bolschewismus) bestimmten »Zeichen der Zeit« (Goethe) zu reflektieren und zu demaskieren.

In unterschiedlichen Kontexten variieren die Komödien die

Schwierigkeit der Zeichendeutung, wobei sich vier Grundmuster herausschälen, die alle in fast jeder Komödie mit wechselnder Akzentuierung durchgespielt und neu zusammengesetzt werden. In den ›klassischen‹ Komödien »Silvia«, »Cristina« »Der Schwierige«, »Der Unbestechliche«, herrscht das Thema der Liebeszeichen und ihrer Bewältigung, die Ehe, vor, wobei man noch die Libretti des »Rosenkavalier« und der »Arabella« hinzuziehen könnte (vgl. *50). Ein zweites Grundmotiv ist das der Wahrheitszeichen, das besonders in seiner defizienten Form als Lüge einige Komödien bestimmt, aber auch in andere Werke übergreift (»Arabella«). Hierher gehören neben »Silvia« und »Cristina« besonders die Fragmente »Der Mann von fünfzig Jahren«, »Die Lügnerin Coralina«, »Der Sohn des Geisterkönigs« und der späte »Lügner«. Eine dritte Reihe von Entwürfen, deren keiner vollendet wurde, behandelt die Zeichenzusammenhänge, die man als identitätsstiftend bezeichnen könnte – etwa die kleine »Liebescomödie« von 1899, besonders aber »Der Sohn des Geisterkönigs«, das umfangreiche Fragment »Der glückliche Leopold« und die späte Skizze »Der König« (alle XXI/XXII). – Ein vierter Komplex sucht, besonders seit dem Kriegsjahr 1916, in dem Hofmannsthal intensiv an Max Reinhardts Berliner Theatern mitarbeitete, die Zeichen der Zeit zu erkennen und in eine politische, zeitgenössische Komödie zu verwandeln. So beginnt 1916 die Arbeit an »Timon der Redner«, gefolgt von »Das Caféhaus oder Der Doppelgänger«, »Die Freunde«, »Die drei Reiche«, »Der Lügner«, das »Schauspiel mit drei Figuren« und »Das Hotel« (künftig XXII).

Das *Vorspiel für ein Puppentheater* von 1906 zeigt den Einfluß der Zauberstücke von Ferdinand Raimund, dessen melancholischer Humor Hofmannsthal anhaltend faszinierte, so daß er auch den »Jedermann« zeitweilig als »Wiener Prosakomödie im Stile Raimunds« (IX 271) zu schreiben plante. Der aus der Pygmalionmythe übernommene Kontrast von Natur und Kunst wird im *Vorspiel* ironisch durchgespielt, wenn der vom Schreibtisch entlaufene Dichter sich zum Erwecker der Natur phantasiert. Er begegnet aber nicht einer idealischen Geliebten, sondern dem alten Weib der Wirklichkeit, das den verträumten Lyriker zum Dramatiker wandelt: Er erkennt es als seine Aufgabe, statt einer nebulös beschworenen Natur nunmehr seinesgleichen zu umarmen, sich der menschlichen Substanz zuzuwenden. Auch für Hofmannsthal, der in dem hier gezeichneten Dichter nur ironisch verzerrt sich portraitiert, ist das Theater der Ort, das Soziale zu erreichen. Insofern steht das *Vorspiel* von 1906 am Beginn des Opern- und Komödienschaffens.

Ausgaben: Die neue Rundschau 1906, S. 1153–1156; Leipzig 1907 (Kleine Dramen); Leipzig 1911 (Die Gedichte und kleinen Dramen); Frankfurt 1954 (GW, Steiner, Dramen II, S. 489–497); Frankfurt 1979 (3 485–494).

Mit der Arbeit an *Silvia im ›Stern‹* im Sommer 1907 setzt – parallel zur Kooperation mit Richard Strauss – die eigentliche Komödienproduktion ein. Hofmannsthal entwickelt den Stoff in Anlehnung an Komödien Goldonis, an Robert Chasles' »Illustres Françoises« und die Gestalt der Julie de Lespinasse. Im Mittelpunkt steht das Schicksal der kindlichen, unschuldigen Silvia, die von allen Seiten verleumdet wird; sie gilt als Diebin und intrigante Kokotte, ihre wortreiche Begleiterin, Madame Laroche, als erfahrene Kupplerin. Ihren Grund haben diese Anfeindungen in dem von Silvia selbst verschwiegenen, moralisch erniedrigenden, sozial aber gewissermaßen respektablen Geheimnis ihrer Geburt, das sie zu lüften nicht bereit ist. Sie war nicht, wie behauptet, die Geliebte des Grafen Wessenberg, sondern seine Tochter (mit einer Gräfin, die Silvia dann als Ziehmutter aufzog) und war genötigt, auch noch in seinem Haus zu bleiben, als er ihre Schwester geheiratet hatte.

Von äußerst schwacher und labiler Konstitution hängt Silvias weiteres Schicksal davon ab, ob ihr Geliebter, der junge und vermögende Rudolf von Raithenau, ihr auch gegen allen Anschein treu bleibt und sie heiratet, oder ob er den Intrigen seiner Familie und Sertos' – des Silvia gegen ihren Willen zugesprochenen Bräutigams – Glauben schenkt. Das in den zahlreichen Notizen bis an den Rand der Katastrophe – Silvia sollte einen Selbstmordversuch unternehmen – gesteigerte Geschehen thematisiert bereits einen zentralen Aspekt des Komödienwerkes. Die früheste Notiz hält als Angelpunkt des Ganzen das Problem der Wahrheit fest: »die äusserste Wahrheit die Unmöglichkeit sie festzustellen bei Sylvia: welche den Grafen, ihren Onkel, umsonst zur Zeugenschaft, Rudolf umsonst zum reinen Glauben ziehen will«. Und hinsichtlich der Nebenhandlung heißt es: »Die Unmöglichkeit einer Neigung auf den Grund zu sehen: bei Romana: so dass der Adjunct sie schliesslich auf Treu u Glaube nehmen muss« (XX 137). Die bis ins Spätwerk (»Der Turm«, »Arabella«) virulent bleibende Spannung von Wahrheit und Beglaubigung wird auch hier mit der Mißbrauchbarkeit der Schrift – in den zahlreichen Briefen – und der Mißverständlichkeit des Wortes belegt. Während Silvia die Schamlosigkeit der Worte erfahren muss und daran verzweifelt, dem Geliebten ihre Liebe nicht »zeigen« zu können, besteht Rudolfs Unreife in seiner »Furcht vor dem Zweideutigen« (XX 138) und der Unzuverlässigkeit seines »innersten Gefühls« (XX 56). – Um diesen an Kleists »Käthchen von Heilbronn« erinnernden Konflikt sollten sich verschiedene Nebenhandlungen gruppieren, die einerseits (wie bei der Figur des Adjunkten) mit der Fragwürdigkeit von Physiognomik und Verhör als Mitteln der Wahrheitsfindung die Haupthandlung bestätigen, andrerseits (mit der Figur des indiskreten Barons) als ›comic relief‹ angelegt sind. Der nach Vorbildern von Lenz und Hamsun geformte Theodor Lauffer drohte in seiner dämonischen Undurchdringlichkeit das Geschehen zu dominieren. Nach dem fruchtbaren Arbeitsbeginn 1907 kam Hofmannsthal bis 1923 immer wieder auf den Plan zurück, vermochte aber die im ›Hesperus‹-Jahrbuch 1909 als »Fragment« vorgelegte Szenenfolge nicht mehr entscheidend zu erweitern. – Das von Martin Stern schon 1959 aus dem Nachlaß publizierte, seit 1987 in der Kritischen Ausgabe vorliegende Werk mit seinen zahlreichen Quellen bietet gerade in seinem Scheitern eine – von der Forschung bislang noch kaum ausgeschöpfte – Matrix für die Reihe der Komödien: Neben der Sprach- und Wahrheitsthematik ist hier ebenfalls die Symbolik des Raumes angelegt (Gasthaus und Treppe), die über »Cristinas Heimreise«, den »Schwierigen« bis zu »Arabella« und den »Hotel«-Plan zu verfolgen ist. Auch die erstmals in größerem Umfang erprobte Form des Konversationsstückes, die Kunst des Prosadialogs und des Dialektes weisen auf spätere Versuche voraus.

Ausgaben: 1909 (Hesperus. Ein Jahrbuch von Hugo von Hofmannsthal, R. A. Schröder und R. Borchardt, S. 115–157); Frankfurt 1954 (GW, Steiner, Lustspiele II, S. 7–48); Bern 1959; Frankfurt 1979 (4 19–114); Frankfurt 1987 (XX).

Literatur: *62, S. 122–128; M. Stern in *253, S. 155–174.

Stellt das »Silvia«-Fragment die Frage nach den Beglaubigungsmöglichkeiten, nach der Verzeichenbarkeit von Wahrheit an die Genealogie und setzt damit selbständig ein altes Komödienmotiv fort (der Weg zur Ehe ist frei, sobald der zweite Partner in seiner sozialen Ebenbürtigkeit erkannt wird), so richtet die im Jahr 1908 begonnene *Florindo-Cristina-Komödie* ihren Konflikt an der äußerlich nicht ablesbaren Identität und Zuverlässigkeit des geliebten Gegenübers aus. Die Entstehung dieses umfangreichen Werkkomplexes ist überaus verwickelt. Der aus den Memoiren Casanovas entnommene Stoff vom unschuldigen Landmädchen Cristina, die in Venedig keinen Bräutigam gefunden hat, im letzten Moment vor der Heimkehr dem erfahrenen Frauenhelden Florindo in die Arme fällt und seine Geliebte, dann verlassen wird, jedoch erst in dem verschlossenen Freund Florindos (Carlo, bzw. dem Kapitän) den Mann fürs Leben und die Ehe findet, sollte zunächst eine an Mozart orientierte Spieloper für Richard Strauss werden. Unter großen Mühen rang sich Hofmannsthal 1908 eine vieraktige Fassung für das Sprechtheater ab (*Florindos Werk*), die aber schon 1909 durch eine mit Harry Kessler entworfene Neukonzeption (»Cristinas Heimreise«) ersetzt wurde. Ihr fielen besonders die in der ersten Fassung enthaltenen frivolen Elemente zum Opfer, so die Szenen der Unbekannten und die als »peinlich« (XI 768) sekretierte Szene, in der Carlo durch den Kamin im Gasthaus Ohrenzeuge der Liebesnacht von Cristina und Florindo wird. Ende 1909 lag die zweite Fassung vor und wurde im Februar 1910 an Max Reinhardts Deutschem Theater in Berlin mit mäßigem Erfolg uraufgeführt. Dabei ist der melancholische Carlo durch den bärbeißigen, aus Asien heimgekehrten Kapitän Tomaso ersetzt, dem als ironisch-scharfsinniger Kommentator europäischer Rituale die Lustspielfigur des malayischen Dieners Pedro zur Seite gestellt ist. Unbefriedigt von der Aufnahme des Stücks legt Hofmannsthal noch 1910 eine dritte Fassung (»Neue veränderte Ausgabe«) vor, in der er den nun als »Nachspiel« charakterisierten dritten Akt (mit der Verständigung zwischen Cristina und dem Kapitän) wegließ. In dieser, schon im Mai 1910 gespielten Form ging das Werk 1924 in die »Gesammelten Werke« ein; 1923 war ein auf den Beginn der Urfassung zurückgehender Einakter (»Florindo«) erschienen, 1926 kam es für eine Aufführung an der Wiener Josefstadt noch einmal zu einer Bearbeitung von »Cristinas Heimreise«. Im Lauf der Textgenese reicherte sich der Stoff um vielfältige Motive aus der ganzen europäischen Literatur an, doch wurden auch originelle Anlagen wieder unterdrückt.

Die für »Florindos Werk« noch kennzeichnende Mischung aus Ernst und Frivolität zeigt sich einerseits daran, daß der bindungslose Abenteurer (Florindo) und der ebenfalls von der Ehe ausgeschlossene Pfarrer (Cristinas Onkel) gerade aufgrund ihrer jeweiligen Ungebundenheit das Werk der Ehe zu stiften vermögen (XI 239), andrerseits an dem noch nicht genügend unter der Oberfläche versteckten Verhältnis von (unmittelbar erfahrener) Liebe und (vermittelnder) Phantasie, wie es beispielhaft die Szene mit dem Kamin exponiert (»Die Begegnung mit Carlo«). Hier wirkt *Cristinas Heimreise* insofern vermittelnd, als mit den neuhinzukommenden Figuren des Kapitäns und Pedros das Problem vom Mißverstehen ins Zentrum rückt, mithin die Stimme als Medium des Dramas und der sprachlichen Vermittlung (zwischen lautloser Liebesumarmung und lautloser Niederschrift der Phantasie, worin in »Florindos Werk« der Konflikt bestanden hatte) ernst genommen wird. Gefragt wird nach der Zuverlässigkeit des äußeren Zeichens und der physiognomischen Wahrheit (etwa in den Tränen des Kapitäns im 3. Akt von »Cristinas Heimreise«, XI 254 und 664): Vor allem die Gegenüberstellung von Heimkehrer und Abenteurer, von schwer mitteilbarer Aufrichtigkeit und wortgewandter Verführung setzt die unmittelbare Körpersprache der Gebärde mit der Vermittlung der Rede in ein ironisches Verhältnis, ebenso die täuschende Wahrnehmung der Stimme mit dem unverbindlich niedergeschriebenen Wort, das Verstummen mit bedeutungsvollem Schweigen, schließlich die Ambivalenz vom »Lügen wie gedruckt« (bei Florindo) mit der Wahrheit, die einem ins Gesicht geschrieben ist (bei Carlo und dem Kapitän). Vor dem Hintergrund dieses Spannungsfeldes vollzieht sich Cristinas Heimkehr als ein Weg zu sich selbst und ins schmerzlich erkannte Leben. »Cristinas Heimreise« blieb trotz Hofmannsthals selbstkritischem Bemühen, dem Werk die Bühne zu sichern (u.a. mittels des immer radikaler beschnittenen Ausgangs), ein »uneigentliches Theaterstück« (Bw Andrian 373), bildet aber einen in der Reichhaltigkeit der Textüberlieferung und Zeugnisse instruktiven Blick in Hofmannsthals Selbstverständnis als Dramatiker: »ich glaube«, schreibt er am 25. März 1910 an Ottonie Degenfeld, »das Eigentliche in dem Stück liegt nicht in den Figuren (vielleicht wird das überhaupt in meinen Comödien so sein) sondern in dem, wie die Figuren zu einander stehen. Verhältnisse zwischen Menschen sind mir etwas besonders anziehendes. Das Verhältnis zwischen zwei Menschen ist etwas ganz bestimmtes, ist ein Individuum, ein zartes, aber wesenhaftes Gebilde. Dies zu sehen, und daraus etwas zu machen, das ist vielleicht *meine* Sache. Wenn man sein Auge darauf wendet, wird das Leben auf einmal viel reicher, und gewissermaßen entlastet. Das Individuum ist voll Schwere aber diese Beziehungen schweben frei zwischen, ja über den Menschen, geistige Kinder gleichsam mit dämonischen oder Engelsgesichtern. Sie haben, wie die wirklichen Kinder, von beiden Elternteilen etwas an sich, aber sie lösen sich von den Erzeugern und bilden den schwebenden Reichtum der Erde« (Bw Degenfeld 23f.).

Ausgaben: Florindos Werk 1908 (Hyperion, Bd. 3, H. 6, S. 97–104, Teildruck); 1909 (Österreichische Rundschau 18, S. 11–23, Teildruck); 1909 (Süddeutsche Monatshefte 6, S. 192–223, Teildruck); Frankfurt 1959 (GW, Steiner, Lustspiele I, S. 7–77, Teildruck); Frankfurt 1963 (Florindo, hg. von M. Stern, Teildruck); Frankfurt 1979 (4 238–292, Teildruck); Frankfurt 1992 (XI).
Cristinas Heimreise Berlin 1910; Frankfurt 1959 (GW, Steiner, Lustspiele I, S. 79–260); Frankfurt 1979 (4 115–221); Frankfurt 1992 (XI).
Cristinas Heimreise. Neue veränderte Ausgabe Berlin 1910; Frankfurt 1979 (4 225–237, Auszug); Frankfurt 1992 (XI).
Florindo Wien 1923; Frankfurt 1963 (Florindo, hg. von M. Stern); Frankfurt 1979 (4 293–330); Frankfurt 1992 (XI).
Literatur: *34, S. 96–119; *37; *50, S. 62–100; *62, S. 128–137; *79, S. 198–212; *90, S. 282–294; *253, S. 139–153.

Der 1916 begonnene *Sohn des Geisterkönigs* (nach Ferdinand Raimunds Zauberstück »Der Diamant des Geisterkönigs« von 1824) hält sich zunächst an eine bloße Bearbeitung der Vorlage – in der von Hofmannsthal selbst publizierten Szenenfolge »Eduard und die Mädchen« –, gewinnt dann aber ganz selbständige Dimensionen, die – in den nachgelassenen Fragmenten (XXI) – zuweilen den Vergleich mit Goethes »Faust II« herausfordern. Im Unterschied zu Raimund stellt Hofmannsthal (kurz nach dem Tod seines geliebten Vaters im Dezember 1915) die Vater-Sohn-Problematik ins Zentrum. Eduard ist der Sohn des den Menschen gewogenen Geisterkönigs Longimanus, der durch die Begegnung mit dem ihm bislang unbekannten, nun schon herangewachsenen Sohn den Weg zurück ins Menschenleben finden will, an dem er ein Jahr lang Anteil hatte. Eduard seinerseits kann er selbst nur werden, wenn ihm die Erfahrung der Not nicht erspart wird, nachdem er sich offenbar durch das Geld (Plutus) hat bestechen lassen. Die auch bei Hofmannsthal einzigartige Verbindung von allegorischem Welttheater im Sinne des Barock, aber auch des zweiten »Faust« (die ›Not‹ als Schwester der ›Sorge‹), mit dem dialektalen Realismus des Wiener Zauberstücks wirft die Frage auf, warum Hofmannsthal den Plan nicht weiterverfolgte; die inhaltliche Nähe zur »Frau ohne Schatten«, zum »Jemand«-Plan und schließlich zum »Turm« dürften hierbei von Gewicht gewesen sein.

Ausgaben: Eduard und die Mädchen 1917 (Donauland 1, S. 609–615); *Der Geisterkönig* 1918 (Rodauner Nachträge, 2, S. 59–127); *Der Ver-*

armte 1923 (Kunst und Volk, S. 92–94); alle drei Teile: Frankfurt 1956 (GW, Steiner, Lustspiele III, S. 163–225); Frankfurt 1979 (6 457–499).

Literatur: *253, S. 191–201.

Eine geistreiche Improvisation ist die Molière-Bearbeitung *Die Lästigen* (»Les Facheux«), die Anfang 1916 für Max Reinhardt geschrieben wurde. Hofmannsthal übernahm die Idee, im Wortlaut aber kein einziges Wort von Molière und ließ das Werk als ›echten‹ Molière spielen (Uraufführung, zusammen mit »Die grüne Flöte«, am 23. April 1916 am Deutschen Theater Berlin), erst 1917 erschien es unter seinem Namen. Die Unmöglichkeit, daß das Liebespaar auf einer abendlichen Gesellschaft zueinander sprechen kann, weil jeweils einer durch Klatsch und Intrigen, »plumpe Schmeicheleien und versteckte Bosheiten« (6 428) belästigt und abgehalten wird, macht »Die Lästigen« zu einer Vorstufe des »Schwierigen«. Das Geschwätz, das »ganz, ganz unter uns« und »in Parenthese« zuflüstert, was längst schon »alle Welt« als »schiefe Situation« diskreditiert hat, kann auch hier nur durch den Mut der Frau erstickt werden, die am Ende ihren Heiratsentschluß kundgibt. Wie Goethe neigt Hofmannsthal dazu, der Frau die dominierende, überlegene Rolle über den Mann zuzusprechen.

Ausgaben: 1917 (Marsyas. Eine Zweimonatsschrift, hg. von T. Tagger, 1, S. 91–120); Frankfurt 1954 (GW, Steiner, Lustspiele II, S. 95–143); Frankfurt 1979 (6 415–456).

Literatur: *63.

Mit mehr als 150 Notizblättern ist das Fragment einer Komödie *Der Emporkömmling*, bzw. »Der glückliche Leopold«, aus den Jahren 1916 bis 1923 eines der umfangreichsten. Angesichts der Orientierungslosigkeit nach dem Krieg und des Verlustes der früheren Ordnung (vgl. »Der Schwierige«) sollte wohl, im Anschluß an den vom Psychiater Janet beschriebenen Verlust des Wertgefühls (vgl. XX 283 f.), die »Idee des ›Selbstgefühls‹« vergegenständlicht werden. Während die titelgebende Idee des Parvenu auf den parallel entstehenden »Bürger als Edelmann« weist und Leopold selbst durch seine von energischen Freunden ausgenutzte Entscheidungsschwäche ein ›Schwieriger‹ ist, fallen auch einige Motiv- und Namensverwandtschaften mit »Dominic Heintl«, den »Briefen des Zurückgekehrten« und sogar dem »Andreas« (so die Figur des Don Leopold Lopresti oder das Hündchen Fido) auf. Einen Eindruck des nicht ganz rekonstruierbaren Planes vermittelt am ehesten die folgende Notiz:

»Zu meinem Lustspiel ›Der Emporkömmling‹. Leopold als symbolische Figur, als der geometrische Ort jener gewissen geistigen Austriazismen: dem Verdienst und Unverdienst nicht Rechnung tragen, aus keinem Ding die Konsequenz ziehen, die Idee geringschätzen (an Stelle der Idee die Phrase gelten lassen); nichts hinzulernen; über alles die Anciennetät setzen, aber nur die Anciennetät als solche, nicht das wirkliche, wenn auch vieljährige Verdienst; im Augenblick alles außer acht lassen, außer was die Phrase des Augenblicks gebietet, ob es gleich sicher ist, daß der nächste Augenblick den gegenwärtigen Lügen strafen wird; das geistige Integrieren und Synthetisieren fürchten wie den Tod; die Logik und Folgerichtigkeit hassen und im übrigen Gott einen guten Mann sein lassen« (10 561).

Deutlich steht hier das Schema »Preuße und Österreicher« von 1917 im Hintergrund (9 459 ff.).

Der Schwierige hat unter allen Bühnenwerken (die Libretti ausgenommen) als einziges den Charakter eines klassischen Werkes der Moderne gewonnen und gehört mit dem »Brief« des Lord Chandos und vielleicht noch der »Reitergeschichte« zu den meistdiskutierten Texten des Autors. Der Plan zu einer »Charakterkomödie ›der Schwierige‹« (HB 25, 1982, S. 77) läßt sich bis ins Jahr 1909 zurückverfolgen, das auch die ersten Früchte der Beschäftigung mit Molière gebracht hatte (mit der Übersetzung der »Heirat wider Willen«), der für Hofmannsthals Komödienidee von erstrangiger Bedeutung ist. Dann bringt das Kriegsjahr 1917 ein entscheidendes Arbeitsstadium, aus dem die Niederschrift der beiden ersten Akte hervorgeht. Erst im März 1919 scheint Hofmannsthal den dritten Akt anzugehen, dessen Fertigstellung sich bis in den August 1920 hinzieht. Zu diesem Zeitpunkt hat schon der Vorabdruck der Komödie in der Wiener ›Neuen Freien Presse‹ begonnen, dem im Jahr 1921 die noch einmal bearbeitete Buchfassung und die Uraufführung am Münchner Residenztheater (8. November) folgen. Hofmannsthals Wunsch, daß sich Max Reinhardt des Stückes annehmen möge, erfüllte sich erst 1924 in der Wiener Josefstadt und brachte dem Werk den ersten größeren Erfolg.

Die auf einen Tag verdichtete Handlung um den Grafen Hans Karl Bühl, der seiner Abneigung gegen gesellschaftliche Veranstaltungen zum Trotz von seiner Schwester als Heiratsvermittler ihres Sohnes auf eine Soirée genötigt wird und dort überdies die brüchige Ehe seiner ehemaligen Geliebten kitten will, hat unter den Interpreten Uneinigkeit über die Gattung des Stückes ausgelöst – es ist Charakter-, Gesellschafts- und Konversationskomödie, zugleich ein Heimkehrer- und Zeitstück, nicht zuletzt aber auch ein Mysterium; andrerseits ist deutlich, daß die Problematik der Sprache im weitesten Sinn, des ausgesprochenen, absichtsvollen Wortes im Mittelpunkt steht. Während ursprünglich zwei Schwierige, Hans Karl und Helene, durch das Bewußtsein einer Ich-, Sprach- und Weltkrise von ihrer gesellschaftlichen Umgebung abgehoben werden sollten, verwandelte sich Helene schließlich in eine von aller Konvention befreite, selbständige Partnerin Hans Karls, die ihm zu seiner Selbstfindung zu verhelfen vermag. Vor dem Hintergrund einer weitgehend überlebten Aristokratie (Ingeborg Bachmann hat ihr im »Malina«-Roman noch einmal ein ironisches Denkmal gesetzt in der Hofmannsthalparodie der Antoinette Altenwyl) vertritt Hans Karl einen »unmöglichen Charakter« (4 429), der als ein »Mann ohne Absicht« (4 564) dem selbstverständlichen Treiben des gesellschaftlichen Agierens skeptisch gegenübersteht. Von der Überzeugung getragen, daß man nicht den Mund aufmachen kann, »ohne die heillosesten Konfusionen anzurichten« (4 437), verweigert er sich beharrlich den Vereinnahmungen durch mehr oder weniger liebenswürdige Intriganten, denen es in einer durch und durch definitiven, von eindeutigen Formen, Entschlüssen, Programmen, Resultaten und Kategorien beherrschten Welt auf die Durchsetzung ihrer Absichten ankommt. Der Schwierige hingegen paßt in dieses Schema nicht hinein, dem die der neuen Zeit angehörenden Figuren wie Neugebauer oder Neu-hoff, der Diener Vinzenz (ursprünglich Nowak), aber auf ihre Art auch Crescence und Stani verpflichtet sind. Hans Karl erweist sich als ein für seine Umgebung Unbequemer, indem er sich höchst ungern bindet, die selbstverständlichen Grenzen in Frage stellt und um die unumgängliche Bedingtheit weiß, daß nämlich für alles ein Preis zu entrichten ist. Während die anderen – Helene ausgenommen – fraglos von einem Zweck zum andern leben, interessiert ihn nichts so sehr als das, »wie eines aus dem andern wird, wie man eines aufhören und das andere anfangen kann, wie man frei ist zur Tat und dadurch sich selber umzuschaffen – das ist der dialektisch ungelöste Kern seines Nachdenkens«, heißt es in einer Notiz (4 447). Überzeugt von der Einsicht, daß letztlich alles aufs »Unaussprechliche« (4 403) ankomme, beeindruckt ihn die dezente Diskretion des Zirkusclowns Furlani, der ebenfalls »alles, was auf der Welt ist, respektiert«, den voreiligen Wertungen und Definitionen entgeht, zugleich aber auch »alles in die größte Konfusion bringt« (4 378). Dem Leben als Beobachter gegenüberstehend entdeckt dieser Schwierige die Zufälligkeit und Ersetzbarkeit des Einzelschicksals, aus der ihm die Ehe einen Ausweg in eine höhere Notwendigkeit bietet. Dieser überlegene Standpunkt – das nur den wenigsten, ihm selbst aber in der Ehe zugängliche »Nadelöhr«, von dem in einer Titelvariante die Rede ist (4 564) – ist bei ihm wie bei Helene gewonnen aus einem tiefen Erlebnis »vis-à-vis dem Tod« (4 341): Als er im Krieg verschüttet war, umfaßten diese 30 Sekunden eine ganze Lebenszeit, in der Helene seine Frau war. Diese »Supposition des quasi-Gestorbenseins«, von der »Ad me ipsum« spricht (10 599), teilt einzig Helene mit ihm: »Für mich ist ja der Moment gar nicht da, ich stehe da und sehe die Lampen dort brennen, und in mir sehe ich sie schon ausgelöscht« (4 405): Daher führt die Komödie zu einer Pointe, deren ›Enormität‹ nicht das Verdienst des Schwierigen, sondern Ausdruck von Hofmannsthals Bild der eigenverantwortlich handelnden Frau ist, – daß Helene von Hans Karls Leben und Seele ihren Teil fordert und sich mit ihm verlobt. Diese heimliche Verlobung im Treppenhaus, an der die brüskierte Gesellschaft das »richtige, offizielle Gesicht« (4 439), eine Umarmung coram publico, vermißt, bedeutet somit nicht die Heimholung des Schwierigen in die Konvention, sondern die Bestätigung der unbequemen Freiheit des einzelnen, die sich nicht mit programmatischer Entschlossenheit manifestiert, sondern Selbständigkeit mit Zurückhaltung verbindet.

Von hier aus zeigt sich die Nähe des Schwierigen zu Musils »Mann ohne Eigenschaften«, aber auch zur Sprachtheorie Wittgensteins; das Schema von »Preuße und Österreicher« (9 459ff.) bildet den Hintergrund dieses spezifisch österreichischen Existenzentwurfes. Dennoch hat Hofmannsthal kein direktes Zeitstück geschrieben; vielmehr kam es ihm wohl von Anfang an darauf an, das Stück in einer der Wirklichkeit entfremdeten Halbwirklichkeit anzusiedeln. Schon während des Krieges zielte Hofmannsthal bewußt auf die anachronistische Vorstellung, daß das Stück »in der unmittelbaren Gegenwart« spiele, »mehr als das: es setzt den Krieg als beendet voraus« (an Carl Zeiss, 14. Juli 1918; HB 30, 1984, S. 64; Umdatierung nach E. Rösch, *254, S. 184). Mit der gleichen Absicht wird an der Institution des österreichischen Herrenhauses festgehalten, obwohl es dieses nach dem Krieg nicht mehr gab.

Was äußerlich als Anachronismus erscheint, innerlich aber von Hans Karl und Helene als quasi-Gestorbensein erfahren wird, bringt der blasierte holsteinische Baron Neuhoff mit rüder Schärfe zum Ausdruck: »Alle diese Menschen, die Ihnen hier begegnen, existieren ja in Wirklichkeit gar nicht mehr. Das sind ja alles nur mehr Schatten« (4 384f.). Der hier formulierte Vorwurf entspricht genau genommen dem poetologisch-anachronistischen Programm des Dichters, das er gegenüber Arthur Schnitzler am 2. 11. 1919 formuliert: »Vielleicht hätte ich die Gesellschaft, die es darstellt, die Österreichische aristokratische Gesellschaft, nie mit so viel Liebe in ihrem charme und ihrer Qualität darstellen können als in dem historischen Augenblick wo sie, die bis vor kurzem eine Gegenbenheit, ja eine Macht war, sich leise u. geisterhaft ins Nichts auflöst, wie ein übriggebliebenes Nebelwölkchen am Morgen« (Bw 287).

Ausgaben: Berlin 1921; Frankfurt 1954 (GW, Steiner, Lustspiele II, S. 145–314); Frankfurt 1958; Frankfurt 1979 (4 331–439); nächstens: Frankfurt 1993 (XII).

Literatur: *12; *29; *40; *50, S. 101–164; *54, S. 116–126; *62, S. 137–170; *74; *79, S. 213–232; *87; *90, S. 295–313; *101, S. 125–163; *125; *153, S. 137–154; *157; *192; *223; *235, S. 156–229; *253, S. 203–215.

Aus Hofmannsthals Vorliebe für Musik, Ballett und Pantomime als Alternative oder Korrektiv zur sprachlichen Verständigung resultiert sein anhaltendes Interesse für die barocke Sonderform von Molières comédie-ballet; bei der Suche nach einem geeigneten Rahmenspiel für die als kleine Kammeroper geplante »Ariadne auf Naxos« kam er im Mai 1911 auf den »Bourgeois gentilhomme«, *Der Bürger als Edelmann*, den er nach der vorliegenden Übersetzung von Bierling (1751) von fünf auf zwei Akte zusammenstrich, indem er auf die Liebeshandlung verzichtete. Die Handlung ist auf den lächerlichen Wunsch des biederen Jourdain konzentriert, sich durch äußere Hilfe (Fecht-, Tanz- und Philosophieunterricht, Kleidung und Umgang mit einem Grafen) in einen Edelmann verwandeln zu wollen, und eignet sich als Vorbereitung und Kontrast zum Ariadnethema der allomatischen Verwandlung. Die 1912 in Stuttgart uraufgeführte Version, der »Ariadne« den bearbeiteten Molière-Rahmen vorangehen zu lassen, befriedigte Hofmannsthal indes nicht. Bereits 1913 dachte er an eine Umarbeitung des gesprochenen Teils in ein nunmehr komponiertes, 1916 von Strauss realisiertes und seither fast immer gespieltes Vorspiel. Vor allem theaterpraktische Überlegungen dürften Hofmannsthal aber 1916 wiederum dazu veranlaßt haben, die durch die neue »Ariadne«-Fassung überholte Molière-Bearbeitung selbständig aufzuwerten. Teils um Reinhardts Repertoire zu erweitern, teils um Strauss' reizvolle Musikeinlagen zu retten, arbeitete er 1917 – in

zähem Ringen mit dem Komponisten (Bw S. 364 ff.) – eine drei-
aktige Fassung vom »Bürger als Edelmann« aus, die gegenüber
Molière manches an Vertiefung und Plausibilität gewonnen hat,
indessen aber gewichtigeren Arbeiten im Wege gestanden haben
dürfte. Zwar gelingt Hofmannsthal eine Aufwertung der Liebeshandlung, doch bleibt der dritte Akt mit Melodrama und
historisierender Türkenzeremonie wenig überzeugend und angesichts der Weltlage unverständlich.

Ausgaben: Fassung 1911 (vgl. a. S. 104, »Ariadne auf Naxos«) Berlin
1912; Frankfurt 1956 (GW, Steiner, Lustspiele III, S. 67–161); Frankfurt
1979 (5 225–280).
Fassung 1918: Berlin 1918; Frankfurt 1956 (GW, Steiner, Lustspiele III,
S. 243–357); Frankfurt 1979 (6 501–572).

Dame Kobold ist eine auf Anregung Max Reinhardts vorgenom-
mene freie Bearbeitung des Lustspiels »La dama duende« von
Calderón, mit der Hofmannsthal 1918 hoffte, einen Calderón-
Zyklus am Wiener Burgtheater eröffnen zu können. Er übernahm die Handlung und das Personarium aus der Übersetzung
von Johann Diedrich Gries, versteht seine Arbeit, die ihm über
eine schwere Produktionskrise hinweghalf, aber als »zugleich
das Original und etwas sehr Intimes von mir« (XV 318). In dem
folgenden, nicht in der Vorlage enthaltenen Dialog formuliert
Hofmannsthal einen zentralen Aspekt seines späten Komödien-
und Librettowerkes:

> »A: Wovon soll denn Liebe leben –
> B: als vom Hoffen!
> A: Als vom Glauben!
>   Hoffen sieht die Türen offen:
>   Glaube läßt von finstern Mauern
>   Lieb und Hoffnung sich nicht rauben.
> B: Aber wo vergiftend lauern
>   Argwohn, Furcht, wer scheucht sie?
> A: Glauben!
> B: Wo mein Herz in Zweifelsschauern
>   wankt! Wer hilft da?
> A: Glauben! Glauben!« (XV 120 f.)

Die Einführung des Glaubens dient nicht einer Restauration
barocker Weltsicht, sondern eher ihrer Säkularisierung: Glauben wird zum einzig möglichen Garanten der Geschlechter-
beziehung; besonders das »Arabella«-Libretto wird zeigen,
welche existentiellen Nöte aus dem fehlenden Glauben an
den anderen erwachsen können. – Calderón bedeutete für

Hofmannsthal eine reiche Fundgrube; er verdankt ihm außer, wie hier, der Mantel- und Degenkomödie noch das Mysterienspiel (im »Großen Welttheater«), das politische Trauerspiel (»Der Turm«, »Kaiser Phokas«) und den gelegentlichen Abstecher ins Possenhafte (in dem Fragment »Der Gartenunhold«, XXII).

Ausgaben: Berlin 1920; Frankfurt 1956 (GW, Steiner, Lustspiele IV, S. 119–285); Frankfurt 1979 (6 573–691); Frankfurt 1989 (XV).

Literatur: *48, S. 34–63.

Der Unbestechliche, in den Jahren 1922/23 ausgearbeitet, wurde am 16. März 1923 mit Max Pallenberg in der Titelrolle am Wiener Raimundtheater uraufgeführt, von Hofmannsthal aber nie als Ganzes publiziert. Lediglich der 1. Akt erschien als Zeitschriftendruck, doch wollte Hofmannsthal das Werk noch einer gründlichen Umarbeitung unterziehen, zu der es nicht mehr kam. Die kritische Edition hat, im Anschluß an die reichhaltige Monographie von Altenhofer (*64), sowohl die Vielzahl der Quellen aufgewiesen – sie reichen von Molière, Julie de Lespinasse und Beaumarchais über Friedrich Schlegel bis zu Dostojevskij, Schnitzler und Musil (»Die Schwärmer«) –, als auch die Textgenese deutlich gemacht. Daß die Hauptfigur einen an Robespierre gemahnenden Beinamen (»l'incorruptible«, XIII 121 und 224) trägt, deutet die politische Relevanz der auf 1912 datierten Handlung an. Der Diener Theodor erweist sich gegenüber seinem Herrn, dem dilettierenden Schriftsteller Baron Jaromir, als der mächtigere, indem er »als eine unbegreifliche Wirkung« seiner »höheren Kräfte« (XIII 56) die von Jaromir zum Seitensprung eingeladenen Freundinnen schleunigst wieder zur Abreise veranlaßt und dadurch Jaromirs Ehe rettet. Dessen jahrelanges Junggesellenleben hat Theodors moralisches Empfinden verletzt, und es kommt ihm, der etwas Napoleonisches an sich hat, sich selbst aber »für etwas Christus Verwandtes« (XIII 150) hält, darauf an zu zeigen, »wo Gott eigentlich Wohnung hat!« (XIII 54). Seine schon im Namen Theo-dor (das Gottesgeschenk) anklingende Verbindung zum Transzendenten und seine ursprüngliche Bestimmung für den geistlichen Stand fördern seine Stilisierung zum Anwalt der »göttlichen und menschlichen Gesetzlichkeiten« (XIII 27). In seiner Eigenschaft als Erzengel mit Machtkitzel nimmt er Jaromirs naive, liebende Frau Anna unter seine Fittiche und kann am Ende der »Palastrevolution« (*34 127) befriedigt die Restauration der Ordnung konstatieren: »Es sind Euer Gnaden die irdischen Dinge sehr

gebrechlich. Es kann auch eine sehr starke Hand keine Schutz-
mauer aufbauen für ewige Zeiten um ihre anbefohlenen Schütz-
linge. Aber ich hoffe, so lange ich hier die Aufsicht über das
Ganze in Händen behalte, wird demgemäß alles in schönster
Ordnung sein!« (XIII 112).

Auch das Schlüsselwort des ›Ganzen‹ - »Theodor und das
Ganze« (XIII 143) war als Titel vorgesehen, zu Anfang heißt es,
»das Ganze paßt dem Theodor nicht« (XIII 49) - weist auf die
von zahlreichen Bibelzitaten gestützte Beziehung zur Sphäre
des Transzendenten, von der aus die zentrale Problematik von
»Herr u. Diener« (XIII 237) auf den Kopf gestellt wird. Theodor entlarvt »das ganze Gebäude von [Jaromirs] Eitelkeit und
Lüge« (XIII 56; ›Lüge‹ ist ein zweites Schlüsselwort des Textes)
und stellt seine schriftstellerischen Ambitionen und deren Sur-
rogatcharakter (XIII 176 und 189) bloß. Ironisch relativiert wird
Theodors Rolle als Regisseur allerdings durch die auf Annas
Gebet zurückgeführte Versöhnung zwischen den Ehepartnern,
die sich primär einem Mysterium, nicht der Intrige, verdankt.
Die theaterwirksame, dialogisch glanzvolle Komödie kommt
hier mit ihren eigenen Mitteln nicht mehr aus und zeigt damit
eine gewisse Schwäche. Die nach einer Notiz angestrebte »Einsicht in das Paradoxon des Daseins« und die »Unvereinbarkeit
des Zusammengehörigen« (XIII 224) wird im Stück selbst nicht
entfaltet.

Ausgaben: Neue Freie Presse, Wien, 18. März 1923 (Akt I); Frankfurt
1956 (GW, Steiner, Lustspiele IV, S. 287–404); Frankfurt 1979 (4 451–
525); Frankfurt 1986 (XIII).

Literatur: *34, S. 124–127; *50, S. 165–199; *63; *79, S. 233–240; *231.

Was Hofmannsthal an Komödienfragmenten aus seinem letzten
Lebensjahrzehnt hinterließ - »Der Schwierige« war die letzte zu
Lebzeiten gedruckte vollständige Komödie - knüpft zwar u.a.
an Vorlagen von Musset, Nestroy, Goethe, Schiller und Goldoni an, zeigt aber in allen Fragmenten ein verstärktes Interesse
an der Gegenwart. In einem Brennspiegel fängt es Hofmannsthal im Prolog ›*Das Theater des Neuen*‹ von 1926 ein, mit dem er
Brechts »Baal« den »Durchbruch ins Unbedingte, Neue, Ele-
mentare« (3 506) bescheinigt und zugleich die Verabschiedung
des Individuums verkündet: »wir sind anonyme Gewalten. See-
lische Möglichkeiten. Individualität ist eine der Arabesken, die
wir abgestreift haben« (3 510). Damit avanciert der Schauspieler
- seit langem einer der von Hofmannsthal bevorzugten Typen -
vollends zum »symbolischen Menschen«, denn es ist sein amö-

benhaftes Schicksal, »nur man selbst zu sein, indem man immer ein anderer wird« (3 512).

Ausgaben: Münchner Neueste Nachrichten, 4./5. April 1926; Frankfurt 1956 (GW, Steiner, Lustspiele IV, S. 405–426); Frankfut 1979 (3 503–513).

Timon der Redner ist selbst im Werk Hofmannsthals ein ungewöhnlicher Riesentorso von mehr als 400 Notizen und zahlreichen Handschriften aus den Jahren 1916 bis 1926. Nur vier der rund 650 Seiten, die der 1975 erschienene Band in der Kritischen Ausgabe beansprucht, wurden von Hofmannsthal selbst veröffentlicht – ein Grenzfall, der im Rahmen der Kritischen Ausgabe aber dazu führte, daß auf vollständige Wiedergabe der Varianten in der Folge (mit Ausnahme von »Ödipus« und »Rosenkavalier«) verzichtet wurde. Der Plan zu einer politischen Komödie ging ursprünglich von Richard Strauss' Wunsch nach einer »politisch-satirisch-parodistischen Operette« (Bw 345) aus. Die Zeit der sinkenden Antike schien Hofmannsthal ein geeigneter Schleier, um die Aktualität des Stoffes durchsichtig genug erkennbar werden zu lassen. Timon, der »radicale Kleinbürger« (XIV 7), hat die Tendenz seiner Zeit – den Niedergang des Adels und die Bedeutung des Geldes – erkannt und will sich, durch sein rhetorisches Geschick bei der Menge beliebt, zu Macht und Reichtum tragen lassen. Dabei führt er ein geheimes Doppelleben (Hofmannsthal übernahm dieses Motiv aus dem Fragment gebliebenen Plan »Das Caféhaus oder Der Doppelgänger«, vgl. SW XIV 554), in dem er einerseits bürgerlich solider Familienvater, andrerseits skrupelloser Bordellbesitzer ist. Seine Gegenfiguren sind die die aristokratische Partei vertretende, geistreiche Hetäre Bacchis und der dem »starkwilligen Vater« erliegende »schwachmütige Sohn« (XIV 555). Gegenüber dem politisch und sexuell dominanten Übervater vermag der Sohn sich nicht zu behaupten und ist von der Auflösung seines Ich bedroht – hier stand die Rönne-Figur aus Benns »Gehirne«-Novellen Pate. Erst das aus den Notizen nur unklar zu rekonstruierende Ende der Handlung hätte den Sohn »in der Aufregung« eines politischen Umsturzes »sein Ich« gewinnen lassen sollen (XIV 509). Die in einer Notiz für die Timon-Figur festgehaltene »Identität von Geld u. Wort« (XIV 152) zeigt die satirische, antidemokratische Tendenz des Fragmentes, das das Volksbegehren als bloßen »Tausch des sozialen Rollenspiels« (so J. Fackert, XIV 540) deklassieren sollte. Die Erfahrungen der Nachkriegszeit ebenso wie Hofmannsthals Kritik des Journalis-

mus – der Leiter der Wiener ›Neuen Freien Presse‹, Moriz
Benedikt, ist ein Urbild Timons – führten zu der Diskussion
über das Verhältnis von Wort und Tat, d.h. die Beeinflußbarkeit
des politischen Geschehens. Während der Rhetor »Tat u.
Rede völlig gleich« setzt (»Andere Taten als *Reden* kennt er nicht«,
XIV 137), macht Hofmannsthal die kluge Hetäre zum Sprachrohr seiner Sprachkritik, wenn sie in dem 1925 publizierten
Teildruck »Die Mimin und der Dichter« (XIV 31–34) »nur
einen Weg, wie das Wort ins Leben herüberkann« zugesteht,
nämlich »wenn es der Schatten ist, den die Tat vorauswirft«.
Der verlogenen »Gaunersprache« stellt Bacchis die Wahrheit
der Gestik gegenüber: »Meine Gebärde: das bin ich – in einen
Moment zusammengepreßt, spricht sie mich aus – und stürzt
dann dahin ins Nichts – wie mein Ich selber, unwiederholbar«
(XIV 33). Damit steht das »Timon«-Drama im Kern der in
einem Brief an Anton Wildgans geschilderten Grundfrage, die
schon in »Tor und Tod« gestellt wird: »wie kann der Sprechende noch handeln – da ja ein Sprechen schon Erkenntnis,
also Aufhebung des Handelns ist – – mein persönlich mich nicht
loslassender Aspect der ewigen Antinomie von Sprechen und
Tun, Erkennen und Leben« (Bw Wildgans 31). Hinzu kommt
die für die Hofmannsthalsche Produktion der zwanziger Jahre
konstitutive Zeichenproblematik – Zeichen der Macht, der
Kommunikation, der Zukunft –, die sich hier in der Szene mit
der Wahrsagerin (XIV 69ff.) und in der Situation, »alles Beste-
hende auf seine Berechtigung zu prüfen« (XIV 500), niederschlägt.

Ausgaben: 1925 (Die literarische Welt, 1, Nr. 12/13; Teildruck); Frankfurt 1956 (GW, Steiner, Lustspiele IV, S. 427–433, Teildruck); Frankfurt
1975 (XIV); Frankfurt 1979 (4 537–558, Teildruck).

Literatur: *174.

Die halbbiographischen Notizen zu einer Komödie »Die
Freunde« (1922–26) umkreisen eine Analyse vorwiegend politischer und gesellschaftlicher Zeichen der Zeit, wobei das Phänomen des Bolschewismus, das Hofmannsthal immer wieder be-
unruhigte, durch den Filter der Romane Dostojevskijs gedeutet
werden sollte. – Das späte Fragment »Der Lügner« (1927/28)
verbindet ein – titelgebendes – Hauptwort der Komödienproduktion mit autobiographischen Momenten und ironischer
Zeitkritik: mehrere Zeichendeuter, ein »Chiromant Grapholog
Astrolog Psychanalytiker« bemühen sich in einer »Ehebera-
tungstelle«, wohingegen der Lügner, selbst Arzt und Psycho-

analytiker, zwei Ehepaare auseinanderzubringen versucht und erklärt: »Die Lüge ist in dieser Welt das einzige vollkommene Kunstwerk«. – Ein Experiment in der ›metaphysischen‹ Komik eines Pirandello lassen die Notizen zu »Der König« (Dezember 1928) ahnen, die von einem abgedankten Monarchen handeln: Aus Angst, von einer amerikanischen Filmgesellschaft vermarktet zu werden, hält er sich inkognito in Berlin auf; er traut nur mehr seiner geschiedenen, ihm nun wieder angenäherten Frau, die aber gerade einen Vertrag mit der Gesellschaft hat. So wird seine Versöhnung mit der Frau gefilmt und »entspricht genau dem Scenar-entwurf, der schon bei der Gesellschaft liegt«. – Aus derselben Arbeitsphase stammt der Plan zum »Schauspiel mit drei Figuren«, das ein tragikomisches Schicksal zum Gegenstand hat: »sein Leben zerstört zu wissen u. niemand haben, an dessen Brust man sich darüber ausweinen möchte als allein das Wesen von dem es zerstört wurde«. – Knapp 80 Notizen haben sich zu dem Plan »Das Hotel« erhalten, an dem Hofmannsthal bis unmittelbar vor seinem Tod, noch im Juli 1929, arbeitete. Als eine »Art Sprechoperette« (HB 12, 1974, S. 369) gedacht, diente Hofmannsthal u.a. die »Dreigroschenoper« von Brecht und Weill mit ihren songs als Vorbild; außerdem griff er auf die schon für den »Andreas« wichtige Schizophreniestudie von Morton Prince zurück. Diesmal sollte es aber eine Schilderung der zeitgenössischen Nachkriegsgesellschaft werden: »Der Gott ist der Wechsel – nur im Wechsel ertragen wir unser Leben: die drei Erscheinungsformen des Wechsels sind: das Geld, die Zeit, das Hotel«. (Alle Fragmente künftig XXII).

Literatur zu den Komödien im allgemeinen: *50; *99; *122; *143; *203; *240; *253, S. 217–225.

5. Operndichtungen

Von der erlösenden, der Sprache überlegenen Macht der Musik hatten schon der geigenspielende Tod (»Der Tor und der Tod«) und der Gesang Vittorias (»Der Abenteurer und die Sängerin«) Zeugnis abgelegt, und der tödliche Konflikt der »Elektra« mündete in die Aufforderung: »Schweig und tanze!«, die in einer mänadischen Ekstase eingelöst wird. Als dann mit der Uraufführung der Oper »Elektra« im Januar 1909 nach außen hin sichtbar Hofmannsthals Zusammenarbeit mit Richard Strauss begann, sah sich der Dichter Schmähungen und Reaktionen der Verständnislosigkeit ausgesetzt, denn nur wenige waren bereit, dem Librettisten »auf dem dunklen, gewundenen Weg« seiner »notwendigen Entwicklung« zu folgen (Bw Borchardt 54). In seinen brieflichen und essayistischen Erörterungen zur Oper kommt Hofmannsthal immer wieder auf Mozarts Zusammenarbeit mit da Ponte, aber auch auf Goethe zu sprechen, dem die reine Opernform »vielleicht die günstigste aller dramatischen« schien – ein Diktum, das Hofmannsthal liebte (Bw Strauss 212). Ebenso konstitutiv für seine Idee einer erneuerten Spieloper im Unterschied zur Wagnerschen Musikdramatik ist der festliche und märchenhafte Charakter der Oper, wie auch später, nach der »Frau ohne Schatten«, zumindest die Bemühung um eine leichtere Musik die Orientierung an einem Werk wie Verdis »Falstaff« oder der älteren Operette nicht ausschließt. Im Gespräch über die »Ägyptische Helena« schließlich (1928) erscheint die Oper als Gegenmöglichkeit zum dialektisch-psychologischen Dialog, wie er Euripides, Hebbel, Ibsen oder Shaw eigen ist (XXXI 226). – Entscheidende Einblicke in Hofmannsthals Opernästhetik bietet der Briefwechsel mit Strauss, und zwar schon in den frühen Jahren der Kooperation (1906–08), als es um die Bearbeitung von Sprechstücken (»Elektra«, »Florindos Werk«) für die Oper geht: Die im natürlichen Dialog von Rede und Widerrede vielfach gebrochenen Linien müssen für die Vertonung in einen großen Bogen, »eine einfache Kurve« aufgelöst werden (Bw Strauss 33), das Charakteristische wird zugunsten des Lyrischen zurückgedrängt (ebd. 50).

Der Rosenkavalier, der trotz seiner kurzen Entstehungszeit (Februar 1909/Juni 1910, Uraufführung am 26. 1. 1911 am Dresdner Opernhaus) eine komplizierte Textgenese hat und außer als Buch auch als Partitur, Klavierauszug und Libretto (mit leicht unterschiedlichem Text) vorliegt, ist eine der prekärsten Arbeiten Hofmannsthals. Die der Operette angenäherte Drastik in der Handlung und der Schmelz der Strauss'schen Musik lassen leicht übersehen, mit welcher Raffinesse und Differenziertheit das Werk »ein halb imaginäres, halb reales Ganzes« entwirft (5 150). Das theresianische Wien um 1740 wird nicht historisch getreu reproduziert, sondern in einer alle sozialen Schichten umfassenden Sprache, die zugleich echt und erfunden ist, gespiegelt: Von der Dialekt sprechenden Dienerschaft über Sophies bürgerlich-klerikale Versatzstücke, Ochs von Lerchenaus derb-sinnliche Erzählweise, das radebrechende Deutschitalienisch der Intriganten bis zu Octavians staunendem Liebesgestammel und der gelassenen Schlichtheit der Marschal-

101

lin spricht jede Figur in ihrem eigenen Ton. Die soziale Hierarchie ist zwar auch Gegenstand der Handlung – die vom hochadeligen, aber heruntergekommenen Baron Ochs geplante Mesalliance mit der »so gut als bürgerlichen Mamsell Faninal« (deren Adel dem Reichtum ihres Vaters zu verdanken ist), die der jugendliche Octavian verhindert, indem er sich selbst in Sophie verliebt –, wird aber mit subtiler Ironie in Frage gestellt. Gerade die Eindeutigkeit und Selbstsicherheit der sozialen Identität wird aufgebrochen und führt die Protagonisten am Ende in eine Situation sprachloser Irritation. Dem vorwiegend männlich besetzten Wahn des erotischen und ökonomischen Besitzens, Umarmens und Festhaltens stellt die Marschallin die überlegene Einsicht einer gleitenden, Halten und Lassen verbindenden Gelassenheit gegenüber, wodurch sie als einzige sie selbst zu bleiben vermag. Wenn Ochs sich als Herr der Schöpfung jeder Beanstandung enthoben glaubt (»Man bleibt doch schließlich, was man ist«), was, auf ihre Art, auch Sophie naiv reproduziert (zu Octavian: »Er ist ein Mann, da ist Er, was Er bleibt«), erkennt die Marschallin die Wandelbarkeit der zeitlichen und sozialen Beziehungen (»wie kann das wirklich sein, / daß ich die kleine Resi war / und daß ich auch einmal die alte Frau sein werd!«) und belehrt den jungen Liebhaber: »Wer allzuviel umarmt, der hält nichts fest«. Daß ihr die Resignation nicht ganz leicht fällt, macht sie besonders menschlich. Ochs dagegen wird in der turbulenten Wirtshausszene das Opfer von Octavians inszeniertem Skandal; glaubt er anfangs, seine Person nicht beweisen zu müssen, so muß er sich nun nach einem Zeugen für sich umsehen. Das doppelte Gesicht Octavians und Mariandls zwischen Verschämtheit und Provokation (vgl. die Spaltung der Frau in »Dominic Heintl«, »Lucidor« und »Andreas«) hat ihm alle Sicherheit in schwindelerregende »Kongestionen« aufgelöst: »Bin ich der Baron Lerchenau oder bin ich es nicht?« Und ob die Liebschaft zwischen der ganz gewöhnlichen Sophie und Octavian die Dauer der Farce übersteht oder ob es für beide nur das nächstbeste Abenteuer war, bleibt offen. – Das Zeitfeld von Vergänglichkeit und Ewigkeit (die sich in dem durch die silberne Rose symbolisierten seligen Augenblick treffen), von vorübergehender Liebschaft und dauerhafter Ehe verdichtet Hofmannsthal vor dem Hintergrund zahlreicher literarischer Entlehnungen (vgl. XXIII) zu einer durch und durch ironischen Konfiguration, in der am Ende »die Verbundenen getrennt, die Getrennten verbunden« sind (5 146). Im »verkreuzten Doppelabenteuer« (Bw Strauss 95) füllt die Musik selbst den Raum zwischen den Figuren, die zwischen Echtheit und Erfindung schwanken und die menschliche Identität in das Spielfeld zwischen Originalität und Wiederholung verweisen.

Ausgaben: Berlin 1911; Berlin 1924 (GW, Bd. 4, S. 129–264); Frankfurt 1959 (GW, Steiner, Lustspiele I, S. 261–397); Frankfurt 1979 (5 9–104); Frankfurt 1986 (XXIII).

Literatur: *49; *50, S. 36–61; *72; *81; *90, S. 254–266; *97, S. 30–57; *117; *153, S. 127–137; *167, S. 111–120; *183; *216.

Trägt der »Rosenkavalier« noch den Untertitel einer ›Komödie für Musik‹, so bringt Hofmannsthal im dritten Werk der Zusammenarbeit mit Strauss, *Ariadne auf Naxos* (1911–1916, Uraufführung 25. 10. 1912, Stuttgart), seine eigene Ästhetik der Oper auf die Bühne, indem er sie in einem kühnen Formexperiment mit dem Spiel im Spiel verbindet. Als Gelegenheitsarbeit geplant, entwickelte sich das Werk zu einer von Hofmannsthals originärsten, ihm wertesten Arbeiten, vor allem in der neuen Bearbeitung von 1913 (Uraufführung 4. 10. 1916 in Wien), die den ursprünglichen Rahmen – Molières Komödie vom Bürger Jourdain, der sich durch äußerliche Imitationen in einen Edelmann verwandeln möchte – durch das *Vorspiel* im Haus des reichsten Mannes von Wien ersetzt. Als dieser dem jungen Komponisten (der Züge des jungen Beethoven trägt) ausrichten läßt, seine opera seria »Ariadne auf Naxos« solle gleichzeitig mit dem Auftritt der leichtfertigen Zerbinetta und ihrer vier Liebhaber aufgeführt werden, bricht dessen Welt zusammen. Was aber dem banausischen Mäzen als Zeichen seines Dilettantismus ausgelegt wird, die Verbindung von opera seria und opera buffa, von heroischer Antike im Geschmack des 17. Jahrhunderts mit Reifrock und Perücke mit den Masken der commedia dell'arte (Harlekin, Scaramuccio, Truffaldin, Brighella), macht Hofmannsthal ironischerweise zum Programm seiner Oper. Hohes und Niedriges, Ariadne, die das Sinnbild menschlicher Einsamkeit gibt, und die leichter gestrickte Zerbinetta, die sich nach Treue sehnt, erstarrtes und schlagendes Herz treten nebeneinander und verbinden sich: Der leicht vergeßliche Komponist, der in Ariadne die Frau sieht, die nicht vergißt, verliebt sich gerade in den Charme Zerbinettas, die sich noch von jedem Mann hat umwandeln lassen und nun Ariadne zu trösten versucht, weil sie glaubt, auch diese warte nur auf den nächsten Verehrer. Die Verschränkung beider Welten macht das Werk zu einem lebendigen Experiment mit und auf dem Theater. Im Mittelpunkt steht die Idee der Verwandlung als ein psychologisch-erotisches, ethisches, aber auch theatralisches und musikalisches Geschehen. Ariadne sehnt sich nach Befreiung und Selbstwerdung im reinen, unvermischten Totenreich. Sie stürzt sich, wie umgekehrt auch Bacchus, in das Geheimnis der Verwandlung und gewinnt sich durch die Begegnung mit Bacchus selbst, während er durch sie erst seiner Gottheit bewußt wird. Die Verwandlung ins wahre Selbst (im Unterschied zur Verzauberung in etwas Fremdes, der Bacchus im vorangegangenen Circe-Abenteuer gerade noch entgangen war) bleibt zwar an ein gegenseitiges Mißverständnis geknüpft – sie hält ihn für den Todesboten Hermes, er sie für eine zweite Circe –, aber dennoch behält Zerbinetta am Ende nicht recht, wenn sie durch Ariadne und Bacchus den bloßen Wechsel, den Austausch des Liebespartners bestätigt sieht. Vielmehr hat sich die prosaische Ebene des Vorspiels (auf dem Theater) in die Apotheose der Oper (mit dem am Ende unsichtbaren, als reine Stimme präsenten Liebespaar) verwandelt, Ariadnes Höhle der Schmerzen wird zum Baldachin der Lust, und die Rahmensituation vom Spiel im Spiel ist transzendiert: Die mythologische Oper in ihrem Zitat- und Kombinationscharakter heterogenster Elemente (vgl. Bw Strauss 206 und 441 f.) wird zum Spiegel einer ›mythischen‹, komplexen Gegenwart, die von extremen inneren Spannungen beherrscht wird und den Verzicht auf einen einheitlichen Hintergrund erforderlich macht.

Ausgaben: Erste Fassung: Neue Freie Presse, Wien, 26. Mai 1912; Berlin 1912; Frankfurt 1979 (5 225–285).
Neue Bearbeitung: Berlin 1916; Berlin 1924 (GW, Bd. 1, S. 295–351); Frankfurt 1956 (GW, Steiner, Lustspiele III, S. 7–65); Frankfurt 1979 (5 183–221); Frankfurt 1985 (XXIV).

Literatur: *27, S. 95–109; *50, S. 13–35; *75; *80, S. 74–87; *97, S. 58–72; *109; *131; *167, S. 120–127; *175; *190; *253, S. 175–190.

Als zwei unvergleichbare, in sich abgeschlossene Projekte faßte Hofmannsthal die Opern- und die (unten S. 135 ff. ausführlicher behandelte) Märchenfassung der *Frau ohne Schatten* auf und stellte konsequenterweise die zwischen 1911 und 1915 ausgearbeitete, erst am 10. 10. 1919 uraufgeführte Oper in die Bühnentradition der »Zauberflöte« sowie der Zaubermärchen Gozzis und Raimunds. Ging es in »Ariadne« um die Ästhetik der Konstellation, die auch für die »Frau ohne Schatten« verbindlich bleibt (das Kaiser- und das Färberpaar sollen einander spiegeln, steigern und schließlich aufheben; Bw Strauss 213), so wird hier eine Apotheose der menschlichen Stimme, der ungetrübten Verbindung von Poesie und Musik unternommen. Erst wenn die Kaiserin im 3. Akt die Prüfung besteht durch den Verzicht (auf den Schatten und die Erlösung des Kaisers), darf ihre Stimme »ihren vollen menschlichen Klang annehmen« (Bw Strauss 255). Hier gilt das Wort aus dem »Turm«: »Das Erste ist eines Menschen Stimme. Dieser sagt ein Wort und es ist als gäbe er uns die Seele hin, damit wir sie essen wie Brot und trinken wie Wein« (XVI/1 34). Die Stimme als Ort menschlicher Identität war schon Ausgangspunkt der ersten Konzeption, in der die »bizarre Figur«, die spätere Färberin, ihre Kinder aufopfert, um ihre Schönheit »und ihre Stimme zu erhalten« (10 506). Die gleichzeitige Verschränkung der vier Stimmen am Ende ergibt bewußt einen Opernschluß, der im Unterschied zum Märchen nicht mit der Erinnerung an die Schriftzeichen des Talismans endet, sondern mit der Vorstellung des Festes, in der sich für Hofmannsthal das Grundgesetz des Theaters mit Goethes Idee der festlichen Oper trifft (vgl. den Aufsatz »Einleitung zu einem Band von Goethes Werken, enthaltend die Singspiele und Opern«, 8 443–448). Es ist das Fest der Menschwerdung, das nicht Geber und Nehmer unterscheidet, sondern alle aufeinander verweist, um »das ewige Geheimnis der Verkettung alles Irdischen« zu preisen.

Ausgaben: Berlin 1919; Frankfurt 1957 (GW, Steiner, Dramen III, S. 147–242); Frankfurt 1979 (5 305–378).

Literatur: *90, S. 267–281; *92; *97, S. 73–139; *98; *105; *160; *180.

Gegenüber dieser als »zu schwer« (Bw Strauss 495) zugegebenen Oper versucht das Ende 1919 konzipierte, dann steckengebliebene Szenarium *Danae oder Die Vernunftheirat* bewußt einen Ausweg ins leichtere Genre einer an Lukian orientierten Operette, deren Vorbild in Donizetti, Auber oder Boieldieu gesehen wird (Bw Strauss 651). Die ironische Verbindung des Goldregens aus dem Danaestoff mit der schon verschiedentlich herangezogenen Midasmythe erlaubt Hofmannsthal die subtile Überwindung einer ordinären Geldheirat zu einer echten Liebesbeziehung, die auch größte Armut zu bewältigen vermag. – 1936 arbeitete Joseph Gregor das Szenarium zu einem Textbuch für Strauss aus.

Ausgaben: Corona 4 (1933), S. 108–117; Frankfurt 1952; Frankfurt 1956 (GW, Steiner, Lustspiele III, S. 359–370); Frankfurt 1979 (5 391–424).

Die Ende 1919 gleichzeitig mit »Danae« als lyrisches Drama entworfene *Ägyptische Helena* wurde im Lauf ihrer Niederschrift im Jahr 1923 zum nächsten Gemeinschaftswerk mit Strauss, das aber erst 1928 in Dresden uraufgeführt wurde. Die bei Euripides überlieferte Version vom Phantom Helena, um das in Troia gekämpft wurde, während die wirkliche Helena sich in Einsamkeit für Menelas bewahrte, wird in Hofmannsthals mythologischer Oper Anlaß einer nur scheinbaren Versöhnung Helenas mit dem eifersüchtigen Gatten. Sie will aber nicht die unerkannte »Tot-Lebendige«, sondern die wahrhaft erkannte, auch den Tod nicht scheuende »Lebendig-Tote« sein: Indem sie Menelas mit der Wahrheit konfrontiert und sich ihm ausliefert, schließen sich ihm beide Gestalten Helenas, Phantom und Realität, zusammen, so daß er in ihr die »Ungetreue, / Ewig-Eine, / Ewig-Neue!« zu sehen vermag. Die in das unisono vom »ewigen Paar« – entgegen Hofmannsthals Absicht und nicht zuletzt aufgrund seines Textes recht wagnerisch – (aus)klingende Oper versucht mit den Mitteln der Mythologie und unter Vernachlässigung der Psychologie weibliche und männliche Identität ins Verhältnis zu setzen. Unter dem Einfluß von Bachofens dämonisierter Weiblichkeit (Hofmannsthal verweist auf den Satz: »Nicht dazu ist Helena mit allen Reizen Pandoras ausgestattet, damit sie nur einem zu ausschließlichem Besitz sich hingebe«) stehen sich in den Protagonisten archetypisch Morgenland und Abendland, die unteren Götter der Nacht und die oberen Götter des Tages, Liebe als Augenblick und als Dauer, unbefangenes Vergessen und beschwerte Erinnerung gegenüber, die sich im abschließenden Lebensfest versöhnen. »Zweier Kehlen verschränkter Gesang« (5 435) wird zum Kern der mythologischen Oper, die einer durch das »Umgebensein mit Jahrtausenden« mythisch gewordenen Gegenwart entsprechen soll. Seine antipsychologische Ästhetik der Oper, die das Wort als Ausdruck, nicht als zweckgerichtete Mitteilung begreift und noch Shakespeare als Operndichter reklamiert, formuliert Hofmannsthal im Gespräch »Die ägyptische Helena« (5 498–512; XXXI 216–227).

Ausgaben: Leipzig 1928; Berlin 1928; Frankfurt 1958 (GW, Steiner, Dramen IV, S. 209–303); Frankfurt 1979 (5 425–490).

Literatur: *27, S. 109–124; *55; *90, S. 331–348; *111; *172; *224; *255.

Schon im Jahr 1922 ist zwischen Dichter und Komponist die Rede von einem »zweiten Rosenkavalier«, doch erst 1927 gestaltet sich aus der Verbindung des »Lucidor«-Stoffes (Novelle von 1910) und dem Konversationsstück vom »Fiaker als Graf« die »lyrische Komödie« *Arabella*, deren Vollendung Hof-

mannsthal erst unmittelbar vor seinem Tode gelang; die Uraufführung des dann noch von Strauss veränderten Textbuches
erfolgte 1933. Das heruntergekommene Wien der Operettenzeit
und Fiakerbälle um 1860 bietet den geeigneten Hintergrund für
die aus dem travesti der jüngeren Schwester Arabellas resultie-
renden Verwicklungen dieser »etwas zweifelhaften Existenzen«.
Die anscheinend mit leichter Hand entworfene, klare Handlung
geht dem an sich banalen Opernsujet – wer »der Richtige« für
die Ehe ist – auf den Grund, indem die unmittelbare Sicherheit
des Gefühls mit dem äußerlich ablesbaren Zeichen seiner Bestätigung in Konflikt gerät. Das von der Forschung lange vernach-
lässigte Werk ist besonders aus seiner Thematisierung von Geld
und Liebe, aber auch als Ausdruck einer kulturhistorischen
Bewahrung österreichischer Eigenheit gedeutet worden. In vie-
lerlei Hinsicht ist »Arabella« jedoch ein Pendant zum »Turm«:
Ein subtil entworfenes Netz von Verweisungen, Zeichen und
Beglaubigungen – Glücks- und Spielkarten, Geld, Blumen,
Schriftzeichen (Briefe) – wird im entscheidenden Moment zu-
sammengezogen, kann aber die Wahrheit nicht an den Tag bringen. Während alle Zeichen täuschen können und die Liebenden
bis zur Vernichtung demütigen (»was von mir bleibt denn übrig
noch nach dieser Stunde« ist Arabellas Frage), läßt sich gerade
die »unbedingte« (XXVI 294) Liebe der Frau nicht beweisen,
sondern nur durch den Glauben (auch gegen den Augenschein:
XXVI 295) und das Vertrauen des Mannes bewahrheiten. Dieser beinahe kleistische Dimensionen annehmende Prozeß um
die Wahrheit in einer zerbrechlichen Welt stellt das Werk neben
das »Turm«-Trauerspiel von der Unmöglichkeit der Legitimation (s. S. 77). Nicht zufällig arbeitete Hofmannsthal gleichzeitig
an »Arabella« und an einem Komödienplan mit dem Titel »Der
Lügner« (s. S. 99).

Ausgaben: Berlin 1933; Frankfurt 1956 (GW, Steiner, Lustspiele IV, S. 7–
100); Frankfurt 1976 (XXVI); Frankfurt 1979 (5 513–578).

Literatur: *34, S. 120–123; *50, S. 200–219; *68; *120; *209.

So ist den Hofmannsthalschen Libretti der Versuch eigentüm-
lich, die Möglichkeiten der Oper bewußt zu gestalten und zu
reflektieren, sie nicht nur zu nutzen: Deutet der »Rosenkavalier« die Konfiguration als eine spezifisch musikalische Erscheinung, so entwirft »Ariadne« das selbstbewußte Ineinander von
Hohem und Niedrigem in der Oper, »Die Frau ohne Schatten«
stellt das Phänomen der menschlichen Stimme ins Zentrum der
Oper, »Die ägyptische Helena« darüberhinaus das unisono

zwischen die Polarität der Geschlechter, und »Arabella«
schließlich entlarvt das schlichte Opernsujet, die Wahl des rich-
tigen Partners, als einen komplexen Zeichenzusammenhang.
Literatur zu den Libretti im allgemeinen: *56; *97; *167; *184; *194;
*197; *213.

6. Ballett. Pantomime. Film.

Eine Auseinandersetzung Hofmannsthals mit dem Tanz findet
auf drei Ebenen statt. Zunächst handelt er in beschreibender
oder theoretischer Hinsicht vom Tanz als einem Phänomen
moderner Kunst oder von einzelnen Künstlern; dabei kommen
sowohl poetisch-lyrische als auch essayistisch-erörternde Text-
formen ins Spiel. Dieser Zusammenhang spannt sich von den
Versen, die der Siebzehnjährige für das Programm zu einem Ball
(»Ein Tanz durch Jung-Wien«) schrieb: »Ob man auch Vers an
Verse flicht, / Der Reime Blüten rastlos bricht, / Nur Abglanz
ist's und Wiederhall, / Ob man es singt, ob man es spricht: /
Doch aller Gedichte Vollendung ist – – / O glaube mir, – – ein
getanztes Gedicht« (I 19), über die 1895 entstandene Rezension
der Mitterwurzer-»Monographie« mit ihrer Erkenntnis, es sei
»eine verzweifelte Liebe zu allen Künsten erwacht, die schwei-
gend ausgeübt werden: die Musik, das Tanzen und alle Künste
der Akrobaten und Gaukler«, weil sich ein tiefer »Ekel vor den
Worten« breit gemacht habe (8 479), bis hin zu den Aufsätzen
der Jahre nach 1900. Ins erste Jahrzehnt des neuen Jahrhunderts
fällt die Begegnung Hofmannsthals mit einzelnen Vertretern der
modernen Tanzkunst, die sich besonders in der Skizze »Die
unvergleichliche Tänzerin« (über Ruth St. Denis) und in dem
Aufsatz »Nijinskys ›Nachmittag eines Fauns‹« (8 496–501 und
508–510) niedergeschlagen haben. Hinzu treten theoretische
und ästhetische Aufzeichnungen, die unter dem Titel »Über die
Pantomime« (8 502–505) veröffentlicht oder aus dem Nachlaß
bekannt wurden (10 508–510). In diesem Komplex spielt der
Tanz eine Rolle als ästhetische Alternative zu Sprache und
Musik, als Ausdrucksmedium dessen, was »zu groß, zu allgemein, zu nahe ist, um in Worte gefaßt zu werden« (8 502). – Auf
einer zweiten Ebene ist es daher nicht verwunderlich, daß im
dramatischen Werk selbst der Tanz zum integralen Bestandteil

der Handlung zu werden vermag, gerade dann, wenn das Wort versagt. Dabei führt der Tanz nicht selten in den Tod als eine rauschhafte Auflösung aller Lebensgrenzen. Musik, Tanz und Tod gehen eine untergründige Verbindung ein (I 177, III 352) und nehmen etwa im Todestanz der Gioconda (in »Ascanio und Gioconda«, XVIII 66) dionysische Züge an. Der christlich geprägte Totentanz wirkt strukturbildend in »Der Tor und der Tod«, »Jedermann« und dem »Salzburger Großen Welttheater«; der mänadische Todestanz der »Elektra«, eine der größten Eingebungen des Dichters, ist in seiner ›Namenlosigkeit‹ schon jenseits des Lebens.

Auf einer dritten Ebene schließlich tragen die eigentlichen *Tanzdichtungen* als Gattung der nie ganz beschwichtigten Frage nach dem Wahrheitsgehalt und den Grenzen der Sprache Rechnung. Die früh gewonnene Einsicht in die Täuschungsmöglichkeiten des Sprachzeichens hat die Erprobung einer möglicherweise unmittelbareren, unverstellteren Körpersprache begünstigt. Daß sich die Wahrheit eher in der Gebärde als im Wort zu beglaubigen vermag, erfahren die Dramenfiguren Hofmannsthals immer wieder. Entspricht die Hinwendung zu Ballett und Pantomime ab 1900 den auch im Chandos-»Brief« formulierten Zweifeln an der Sprache (10 510), so reflektiert sie andererseits das Verhältnis von Allgemeinheit und Individualität: »Die Sprache der Worte ist scheinbar individuell, in Wahrheit generisch, die des Körpers scheinbar allgemein, in Wahrheit höchst persönlich« (8 505). Neben die unmittelbar durch den Körper bezeugte Wahrheit und die im Körperzeichen ausgedrückte Individualität (»Der Tanz macht beglückend frei. Enthüllt Freiheit, Identität«, 10 508) tritt ferner die Möglichkeit, das über die Sprache Hinausreichende zu gestalten: Wird Elektra von ihrer Glückserfahrung zum »Schweigen und tanzen!« gezwungen (2 234), so phantasiert sich die Tänzerin Laidion im Gespräch »Furcht« von 1907 in das fremde Glück eines Tanzes ohne Furcht und Hoffnung hinein (XXXI 124 f.), und Hofmannsthal hält diesen Zusammenhang knapp mit den Stichworten: »mad with joy Tanz« in Karl Gross' Buch über »Die Spiele der Thiere« von 1896 fest (XXXI 391). Hofmannsthals Tanzdichtung bewegt sich im Kontext sowohl der Platonischen Erkenntnislehre wie der Schillerschen Ästhetik (vgl. »Der Tanz« und »Über die ästhetische Erziehung (...)«, aber auch der Lukianischen Schrift über den Tanz (8 502 ff.) und natürlich der zeitgenössischen Diskussionen.

Mit zeittypischem, Poussin mit Böcklin vermengendem Aufwand entwirft das großangelegte, 1900/1901 geschriebene Ballett *Der Triumph der Zeit* eine an Wilhelm Meisters Verhältnis zu Mignon anklingende Handlung vom schuldigen Mann (und Dichter), der das Mädchen sitzen und zugrundegehen läßt, nicht ohne ihrem »gläsernen Herzen« rücksichtslos Töne entlockt zu haben. Erst der durch das Zwischenspiel der Stunden angedeutete Zeitraum von vielen Jahren läßt ihn zur Einsicht und die Liebenden doch noch zur Versöhnung kommen. Nach der Ablehnung von Richard Strauss, das Ballett zu vertonen, übernahm Alexander von Zemlinsky diese Aufgabe. – Die Pantomime *Der Schüler* ist eine unheimliche Variation auf den Golem-Mythos; der Neid auf die unmenschliche Zauberkunst des Alchimisten führt zu einem brutalen Mord, dem aber nicht der Meister, sondern dessen Tochter versehentlich zum Opfer fällt. Der heimkehrende Vater erkennt die ihm täuschend ähnlich Verkleidete nicht, sondern hält sie für seinen belebten Schatten. – *Das fremde Mädchen* (1910), für Grete Wiesenthal geschrieben, erzählt das Abenteuer eines reichen Mannes, der durch ein armseliges Mädchen von einer Verbrecherbande angelockt und ausgeraubt wird, durch das Sich-Opfern des Mädchens aber mit dem Leben davon kommt (vgl. »Alkestis«).

Mit *Amor und Psyche*, auch als Oper entworfen, beginnt die Verbindung von Tanzform und Mythologie, die menschliche Urverhältnisse in einer vorsprachlichen, naturnäheren Unmittelbarkeit spiegelt. Die gemeinsam mit Harry Graf Kessler geschriebene *Josephslegende*, die Diaghilews ›Ballets Russes‹ in Paris 1914 uraufführten, nützt die Dauerhaftigkeit und Vielseitigkeit des Mythos durch Zitate aus Veronese und Palladio. Die der Versuchung durch Potiphars lasterhaftes Weib überlegene Gestalt des reinen Hirtenknaben Joseph verkörpert den Sieg naturhafter Lebendigkeit und Frömmigkeit über die goldstrotzende, laszive Üppigkeit des Hofes.

Die in China spielende Märchenpantomime *Die grüne Flöte* ist besonders durch die beklemmende Komik eines Vorspiels aufschlußreich für Hofmannsthals lebenslange Affinität zum Puppentheater: Ein früher »Faust«-Plan (XVIII 60) und das »Urteil des Bocchoris« (XVIII 425), der Prolog zur »Frau im Fenster« und »Das kleine Welttheater«, vor allem aber das »Vorspiel für ein Puppentheater« von 1906 signalisieren das Interesse an den Alternativen der Sprache. Im Vorspiel zur »Grünen Flöte« sagt der Puppenspielmeister Niklas, »weiß vor Wut«, indem er auf den Mund zeigt: »Ihnen fehlt an meinen Figuren die Sprache. Diese (...) Bestialität da, die fehlt ihnen? Das was da herauskommt, das ist in meinen Augen das Letzte auf der Welt« (6 162).

Ausgaben: Der Triumph der Zeit: Die Insel 2 (1901), S. 323–363; Frankfurt 1953 (GW, Steiner, Dramen I, S. 353–399); Frankfurt 1979 (6 11–52). *Der Schüler*: Neue deutsche Rundschau XII (1901), S. 1204–1211; Berlin 1902 (auf Hofmannsthals Wunsch wieder zurückgezogen); Frankfurt 1953 (GW, Steiner, Dramen I, S. 401–416); Frankfurt 1979 (6 53–66). *Das fremde Mädchen*: Berlin 1911 (Grete Wiesenthal, S. 15–30); Berlin 1913; Frankfurt 1957 (GW, Steiner, Dramen III, S. 103–113); Frankfurt 1979 (6 67–77); *211, S. 113–126 (Scenario der Filmfabrik. Nach Hugo von Hofmannsthal). *Amor und Psyche*: Berlin 1911 (Grete Wiesenthal, S. 7–14); Frankfurt 1957 (GW, Steiner, Dramen III, S. 95–101); Frankfurt 1979 (6 79–87). *Josephslegende*: Berlin 1914; Frankfurt 1957 (GW, Steiner, Dramen III, S. 115–146); Frankfurt 1979 (6 89–123). *Die grüne Flöte*: Leipzig 1923; Frankfurt 1957 (GW, Steiner, Dramen III, S. 243–250); Frankfurt 1979 (6 141–168, mit Vorspiel).

Literatur: *58, S. 92–105 (zu »Der Schüler«); G. B. Schmid in *254, S. 251–260.

Von der Pantomime kam Hofmannsthal auch zum *Film*. Den Anfang bildete die Verfilmung des »fremden Mädchens« durch den Schweden Mauritz Stiller (1913), wobei Grete Wiesenthal wieder die Hauptrolle übernahm (vgl. *211). Eine mehr als bloß beiläufige Filmtheorie entwickelt die schmale Betrachtung *Der Ersatz für die Träume* (9 141–145) von 1921, in der das Kino als Attraktion für die Großstadtmasse ernst genommen und gewürdigt wird. Ohne konservative Überheblichkeit gesteht Hofmannsthal den starken Bildern des Kinos den Charakter einer Lebensessenz zu, wobei ihre Stummheit nicht als Manko, sondern als Vorteil gebucht wird. Der Großstadtmensch fürchtet in allem sprachlich Vermittelten (dem Wissen wie der politischen Bildung) die Indoktrination durch jene Wirklichkeit, die seinen Alltag immer brutaler beherrscht. Das Kino wird zum Ersatz für die Träume und öffnet, wie es nur die Kindheit vermochte, den Blick in den dunklen Wurzelgrund des Lebens, in »die Region wo das Individuum aufhört Individuum zu sein«. Der Film verschafft nicht weniger als »die Ahnung der Unzerstörbarkeit, den Glauben der Notwendigkeit und die Verachtung des bloß Wirklichen, das nur zufällig da ist« (9 145). Diese beinahe idealistisch-dichterische Filmpoetik – wenn etwa dem Kino der Weg »von der Ziffer zur Vision« bescheinigt wird, wie früher dem Dichter (»Der Dichter und diese Zeit«) – übersieht andrerseits die Gefahr der Vermarktung und Nivellierung nicht. – Distanzierter äußert sich Hofmannsthal allerdings über das

Medium des Films in Briefen (Bw Burckhardt 118; Bw Andrian 413; Bw Degenfeld 473; Bw Haas 76). Das Szenarium zur Verfilmung des Lebens von *Daniel De Foe* (1922; 6 261–278) wurde nicht zu Ende geführt, hat aber den anrührenden Charakter eines erzählten Lebensbildes. – Die Filmversion des *Rosenkavalier* (5 152–182) aus dem Jahr 1925 wurde, musikalisch von Strauss selbst geleitet, am 10. Januar 1926 im Dresdner Opernhaus gezeigt. Als »Auflösung eines dramatischen Vorwurfes in einen Roman« (Bw Burckhardt 118) zeigen sich dabei einige Motive des »Andreas«-Fragmentes neu lebendig, wenn etwa Ochs zu einem zweiten Gotthelff, der junge Rofrano zu einem Spiegel Andreas' wird. Gegenüber dem Libretto hat Hofmannsthal die Liebe zwischen Feldmarschallin und Rofrano als unerfüllbar verändert. – Auch im Zusammenhang mit den Pantomimen für das »Salzburger Große Welttheater« machte Hofmannsthal Anleihen beim Film (so für die »Axt-Pantomime« mit der »filmartig vorüberfliegenden Bilderfolge«, X 256), sodann bei der Wiederaufnahme des »Lucidor«-Planes (XXVI 123 und 311) sowie beim Komödienentwurf »Der König« (1928; XXII): Dort wird die persönliche Freiheit des Individuums ironisch konterkariert durch die im Drehbuch eines Filmtrusts schon vorausbestimmte Entwicklung. – Hofmannsthal regte wohl Max Reinhardt zu einem Film für die amerikanische Schauspielerin Lilian Gish an, der »das Transzendieren ins Mystische« (Hofmannsthal in *115) zum Gegenstand haben sollte.

Literatur: *115; *189.

7. Erfundene Gespräche und Briefe

Eine der individuellsten und im deutschen Sprachraum seltensten Formen im Grenzbereich zwischen Fiktion, Kritik und historischer Realität hat Hofmannsthal unter dem Titel »Erfundene Gespräche und Briefe«, den er seit 1902 benutzt, zusammengefaßt (vgl. *89, S. 105–141). Wie der aus dem Nachlaß ergänzte Bestand von einschlägigen Texten (XXXI) zeigt, war am Anfang, 1892, der platonische Dialog Vorbild und Orientierungsmaßstab, so daß Hofmannsthal sogar ein Drama, den »Tod des Tizian«, charakterisierte, er sei »viel eher ein Dialog in der Manier des Platon aus Athen als ein Theaterstück« (III 377). Daneben treten die fiktiven Dialoge von Lukian und Fontenelle, Ovids »Heroides«, ebenso die Hofmannsthal bekannten »Imaginary Conversations« von Walter Savage Landor und die »Imaginary Portraits« von Walter Pater. Anläßlich des berühmtesten Beispiels aus dieser Textgruppe, des »Briefes« von Lord Chandos an Francis Bacon, hat Hofmannsthal seine Poetik dieser literarischen Gattung auf den Begriff gebracht. Er schreibt am 16. Januar 1903 an Leopold von Andrian, ohne daß er den Plan verwirklicht hätte:

»Ich dachte und denke an eine Kette ähnlicher Kleinigkeiten. Das Buch würde heißen ›erfundene Gespräche und Briefe‹. Ich denke darin kein einziges bloß formales, costümiertes Totengespräch zu geben – der Gehalt soll überall für mich und mir nahestehende actuell sein – aber wenn Du mich wieder heißen wolltest, diesen Gehalt *direct* geben, so ginge für mich aller Anreiz zu dieser Arbeit verloren – der starke Reiz für mich ist, vergangene Zeiten nicht ganz tot sein zu lassen, oder fernes Fremdes als nah verwandt spüren zu machen« (Bw Andrian 160f.).

Nur wenige Fragmente entstammen den Jahren vor der Hauptarbeit an dieser Gattung, die in den Zeitraum 1902/03 und 1906/07 fällt. Auffallend ist ein ironisch-satirischer Dialog *Im Vorübergehen. Wiener Phonogramme* von 1893 durch seine präzise Beobachtung sprachlicher Details (einschließlich der Wiener Mundart) und gesellschaftlicher Konventionen. Die Versuche *Der Dichter in der Oekonomie des Ganzen* (1895) und *Brief an einen jungen Freund* (1896) schließen sich mit den parallel entstehenden Werken (»Märchen der 672. Nacht«, »Manche freilich . . .«, »Ein Traum von großer Magie«, »Poesie und Leben«) zusammen, um den Abstand zwischen der stummen Realität des Lebens und seiner sprachgewordenen Gestaltung, zwischen Ökonomie und Form zu vermessen, wobei die bezeichnend ambivalente Formel auffällt:
»Welt: in Formen gerettetes / gefangenes Chaos« (XXXI 13).

Noch lange vor der bis in den »Jedermann« nachweisbaren Wirkung seiner Beschäftigung mit Georg Simmels »Philosophie des Geldes« (ab 1906, vgl. XVIII 536), hat sich Hofmannsthal mit dem modernen Phänomen von Verarmung und Reichtum auseinandergesetzt. Das *Gespräch über den Reichthum* (1901/02) stellt das Festhalten am Besitz als eine Negierung sittlicher und religiöser Verhältnisse dar und zugleich als einen »Fluch der Reichen, gefangener zu sein als die Gefangenen der Armuth« (XXXI 16).

Den umgekehrten Fall, das eigensinnige Festhalten an der Armut, um sich so noch einen letzten Rest von Würde zu bewahren, führt der *Brief des letzten Contarin* (XXXI 17–22) vor, in dem der Sproß eines Adelsgeschlechtes eine Schenkung seiner Freunde ablehnt und nur dadurch glaubt, er selber bleiben zu können. Hier wird eine entsagungsvolle, Gedanken Fernando Pessoas vorwegnehmende Ästhetik des Verzichts an einer noch angesichts des Ruins aristokratischen Haltung festgemacht und der »hypothetische Besitz« als fruchtbarer denn der materielle Besitz erkannt, eine »Vergeistigung durch den Hunger« skizziert (XXXI 18, 260). –

Demselben Konfliktfeld von Geld und Adel und dem Interesse, »wie eine große Macht die andere würgt« (XXXI 24), entstammt auch die in Dialogform projektierte Rezension *Buch des Weltmannes* von G.Russells »An Onlooker's Note-Book«; dort geht es um die Einführung einer neuen Adelsschicht, die an den Nachweis eines bestimmten jährlichen Einkommens geknüpft war. Als das »Unheimliche« an der Gesellschaft erscheint ihre »Entseeltheit« und »Entgötterung«.

Der fiktive *Abschiedsbrief Alfred de Vigny's an den Kronprinzen von Bayern* (1902/03), mit dem er offensichtlich seinen Zögling aus der Erziehung ins Leben entlassen will, sollte wohl eine erste Auseinandersetzung Hofmannsthals mit dem Phänomen der Macht werden. Hier geht es um die Schwierigkeit, angesichts der Verzerrungen, die der Mächtige zu durchschauen bemüht sein muß, noch ›Zeugnis‹ ablegen zu können für das Echte und Edle, von der Macht nicht Betroffene oder Entstellte. Mit denselben Stichworten: Erkenntnis, das Edle, Wirkung, Mut, Zeugenschaft, Gewalt und Schmerz wird noch die »Turm«-Dichtung der zwanziger Jahre ihre Analyse der Macht betreiben.

Zu Hofmannsthals gewichtigeren Arbeiten zählt das fiktive Gespräch zwischen Balzac und dem Orientalisten Hammer-Purgstall *Über Charaktere im Roman und im Drama* von 1902. Hofmannsthal legt darin so etwas wie seine Theorie des Theaters im Spiegel des Romanciers vor; daß er dabei die historische Begegnung der beiden Männer von 1835 auf 1842 (so im Erstdruck) verlegte und Balzac seine belegten Experimente mit der Bühne abstreiten läßt, ist auffallend. Der Romancier wird als eine Napoleon verwandte Eroberergestalt eingeführt, die nicht nur alle denkbaren Physiognomien des Publikums in einem imaginären Theater schon erschaffen hat, sondern auch die Idee eines kosmischen Welt-theaters entwirft. Nicht ganz klar wird dabei der Bezug von Roman und Drama einerseits, von Kunst und Leben andererseits. Zunächst differenziert Balzac den Charakter auf der Bühne als eine »Allotropie«, eine von der Wirklichkeit (des Romans? des Lebens?) verschiedene Kristallisationsform, deren Merkmal in der »Verengerung des wirklichen« Charakters zu sehen ist. Das für Hofmannsthals eigenes Bühnenwerk zentrale Moment der Konfiguration wird hier mit dem Stichwort der »kontrapunktischen Notwendigkeiten« (XXXI 31) von dramatischen Charakteren aufgegriffen, zugleich aber von der Breite des wirklichen Menschen, den Balzac für seine Romane beansprucht, abgehoben. Seine eigenen Figuren – bezeichnenderweise spricht Balzac von seinen »Menschen«, als gäbe es keine Distanz zwischen Roman und Wirklichkeit – nennt er »das Lackmuspapier, das rot oder blau reagiert«, je nachdem welches Schicksal als Säure agiert. Damit tritt das Gespräch in ein neues Stadium – Thema ist das für den Einzelnen entscheidende Schicksal, sein ›Stern‹: »Es kann keiner aus seiner Welt heraus« (XXXI 32). Sinnbild dieser unausweichlichen Schicksalsverbundenheit ist der ganz in seiner Arbeit lebende, bis zum Wahnsinn ihr ergebene Künstler, sei es der noch im Tod von Goldschmiedearbeiten phantasierende Benvenuto Cellini oder der wahnsinnige Maler Frenhofer (aus Balzacs »Le chef-d'oeuvre inconnu«), der als scheiternder Pygmalion gedeutet wird: Der Künstler wird zum Midas, dessen Fluch es ist, daß sich ihm alles unter der Hand zu Gold verwandelt, alles Leben zu Kunst gerinnt. Selbst Goethes Leben, das für den Tod von Kleists Seele verantwortlich gemacht wird, ist nicht im »Gewäsch seiner Biographen« zu suchen, sondern in den »dreißig oder vierzig Bänden seiner Werke«. So wird der Himmel und Hölle gleichermaßen umspannende Wahnsinn des Dichters zur Signatur der Moderne, denn alle Menschen Balzacs sind »unfähig, das in der Welt zu sehen, was sie nicht mit dem Flackern ihres Blickes in die Welt hineinwerfen«. Balzac prophezeit für die Jahre 1890/1900 eine »allgemeine Krankheit unter den jungen Männern und Frauen der oberen Stände«, die eben in ihrer »übermäßig gesteigerten Empfindsamkeit« besteht. – Das imaginäre Gespräch mit Balzac wird damit zum Gespräch über die Imagination, indem die in Frenhofer gestaltete Ausschließlichkeit, in einem Bild zu leben, zur Deutung moderner Subjektivität herangezogen wird und das vermeintliche Gespräch über »litterarische oder Artistenprobleme« (Bw Andrian 161) Erkenntnismittel der Gegenwart wird.

Ausgaben: Neue Freie Presse, Wien, 25. Dezember 1902; Berlin 1907 (Die prosaischen Schriften, Bd. 2); Berlin 1924 (GW, Bd. 2, S. 189–205); Frankfurt 1959 (GW, Steiner, Prosa II, S. 32–47); Frankfurt 1979 (7 481–494); Frankfurt 1991 (XXXI 27–39).

Sprachkritische Momente durchziehen das gesamte Werk Hofmannsthals, finden ihren prominentesten Ausdruck jedoch in dem fiktiven *Brief* eines nicht minder fiktiven *Lord Chandos* an den Naturwissenschaftler und Philosophen Francis Bacon. Entstanden im August 1902 aus der Beschäftigung mit den Essays von Bacon, wurde der »Brief« im Oktober 1902 im Berliner ›Tag‹ publiziert, dann in die »Prosaischen Schriften« aufgenommen und in der lange Zeit maßgeblichen Ausgabe von Herbert Steiner unter die Prosa eingereiht, wodurch der fiktive Charakter vernachlässigt wurde. Es handelt sich um eine der meistdiskutierten, facettenreichsten Arbeiten des Dichters. Zwar haftet ihr nach einem Selbstzeugnis des Autors der Charakter einer »Confession« (XXXI 293) und des Persönlichen an (Bw Andrian 157), aber sie ist nicht, wozu man sie immer wieder stilisierte, Ausdruck einer Schaffenskrise oder gar der dichterisch verklärte Abschied vom vermeintlich lyrischen Jugendwerk, vielmehr fügt sich die Thematik vom Versagen der geläufigen Sprache und der Versuch, außergewöhnliche Erfahrungen in einer neuen Weise mitteilbar zu machen, in das Gesamtwerk ein. Hinzu kommt das Hofmannsthalsche Spiel mit der Maske, mit dem historischen Kolorit ebenso wie mit Anspielungen und Zitaten, die den Briefschreiber aus Zügen Spensers, Bacons, Goethes, Novalis' und des Autors selbst komponieren. Nicht ein verbrämtes Geständnis scheint der Konzeption zugrunde zu liegen, sondern das Interesse an der Epoche Bacons: Hofmannsthal träumte sich »in die Art und Weise hinein wie *diese* Leute des XVI. Jahrhunderts die Antike empfanden, bekam Lust etwas in *diesem* Sprechton zu machen und der Gehalt, den ich um nicht kalt zu wirken, einem eigenen inneren Erlebnis, einer lebendigen Erfahrung entleihen mußte, kam *dazu*« (Bw Andrian 160). – Der »Brief« verleiht der Unsicherheit und herausfordernden Fragwürdigkeit des eigenen Dichtens Gestalt und reiht sich in die Versuche ein, das Feld dichterischen Sprechens und bildhaften Ausdrucks gegenüber der Wirklichkeit zu vermessen und in seinen Grenzen zu legitimieren. Sprachkritische Momente, wie sie Hofmannsthal von Nietzsche her (»Gedankenspuk«) und aus Mauthners dreibändiger »Kritik der Sprache« bekannt waren und schon im Essay »Eine Monographie« (8 479–483) von 1895 vorweggenommen scheinen, verbinden sich mit einer Existenz- und Bewußtseinskrise, die durch die Auflösung der Sprache hindurch auch die Konstitution des Subjekts angreift (vgl. »Das Leben ein Traum« und die Essays von 1902 bis 1905). Der »Brief« bezeugt damit weder einen Ausnahmezustand noch eine Schaffenskrise, sondern die Konzentration eines werkübergreifenden Themenkomplexes und die Darstellung einer Grenz- und Krisensituation, die mit dem Beruf des Dichters grundsätzlich, und nicht nur zu diesem Zeitpunkt, besteht.

Die Bewegung einer Spirale beschreibend, auf höherer Ebene zum Anfang zurückkehrend, lassen sich zwei Grunderfahrungen Chandos' unterscheiden, die durch ein zweijähriges Stillschweigen getrennt sind: In der unwiderruflich zurückliegenden Phase dichterischer Produktivität schien ihm »in einer Art von andauernder Trunkenheit das ganze Dasein als eine große Einheit«. Dieser Totalitätserfahrung hat sich das Erleben der eigenen Identität bruchlos angeschlossen, denn indem er in allem »Natur« – das schlechthin Gegebene, unproblematisch Selbstverständliche – fühlte, erkannte er auch in aller Natur sich selbst. Dieses zwischen Geist und Körper, Ich und Welt nicht unterscheidende Totalitätsgefühl ist nun einem Zustand von Kleinmut und Kraftlosigkeit gewichen, für den vor allem ein abgründiger Zweifel an der Sprache verantwortlich zu machen ist, indem sich religiöse und irdische Begriffe entziehen. Der Verlust der Einheit macht es unmöglich, »über irgend etwas zusammenhängend zu denken oder zu sprechen«. Das Zerbröckeln der Zusammenhänge bewirkt, daß abstrakte Worte und Urteile nicht mehr ein Ganzes zu umspannen vermögen, sondern wie »modrige Pilze« zerfallen: »Es zerfiel mir alles in Teile, die Teile wieder in Teile«, lautet der berühmte Satz. Indem das Ganzheitsgefühl einer ungebrochenen Präsenz und die Anerkennung durch die Gesellschaft der äußersten Vereinzelung und der Erfahrung einer ›Differenz‹ weichen, zeigt sich aber, gleichsam in einer dekonstruktiven Bewegung, die Brüchigkeit jener unreflektierten, natürlichen Totalitätserfahrung. Jetzt erst wird deutlich, daß die Voraussetzung dieser Erfahrung in einer schlafwandlerischen Sicherheit und im »vereinfachenden Blick der Gewohnheit« lag; mit der reflexiven Erkenntnis dieser Grundlage ist das fraglose Selbst- und Weltgefühl vernichtet, desgleichen aber auch die Fähigkeit dichterischen Sprechens. Die Auflösung der Einheit in Teile hat die Worte selbständig und eigenwillig werden lassen. Chandos' Vertreibung aus dem Paradies hat einen Zustand geistloser Leere und Starrnis zur Folge, der sich äußerlich von dem seiner Gutsnachbarn nicht unterscheidet, bei ihm aber gerade Ergebnis einer Reflexion, bei ihnen Zustand der gewohnten Fraglosigkeit ist. Solange Chandos in der Selbstverständlichkeit lebte, konnte er davon – im

Unterschied zu seinen Nachbarn – dichterisch Zeugnis ablegen; erst indem er erkennt, und damit den Nachbarn voraus ist, verstummt er wie sie, erlischt aber nicht ganz. Denn es gibt da freudige, belebende Augenblicke, die weder willentlich herbeizuführen noch sprachlich zu veräußern sind; sie setzen voraus, daß man die »selbstverständliche Gleichgültigkeit« des Auges überwunden hat. Eine »unbegreifliche Auserwählung«, d.h. Vereinzelung im Unterschied zur früheren Totalität läßt dann einen einzelnen Gegenstand mit einer »Flut göttlichen Gefühls« erfüllen. Diese Bezauberung läßt sich nicht schildern, aber sie scheint geknüpft an nichtige, stumme, manchmal unbelebte Gegenstände der alltäglichen Umgebung, die gerade in ihrer »Zusammensetzung von Nichtigkeiten« eine »Gegenwart des Unendlichen« schenkt, die im Zustand selbstverständlicher Weltvertrautheit nicht möglich ist. So sind es nicht außerordentliche Reize der Natur (der gestirnte Himmel) oder Kunst (die Orgel), sondern das durch seine Nähe Übersehene, scheinbar selbstverständlich Gegebene (»eine Gießkanne, eine auf dem Felde verlassene Egge, ein Hund in der Sonne«), das fragwürdig und damit Anlaß einer ganz neuen Einsicht wird. In diesem Augenblick erfährt Chandos ein »ungeheures Anteilnehmen«, in dem ihm alles etwas zu sein scheint, als »bestünde mein Körper aus lauter Chiffren, die mir alles aufschließen«. Auf *höherer* Ebene kehrt er damit zu seiner früheren Erlebniswelt zurück: Wie ihm damals »geistige und körperliche Welt (...) keinen Gegensatz zu bilden« schienen, so weiß er jetzt nicht von diesen Zufällen, ob er sie »dem Geist oder dem Körper zurechnen soll«; ahnte ihm damals, »alles wäre Gleichnis und jede Kreatur ein Schlüssel der andern«, so scheint ihm nun alles etwas zu sein, »und es gibt unter den gegeneinanderspielenden Materien keine, in die [er] nicht hinüberzufließen vermöchte«. Beide Erfahrungen sind aber auch deutlich geschieden, wie Schlüssel und Chiffre: eine Phase dichterischer Sprachmächtigkeit ist einem Zustand sprachlosen Staunens gewichen, dem nichts mehr selbstverständlich scheint. Die dichterische Sprache der Selbstverständlichkeit kann nicht mehr die der Fragwürdigkeit sein; das Medium, in dem sie formulierbar wäre, wird daher konsequenterweise in die Utopie verlagert. Es wäre eine Sprache, die »mit dem Herzen zu denken« versuchte und »die stummen Dinge« zu Wort kommen ließe. Die extreme U-topie, der Un-ort des Todes ist der Ort dieser Sprache, in der Chandos sich »vielleicht einst im Grabe vor einem unbekannten Richter« verantworten wird. Von der Grenze und vom Ende, dem Tod, her legitimiert sich die Sprache: Erst indem es sie verschlägt, kann Wahrheit ausgesagt werden. Die Erfahrung des Lebens läßt sich nur um den Preis des Lebens vermitteln. Die »Supposition des quasi-Gestorbenseins« (10 599) weist den Weg von der selbstverständlichen Rede zum wahrhaften Sterbenswort.

Der »Brief« setzt sich damit der für das 20. Jahrhundert kennzeichnenden Paradoxie aus, mit den Mitteln einer anderen Sprache die Möglichkeit einer anderen Sprache zu leugnen, und bereitet sich somit den eigenen Boden, indem er sich ihn – wie der Hungerkünstler Kafkas – immer wieder bestreitet. Die Sprachkritik führt aber über das Moment der Paradoxie hinaus zu einer konkreten Aussage: Wenn Chandos im (ersten) Zustand der selbstverständlichen, unreflektierten Gewißheit um Welt und Ich seiner andauernden Trunkenheit sprachlichen Ausdruck verleihen konnte, sein (zweiter) Zustand der fragwürdigen, reflektierten Vereinzelung nur im Schweigen oder Verstummen – der Sprache der stummen Dinge – sich niederschlagen kann, dann muß das Instrument der Sprache selbst untauglich sein für die Vermittlung jener verschwiegen und einsam erfahrenen Situation einer augenblickhaften Entrückung. Hier werden Tanz, Pantomime und Musik entweder an die Stelle der Sprache treten oder ihr zumindest zu Hilfe kommen (vgl. 10 510). Ihren theoretischen Gewinn bespricht Hofmannsthal in Essays und erfundenen Gesprächen (»Furcht«), ihre praktische Bedeutung zeigt u.a. »Elektra«. Ist der Chandos-»Brief« die Maske, unter der ein eigenes inneres Erlebnis des Dichters nur Gestalt annehmen kann, so ergeben sich aus dem Spiegel einer ganzen Reihe von erfundenen Gesprächen Einblicke in Hofmannsthals Ästhetik, wobei auch Tanz und Pantomime berücksichtigt sind (s. S. 108f., 121).

Ausgaben: Der Tag, Berlin 18. und 19. Oktober 1902; Berlin 1907 (Die prosaischen Schriften, Bd. 1, S. 53–76); Berlin 1924 (GW, Bd. 2, S. 175–188); Frankfurt 1959 (GW, Steiner, Prosa II, S. 7–22); Darmstadt 1975 (Faksimile, hg. von R. Hirsch); Frankfurt 1979 (7 461–472); Frankfurt 1991 (XXXI 45–55).

Literatur: *35, S. 116–126; *44; *58, S. 106–117; *62, S. 60–66; *90, S. 142–156; *94, S. 360–383; *136; *152; *153, S. 117–126; *227; *229; *235, S. 105–141; *241; *248, S. 57–85; *249; *253, S. 113–127.

Das Gespräch über Gedichte (1903, XXXI 74–86), dessen zweiter Teil, eine Betrachtung über den Leser, unvollendet blieb (XXXI 332–335), nähert sich mit zwei selbständigen Stimmen einer Bestimmung des dichterischen Symbols (vgl. dazu »Poesie und

Leben«, S. 148), das nicht als Stellvertreter oder Ersatz ausgelegt wird, sondern als der Blick, der »jedes Ding jedesmal zum erstenmal sieht« (XXXI 79) und aus ihm sein Eigenstes herausschlürft. Hergeleitet wird das Symbol aus dem symbolischen Opfertod des Tieres, das zuerst auch nicht als Ersatz (für den Menschen) getötet wurde, sondern bei dem der Opfernde selbst »einen Augenblick lang ... in dem Tier gestorben war«, ein Gedanke, der zur gleichen Zeit in »Elektra« von Bedeutung ist. (Vgl. *83, S. 149–154; *214, S. 147–151).

Den Versuch über »Das Schöpferische« (XXXI 92–98) sowie die Deutungen zu Keller (*Unterhaltung über die Schriften von Gottfried Keller*, XXXI 99–106), Goethe (*Unterhaltung über den ›Tasso‹ von Goethe*, XXXI 107–117) und Jakob Wassermann (*Unterhaltungen über ein neues Buch*, XXXI 135–145), alle aus dem Jahr 1906, konnte und wollte Hofmannsthal offenbar, ungeachtet ihrer Funktion als Kritik, nicht als kritische Prosa vorlegen, sondern gab ihnen die anschaulichere und lebendigere, prismatisch gebrochene Form des fiktiven Gesprächs, das keine eindeutige Position bezieht, sondern den Charakter des Offenen bewahrt. Besonders das Tasso-Gespräch fällt durch die doppelte Konfiguration der an Goethes Drama gewürdigten Gesellschaft und den darüber sprechenden beiden Paaren (hinter denen wohl die Ehepaare Hofmannsthal und Nostitz stehen) heraus; im Spiegelbild wird »das Zusammenleben einer Gruppe geistiger und kultivierter Menschen«, von Realität und Fiktion, des frühen 20. und des späten 18. Jahrhunderts (das eine Situation des 16. spiegelt) vorgeführt, gleichzeitig aber eine der subtilsten Deutungen vorgelegt, die Goethes Drama je erfahren hat (vgl. *88). Es scheint, als ob sich von hier ein Weg zur Komödie verfolgen ließe und man dem Brief an Helene von Nostitz folgen könne, wonach es im »Tasso Feuilleton um die Möglichkeiten, die im Verhältnis complicierter und höher organisierter Menschen überhaupt liegen, geht, und nicht nur gerade um *diese* 4 Menschen« (Bw Nostitz 39). Während hier die Gesprächspersonen beinahe gleichberechtigt neben die erörterten Dramenfiguren treten, dominiert in den »Unterhaltungen über ein neues Buch« (Wassermanns »Die Schwestern«) sogar die aus der Lektüre hervorgehende subjektive Wirkung auf einzelne Leser über den literarischen Gegenstand selbst. Dazu wird eine epische Umgebung aufgebaut, in der die einzelnen Gesprächspartner individuelle Bedeutung erlangen und ihren Standpunkt vortragen, ohne daß es zu einer Diskussion kommt.

Der Dialog zweier Tänzerinnen, *Furcht* (XXXI 118–125), entstand 1906/07 und stellt, unter dem Eindruck der amerikanischen Tänzerin Ruth St. Denis, Hofmannsthals Ästhetik des Tanzes zur Diskussion. Während Hymnis vom pantomimischen, auf Einfällen der Dichter beruhenden Tanz berichtet, ist Laidion durch die Erzählung eines Matrosen vom Tanz auf einer fernen Insel sensibel geworden für die entscheidende Frage, ob der Tanz Glück zu schenken vermag. Die Vision dieses an Tempelprostitution und Initiationsriten mahnenden Tanzes läßt sie erkennen, daß der einheimische Tanz immer von Wünschen, Hoffnungen, Furcht »gezeichnet«, d.h. nicht er selbst ist. Sie tanzt schließlich selbst, kaum mehr sich gleichend, den Tanz einer »barbarischen Gottheit«, aus dessen ekstatischem Glück ohne Hoffnung sie vernichtet in die Wirklichkeit zurücksinkt. – Hofmannsthal hat den Text nach dem Erstdruck in der ›Neuen Rundschau‹ 1907 für den 3. Band der »Prosaischen Schriften« (1917) gekürzt; Pläne zur Fortsetzung – und zu einer Auseinandersetzung mit der Marionette Kleists (XXXI 175ff., 388f.) – wurden nicht verwirklicht (vgl. *101, S. 91–98; *250).

Die Briefe des Zurückgekehrten aus dem Jahr 1907 gehören zum wertvollsten Teil von Hofmannsthals erzählerischem Werk; sie sind reine Fiktion und nicht umsonst verlieren sich ihre Spuren später im »Andreas«-Roman. Von den fünf auf 1901 datierten Briefen hat Hofmannsthal einmal die ersten drei in der Zeitschrift ›Morgen‹ im Sommer 1907 publiziert, während die beiden letzten unter dem Titel »Das Erlebnis des Sehens« zuerst 1908 in ›Kunst und Künstler‹, dann in den »Prosaischen Schriften« 1917 (3. Band) erschienen und auch in die »Gesammelten Werke« (1924) unter dem Titel »Die Farben« aufgenommen wurden. Ihr Gegenstand sind die Bilder van Goghs, nachdem Hofmannsthal zuvor Meier-Graefes »Impressionisten«-Buch studiert hatte. Aus dem Nachlaß ist die komplizierte Textgenese und die Verbindung zu anderen Werken genau rekonstruierbar; der bedeutsame Welsberger Traum vom 18. Juli 1907 (XXXI 444) hat Hofmannsthal ein Leben lang beschäftigt. – Die dem äußeren Geschehen zugrundeliegende Idee, Europa aus der Sicht eines aus dem fernen Osten (stammenden, hier:) zurückkehrenden Beobachters zu zeigen, hatte schon 1902 das fragmentarische »Gespräch zwischen einem jungen Europäer und einem japanischen Edelmann« (XXXI 40–44, vgl. auch den Malayen Pedro in »Cristinas Heimreise«, ferner den Heimkehrer Elis im »Bergwerk«) genutzt, um die westliche Kultur durch den gleichsam ethnographischen Blick unheimlich fremd werden zu lassen und damit zu objektivieren. – Der nach 18 Jahren von einer Weltreise Zurückgekehrte schildert zunächst seine Enttäuschung über das wilhelminische Deutschland, das er nicht mehr mit seinen Erinnerungen zu verbinden vermag. Vor allem ein vages ›Existenzgefühl‹ läßt ihn spüren, daß er in dieser Umgebung sich selber verlieren könne. Die in der Fremde allenthalben deutliche Selbstbestimmtheit, die er mit einem Lieblingsaphorismus (von Robert Steele; vgl. Bw Bodenhausen 78 und 8 429) »The whole man must move at once« umschreibt, fehlt ihm gänzlich bei den Deutschen, die nicht wissen, auf was hin sie leben. Ihre Reden und Gesichter empfindet er als austauschbar, während »draußen« die Menschen aus einem Guß, eins mit sich selber waren. Hier, wo die Kopfgedanken nicht zu den Gemütsgedanken passen und die Frömmigkeit des Lebens nicht existiert, fühlt er sich unheimlich, vom Atem »nicht des Todes, sondern des Nicht-Lebens« vergiftet. In dieser Krise führt ihn ein Zufall in eine van Gogh-Ausstellung. In einer plötzlichen, unzerlegbaren Vision verliert er sein Selbstgefühl an diese grellen Bilder und bekommt es mächtig wieder zurück, verliert es wieder. Es ist keine Harmonie, sondern das »innerste Leben« und die Wucht des Daseins, die hier jeden Gegenstand zu einem Wesen macht. Dieses geheimnisvolle »Sehen« steht im doppelten Kontext: zum einen gibt es dem Zurückgekehrten Rechtfertigung und Antwort, wörtlich: »nach ungemessenem Taumel festen Boden unter den Füßen«. Das Gefühl, den Boden unter den Füßen zu verlieren, war der erste Eindruck in Europa gewesen und hatte, im 4. Brief, zu der Sehnsucht »nach festem Boden, fort aus Europa« geführt. Die Kunst van Goghs bindet sich als einziges Erlebnis in Europa an die ekstatischen Erfahrungen des Zurückgekehrten an. Kunst zeigt sich hier als Insel des Widerstandes in einem Meer der Uneigentlichkeit. Zum anderen schließlich erfährt der Zurückkehrer van Gogh als die Vision der Auferstehung vom Nicht-Leben des modernen Europa; nicht zufällig erst nach »drei Tagen« kann er annähernd davon berichten. Diese Bilder setzten die Erfahrung vom »ewigen Nichts« Europas voraus, heben sich aber dann »wie neugeboren aus dem furchtbaren Chaos des Nichtlebens, aus dem Abgrund der Wesenlosigkeit entgegen«. – Vor dem Hintergund der Erweckung Rama Krischnas (XXXI 172) rückt das »Erlebnis des Sehens« in die Dimension einer ebenso territorialen wie religiösen Entrückung – als Entrückung in ein wesenhaftes, fernöstlich besetztes Leben, und in ein ewiges, religiös besetztes Leben nach dem Tod. Die Farben werden zur Sprache, »in der das Wortlose, das Ewige, das Ungeheure sich hergibt«, zugleich aber auch zur »Grotte«, zur Nische der Identitätsfindung.

Ausgaben: Morgen. Wochenschrift für deutsche Kultur (21. 6., 5. 7. und 30. 8. 1907, Briefe 1–3); Kunst und Künstler 6, 1908, S. 177–182 (»Das Erlebnis des Sehens«, Briefe 4–5); Berlin 1917 (Die prosaischen Schriften, Bd. 3, S. 121–143: »Die Farben«; Briefe 4–5); Berlin 1924 (GW, Bd. 2, S. 206–219: »Die Farben«; Briefe 4–5); Frankfurt 1959 (GW, Steiner, Prosa II, S. 279–310); Frankfurt 1979 (7 544–571), Franfurt 1991 (XXXI 151–174).

Literatur: *90, S. 157–179; *165, S. 86–107; *235, S. 142–155.

Dem Umkreis einer Konfrontation von Orient und Okzident gehören auch die Briefe der »Frau von Grignan an ihre Mutter« an, in deren Mittelpunkt ein Chinese steht. Mit Ausnahme des Gesprächs über seine »Helena«-Oper wird von »Erfundenen Gesprächen und Briefen« (alle Fragmente in XXXI) kein Plan mehr verwirklicht, obschon sich unter den Fragmenten originelle Versuche zu Poussin oder dem Gespräch zwischen Essex und seinem Richter finden. Neben selbstkritischen Ansätzen zu »Dominic Heintl«, »Florindos Werk« und »Der Schwierige« verdienen noch die der Gegenwartsanalyse geltenden Notizen Aufmerksamkeit, der »Dialog über das Zeitgemäße«, »In Erwartung der Zukunft« und der »Brief an einen Gleichaltrigen« (i. e. Martin Buber).

8. Das erzählerische Werk

Hofmannsthals reichhaltiges, zu lange von der Forschung vernachlässigtes Erzählwerk läßt sich nach keiner Seite begrenzen; nicht nur umfaßt es die gesamte Schaffenszeit zwischen 1889 und 1929, auch die Grenzen zu den anderen Gattungen sind fließend: Prosagedichte und manche lyrische Passage stellen die Verbindung zur Lyrik dar, und einige Male versucht der Dichter, einen Stoff episch und zugleich dramatisch in den Griff zu bekommen, so bei »Der Kaiser und die Hexe«, dem »Bergwerk zu Falun« (mit dem »Märchen von der verschleierten Frau«), dem »Mann von fünfzig Jahren« und dem »Lucidor«-»Arabella«-Komplex, am prominentesten freilich beim Doppelwerk der »Frau ohne Schatten«. Neben die wenigen von Hofmannsthal selbst publizierten Erzählungen treten mehr als sechzig Fragmente, vor allem aber der Romantorso »Andreas«, das gewichtigste Nachlaßwerk, sowie die Gruppe der »Erfundenen Gespräche und Briefe« (s. S. 112 ff.).

Eigenart und Problematik des Erzählwerks kommt beispielhaft in einem Novellenfragment aus dem Jahr 1895 zum Ausdruck, dessen

> »Held sich sucht, jenes große Ich, ›das nicht in uns wohnet und seinen Stuhl in die oberen Sterne setzt‹; eine Geschichte die ihren Schwerpunkt in der transcendentalen Welt hätte. Exstatische Momente der Erhöhung (Ergreifen des Genius), Momente der Verlassenheit, auch ein Beschleichen und ahnendes Schauen, wie Actäon durch die Büsche die Schönheit der Göttin beschleicht« (XXIX 48).

Das Motiv des sich selber Suchens macht den namenlosen Helden dieser Novelle zu einem Archetypus des Hofmannsthalschen Werkes, das sich hier, wie so oft, einer Anregung von außen verdankt. Ein aus Schopenhauers »Transzendenter Spekulation über die anscheinende Absichtlichkeit im Schicksale des Einzelnen« übernommenes Paracelsus-Zitat (»unser Geist, der nicht in uns wohnet und seinen Stuhl in die oberen Sterne setzt«) wird zum Anlaß, einem – im weiteren Verlauf des Fragments – durch »immer stärkere Magie« bestimmten Lebensweg seinen Schwerpunkt in einer überrealen, nur ekstatisch erreichbaren Welt anzuweisen. Der Wechsel von »Erhöhung« und »Verlassenheit« entspricht dem geplanten Ineinander von autobiographischer Erfahrung aus der Militärzeit (XXIX 49, Z. 27–30) und mythischer Typisierung (im Hinweis auf Michelangelos Sündenfallbild und das »eritis sicut deus«), aber auch der Unentschiedenheit zwischen den von Hofmannsthal immer wieder und auch hier umworbenen Idealformen von ›Novelle‹ und ›Märchen‹, für das bezeichnenderweise Motive aus »1001 Nacht« herangezogen werden. Schließlich verweist die Anspielung auf den neugierigen Actäon zur Entstehungszeit des Fragments auf Hofmannsthals Sicht vom Dichter als einem neuen Actäon, der »die Elemente des kugelförmigen Daseins« (XXIX 294) in sich sammelt. Der Gedanke am Ende des kurzen Fragments: »Ein Traum von großen Magiern«, deutet bereits auf die Gestaltung des Problems im gleichnamigen Gedicht hin (s. S. 25).

Unter den frühesten Erzählungen ragt die psychologische Novelle *Age of Innocence* von 1891 durch ihre subtile Analyse der pubertären Durchdringung von Lust und Grauen, des erwachenden Erstaunens über sich selbst heraus. Verschiedene Ansätze, zwischen Er- und Ich-Erzählung schwankend, verzeichnen »Stationen der Entwicklung«, wobei der Lebensweg aber nicht als gerade Linie mit Anfang und Ziel erscheint, sondern als eine Reihe von Kreuzwegen, »und jeder Punkt ist der mögliche Ausgangspunkt zu unendlichen Möglichkeiten«. Die Unmöglichkeit eines unmittelbaren Erlebens und die »peinliche Geschicklichkeit, sich selbst als Object zu behandeln«, nehmen der Kindheit ihre Unschuld und wiederholen sich in der »Knabengeschichte« und dem »Andreas«.

Ausgaben: Berlin 1930 (Loris. Die Prosa des jungen Hofmannsthal, S. 7–19); Frankfurt 1956 (GW, Steiner, Prosa I, S. 128–139); Frankfurt 1978 (XXIX 15–24); Frankfurt 1979 (7 19–29).

Literatur: *76, S. 10–19; *208, S. 56–65.

Die Notizen zu der Geschichte zweier Brüder, *Amgiad und Assad*, 1895, zeigt den bei allen Märchen Hofmannsthals entscheidenden Einfluß der Sammlungen aus »Tausendundeiner Nacht«, die er u.a. in den Dalzielschen illustrierten Ausgaben benutzte (vgl. V 313 ff.). Der vor allem während der Militärzeit in Göding entworfene Plan versucht, an dem Brüderpaar die Schwere und die Trunkenheit des Lebens vorzuführen, Bewußtsein und Instinkt einander gegenüberzustellen. So sollte der eine, »der die vielen Abenteuer hat«, zugleich auch die »Gabe des Lebens« besitzen, während der andere »das Leben fortwährend harmonisch, aber wie hinter einer Glasscheibe sieht«, ohne sich ihm unmittelbar verbinden zu können. (Im Anschluß an Ausführungen von Rudolf Kassner und O. F. Bollnow hat Karl Pestalozzi die Herkunft von Hofmannsthals ›Lebens‹-Begriff über die sogenannte Lebensphilosophie zurück aus Schopenhauers Willensmetaphysik und schließlich dem Naturbegriff des Sturm und Drang verfolgt; *35 14–17). Indem dieser Bruder »gleichsam mit einem halben Auge übers Leben hinaus« sieht, »wie einer der träumt und dem die reale Welt hineinspielt weil er nicht tief genug schläft«, ist es nur konsequent, wenn dieser, Assad (in der Quelle bleiben die Brüder beide am Leben, aber Hofmannsthal vertauscht zusätzlich noch ihre Namen), den Tod finden sollte. Es kennzeichnet Hofmannsthals Dichtungsverfahren dieser Jahre insgesamt, daß »an der Betrachtung des Todes (...) das Lebensgefühl erwacht«, während die Gabe des Lebens unbewußt bleibt und sich im »Kampf mit den Widerstrebenden Mächten« auslebt. Es ist die Grundkonstellation von abenteuerhaftem Leben und entsagungsvoller Kunst, wie sie der Vortrag »Poesie und Leben«

theoretisch, »Der Abenteurer und die Sängerin« theatralisch-ironisch aufgreifen.

Ausgaben: Frankfurt 1978 (XXIX 37–43); Frankfurt 1979 (7 38–44).

In dem 1895 geschriebenen *Märchen der 672. Nacht* wird die Geschichte »von dem jungen Kaufmannssohn und seinen vier Dienern« erzählt, die ein Schlüsselwerk der Wiener Schriftstellergeneration um die Jahrhundertwende ist; seinen zeittypischen Charakter enthält das vielfach ausgedeutete Werk u.a. durch Parallelen zu Leopold von Andrians »Der Garten der Erkenntnis«, die Widmung an den (und beinahe Identifizierung mit dem) mit Hofmannsthal befreundeten Richard Beer-Hofmann (»de te fabula narratur«), das Interesse Schnitzlers, der das Märchen als Traumdarstellung las, sowie die Bezüge zum Schicksal Oscar Wildes und zum Werk Maurice Maeterlincks. Daneben treten aber auch autorrepräsentative Züge hervor, wie die Briefe aus dem Jahr 1895 an Edgar Karg von Bebenburg und Beer-Hofmann deutlich machen. Der elternlose, reiche Kaufmannssohn ist, wie später die Hauptgestalt des »Andreas«-Romans, einer, der sich selber sucht, sich aber nicht zu finden vermag. Der von Hofmannsthal absichtlich inszenierte Zug ins Unbestimmte, etwa ob die Geschichte den Orient von »1001 Nacht« oder die Gegenwart zum Thema habe, ist mit der Realismus und Psychologie vernachlässigenden Darstellungsform des Märchens verbunden und zugleich das Kennzeichen seiner Titelfigur. Der namenlose Erbe erweist sich als durchgehend fremdbestimmt, als Objekt heterogener Einflußsphären, seines Vaters zunächst und des von ihm vererbten materiellen Reichtums, sodann vor allem seiner vier Diener, die er »stärker, eindringlicher« leben fühlt als sich selber, und schließlich der Reihe von Begegnungen, die seinen Weg in den Tod säumen: Des Briefes, des Juweliers, des bösartigen Kindes, der Soldaten und am Ende sogar der häßlichen Pferde. Statt daß ihn der Tod wie ein prächtiges, aber »wunderbares Geschick« ereilt, wird er das Opfer einer sinnlosen und häßlichen Verletzung, die ihn mit eben dem bösen Ausdruck der Pferde und ihren entblößten Zähnen sterben läßt. Sowenig er damit seinen individuellen Tod stirbt, sowenig hat er seinen Lebensweg gefunden. Das eindringlichste Anzeichen seiner verfehlten Existenz ist sein durchgängiger, Grauen erregender Eindruck, von Augen und Blicken der anderen (wie des Kindes im Glashaus) verfolgt zu werden: »er fühlte, ohne hinzusehen, daß die Augen seiner vier Diener auf ihn geheftet waren. Er wußte, ohne den Kopf zu heben, daß sie ihn ansahen, ohne ein Wort zu reden, jedes aus einem anderen Zimmer«. Die Beeinflußbarkeit, die durch kein in sich gegründetes Selbst ausbalanciert ist, setzt ihn einem »Chamäleondasein« (XXVIII 210) aus, indem er sich in fremde Existenzen hineinstiehlt und sich leiten läßt. Die Angst vor der »Unentrinnbarkeit des Lebens« endet im Tod. Eine Gegenmöglichkeit, die sich den Lebensweg nicht von außen aufoktroyieren läßt, sondern ihn sich selbst erzwingt und mit der sich der Kaufmannssohn gleichwohl zu identifizieren versucht, zeigt jener »sehr große König der Vergangenheit«, Alexander, der Hofmannsthal schon in einem Dramenplan (XVIII 10–24) und wieder im wichtigen Brief an Beer-Hofmann vom 15. Mai 1895 beschäftigte (Bw 47 f.). Während Alexander an das Potemkinsche Dorf seines Reiches und seiner Macht glaubt, verfällt der Kaufmannssohn gleichsam selbst-los der (Hofmannsthal von Paul Bourget zugetragenen) Erkenntnis »n'appuyez pas, il faut glisser la vie« (vgl. *243).

Im Untergang des Märchenhelden eine Abrechnung mit dem schönen Leben des Ästhetizismus zu sehen, wie Alewyn (*34) und Schings (*69) das Märchen verstehen, rückt es in die Nähe des ›Gerichtstages‹ von »Tor und Tod«; in der Familienkonstellation bzw. einer in den Dienern angedeuteten Ersatzfamilie sehen die psychoanalytisch, bzw. psychosoziologisch ausgerichteten Arbeiten von Cohn (*170) und Janz (*220) das Zentrum des Konfliktes. Weder die Erzähltheorie (*94) noch die Beziehung mathematischer Zusammenhänge zur Deutung der Zahl 672 konnten das Verständnis der rätselhaften Geschichte entscheidend aufhellen.

Ausgaben: Die Zeit (Wien), 2., 9., 16. November 1895; Wien und Leipzig 1905 (Das Märchen der 672. Nacht und andere Erzählungen, S. 7–46); Berlin 1924 (GW, Bd. 2, S. 121–142); Leipzig 1927 (Drei Erzählungen, S. 7–30); Frankfurt 1953 (GW, Steiner, Erzählungen, S. 7–28); Frankfurt 1975 (XXVIII 13–30); Frankfurt 1979 (7 45–66).

Literatur: *34, S. 168–186; *59; *66, S. 37–77; *69; *94, S. 312–332; *170; *208, S. 156–208; *220, S. 128–148; *228, S. 41–64; *248, S. 23–46.

Die lediglich in einem äußerlichen Sinne unvollendete *Soldatengeschichte* (XXIX 50–62; 7 67–81) von 1896 – einer von mehreren Wegen, die Erfahrungen des Militärjahres zu formen –, mündet im Gegensatz zum »Märchen der 672. Nacht« in eine Überwindung des Solipsismus. Der mit seinen Kindheitserinnerungen und Ängsten alleingelassene Dragoner fühlt sich in der äußersten Verlassenheit, für die der Garten Gethsemane steht, von einem Zeichen Gottes getroffen. Aus der Sinnkrise seines Daseins rettet ihn ein »compliciertes Verwandtschaftsanlehnungsgefühl an Gott« (XXIX 301), ein Moment beinahe mystischer Entrückung, der aber ebensowenig Hofmannsthals strenger Selbstzensur standhalten konnte wie die *Geschichte der beiden Liebespaare* (XXIX 65–80; 7 82–99). Die erhaltenen Fragmente decken knapp die Hälfte der ausgeführten, aber nach der Kritik Beer-Hofmanns verworfenen Novelle ab und erzählen das Ende zweier Liebesbeziehungen. Der unaufhaltsame Tod Thereses, bei der die Züge des Unfruchtbaren und Unmütterlichen, kindlich Unfertigen und Leeren betont sind, ist verflochten mit der im Erzähler erlöschenden Liebe zu der knabenhaften Anna. Die damit kontrastierende lebendige, fruchtbarere und zugleich gemeine Existenz der Gärtnerfamilie und ihrer Kinder befreit das Erzähler-Ich aus seiner traumhaften Befangenheit und führt es zu sich selbst.

Spuren einer intensiven Beschäftigung mit den Erzählungen aus »Tausendundeiner Nacht« lassen sich in fast allen Schaffensperioden und Gattungen Hofmannsthals nachweisen (*108). 1906 schrieb er eine Einleitung zur Neuübersetzung (8 362–369), in der er die Eigenart morgenländischer Sprache und Dichtung darin erkennt, »daß in ihr alles Trope ist, alles Ableitung aus uralten Wurzeln, alles mehrfach denkbar, alles schwebend«. Die besonders zwingende dichterische Gestaltung einer Vorlage aus »1001 Nacht« liegt im Fragment *Der goldene Apfel* aus dem produktiven Herbst des Jahres 1897 vor. Der Mord an der vermeintlich untreuen Ehefrau – der als Geschenk des Mannes bedeutsame Apfel kommt durch die Schuld ihres Kindes, nicht der Frau, in die Hände eines verführerischen Mannes – wird zu einer Studie über das von Macht und Besitz beherrschte Verhältnis von Mann und Frau, darin ähnlich der gleichfalls tragischen »Hochzeit der Sobeide«. Der *goldene* Apfel ist Zeichen einer künstlich, nicht unmittelbar (paradiesisch) beglaubigten Beziehung, in die die soziale Überlegenheit der Frau wie die damit provozierte Unterwerfungsphantasie des Mannes hineinspielt. Sie erhalten ihren Ausdruck durch die von Stolz und Demütigung bestimmte Inschrift auf dem Apfel »Du hast mir alles -«, wobei der Strich das Wort »hingegeben« ersetzt, zugleich aber auch Zeichen der Macht und der Ersetzung von Unmittelbarkeit (Hingabe) durch Vermittlung (Schrift, Zeichen), mithin zum Zeichen des Zeichens wird und schließlich dessen tödliche Gewalt dekonstruiert. Auch das Kind setzt den geraubten Apfel nicht bloß als Besitz, sondern als Machtmittel ein und verschafft sich Zugang zur verschlossenen, geheimnisvollen Welt der Tiefe, seiner eigenen dunklen, noch unergründeten Sexualität.

Ausgaben: Die neue Rundschau 1930, S. 500–512; Frankfurt 1953 (GW, Steiner, Erzählungen, S. 29–48); Frankfurt 1978 (XXIX 91–106); Frankfurt 1979 (7 104–120).

Literatur: *66, S. 77–107.

Die knappe *Reitergeschichte* ist eine der hermetischsten, am modernsten anmutenden Produktionen des Dichters, daher auch mit seltener Intensität interpretiert, vom Autor selbst aber geringschätzig als Schreibübung abqualifiziert worden (Bw Insel-Verlag 462). Als rätselhaft erweisen sich nicht nur die weitgehend ungeklärten Umstände der Entstehung – die Novelle erschien in der Wiener ›Neuen Freien Presse‹ an Weihnachten 1899 –, sondern auch der aus Schnitzlers Tagebuch (vom 12. Dezember 1902) überlieferte Plagiatverdacht, mehr noch aber die Antwortlosigkeit auf die von Alewyn (*34) schon früh formulierte Frage: »Warum muß der Wachtmeister Anton Lerch sterben?« Ebenso umstritten wie die Anzahl der Sinneinheiten des Textes – es liegen Vorschläge vor, drei, vier, fünf, bzw. acht Abschnitte zu unterscheiden –, ist die Methode des Zugangs. Nach früheren, gattungs- oder erzähltheoretisch, aber auch sozialhistorisch und politisch vorgehenden Studien zeichnet sich in den letzten Jahren verstärkt der Versuch ab, soziopsychologische (*153), rezeptionsästhetische (*253) oder semiologisch-strukturanalytische Modelle zu bemühen. Dabei ist deutlich geworden, daß sich verschiedene Wirklichkeitsebenen, innere und äußere, symbolische und reale Erfahrungen ineinanderschieben. Die Vernetzung erotischer Besitzbegierde mit sozialen Aufstiegsphantasien, das Verhältnis der alptraumhaft zerdehnten Dorfepisode und der anschließenden Begegnung mit dem Doppelgänger – zwischen Todesverkündigung und Ichspaltung schwankend – ist ebenso untersucht worden wie die Farb- und Tiersymbolik. Die dabei bislang übersehene Tatsache, daß der historisch nachweisbare Streifzug vom März 1848 auf den symbolisch befrachteten 22. Juli verlegt wird, den St.-Magdalenentag, gibt einen Hinweis: Wie schon in der frühesten Prosageschichte des Fünfzehnjährigen, »Der Geiger vom Traunsee« (XXIX 7–12), wird im Drama »Die Frau im Fenster« (besonders III 111 f.) der Magdalenentag Zeichen einer ambivalenten, ›kritischen‹ Situation, nach dem Volksglauben Glücks- und Unglückstag zugleich. Das Wechselspiel von Attacke und Hemmung prägt die erfolgreichen Auseinandersetzungen des Vormittags, den Einzug in Mailand und die Dorfepisode ebenso wie sich die Durchdringung von Ordnung und Chaos, von Regel und Abweichung zu einer Serie von (dreifach angesprochenen) Glücksfällen zu verdichten scheint. Lerchs Erlebnis mit der unzweideutigen Vuic beginnt mit einem Ausscheren aus der Truppe, fortan reitet er tagträumend »seitwärts« der Kolonne und biegt »seitlich« in das Dorf ab. Der als Ausnahme deutlich gemachte Glücksfall wird zum Splitter im Fleisch, der schwärende Wünsche und Begierden erotischer, militärischer, sozialer und ökonomischer Gewalt nicht mehr integrierbar macht. Zeichen der Ambivalenz des Glücksfalls und der »lautlos um sich greifenden Gefährlichkeit kritischer Situationen« ist die Todessymbol und Ichspaltung umfassende Vorstellung vom Doppelgänger und die zwischen Unschuld (weiß) und Schuld (rot) offene Farbensymbolik.

Ausgaben: Neue Freie Presse (Wien), 24. Dezember 1899; Wien und Leipzig 1905 (Das Märchen der 672. Nacht und andere Erzählungen, S. 47–71); Wien 1920; Leipzig 1927 (Drei Erzählungen, S. 31–46); Frankfurt 1953 (GW, Steiner, Erzählungen, S. 49–62); Frankfurt 1975 (XXVIII 37–48); Frankfurt 1979 (7 121–131).

Literatur: *34, S. 79–87; *58, S. 57–67; *94, S. 332–353; *107; *141; *153, S. 101–117; *171; *186; *228, S. 65–90; *253, S.109–112.

Das *Erlebnis des Marschalls von Bassompierre* wurde während des ergiebigen Parisaufenthaltes im Frühjahr 1900 geschrieben. Da Hofmannsthal Goethes Novelle aus den »Unterhaltungen deutscher Ausgewanderten« als Vorlage nutzte (die ihrerseits eine Übersetzung aus Bassompierres Autobiographie ist) und ihrer anekdotischen Knappheit durch Hinzufügung von Einzelszenen und Personen eine homogene Atmosphäre und das Vierfache ihres Umfangs gab, bietet das Erzählwerk einen einmaligen Einblick in die poetische Vorgehensweise. Die bewußte Abweichung von der Vorlage läßt die Intention des Dichters erkennen, konnte ihm aber den Plagiatsvorwurf nicht ersparen, gegen den ihn damals Karl Kraus verteidigte. Als das unerhörte Ereignis der Novelle hebt Hofmannsthal die trotz aller subtilen Individualisierung und Beseelung in ihrer Anonymität und Unverstandenheit fremd bleibende Gestalt der schönen Krämerin heraus. Einmaligkeit und Wiederholbarkeit, Erlebnis und Episode, Identität (»weil du bist, der du bist«) und Austauschbarkeit (Bassompierre verwechselt die Krämerin mit einer anderen;

ihrem Mann fühlt er sich nicht gewachsen, ›ersetzt‹ ihn aber zeitweise als ihr Liebhaber) bleiben rätselhaft aufeinander bezogen und erhalten ihren Stellenwert aus der symbolischen Polarität von Liebesflamme und Todesfeuer. Damit holt Hofmannsthal den zeitlich fernen Stoff in die Gegenwart hinein, um so »fernes Fremdes als nah verwandt spüren zu machen« (Bw Andrian 161).

Ausgaben: Die Zeit (Wien), 24. November und 1. Dezember 1900; Wien und Leipzig 1905 (Das Märchen der 672. Nacht und andere Erzählungen, S. 73–96); Wien 1920 (Reitergeschichte, S. 27–45); Berlin 1924 (GW, Bd. 2, S. 160–172); Leipzig 1927 (Drei Erzählungen, S. 47–62); Frankfurt 1953 (GW, Steiner, Erzählungen, S. 63–75); Frankfurt 1975 (XXVIII 49–60); Frankfurt 1979 (7 132–142).

Literatur: *34, S. 87–95; *94, S. 305–310; *201.

Aus denselben Tagen (des April 1900) stammt das Fragment gebliebene *Märchen von der verschleierten Frau*, das den Stoff vom »Bergwerk zu Falun« in einer an Novalis angelehnten Haltung fortschreibt: Hyacinths Faszination durch die verschleierte Frau (der Bezug zu den »Lehrlingen zu Sais« ist deutlich) wird weniger, wie in der dramatischen Gestaltung, als Reise in die Tiefe denn als ein Gang ins Innere gedeutet, gemäß dem Wort aus dem »Ofterdingen«-Roman: »Wo gehen wir denn hin? Immer nach Hause«. Was Hyacinth als Er-Innerung versteht, erweist sich als eine geheimnisvolle Vorankündigung und »Vorausspiegelung« (XXIX 143). Motive aus Goethes »Märchen« und den Erzählungen aus »1001 Nacht« sowie das Symbol der Schattenlosigkeit weisen schon auf »Die Frau ohne Schatten« voraus.

Ausgaben: Corona 9 (1939), S. 414–424; Frankfurt 1953 (GW, Steiner, Erzählungen, S. 76–86); Frankfurt 1978 (XXIX 135–147); Frankfurt 1979 (7 143–156).

Literatur: *66, S. 107–126; *173, S. 126–180.

Die Notizen zu einer Erzählung *Der Park* (XXIX 156–162) von 1903/05 bilden ein Glied in der langen Kette von ›Selbstversuchen‹ Hofmannsthals, Möglichkeiten und Grenzen des eigenen Dichtens zu erforschen. Die bald als Dichter, bald als Hofrat charakterisierte Hauptfigur erlebt einen glücklichen Augenblick im Laxenburger Park nahe Wien. Der Verkehrsweg durch das Gedränge der Mitmenschen ruft das Gefühl von der Gleichzeitigkeit seiner Lebensalter in ihm wach, in dem nichts vergangen ist, sondern er sich in den anderen wiederfindet, alles noch einmal durchgemacht werden muß. Die »starre Umgrenzung des Ichgefühls« löst sich in ihre Teile auf – ein »ameisenhaft kribbelnder Zustand«. Der Schutzraum des geschlossenen Parks – ein Ort zwischen Natur und Kultur – bietet dagegen die immer wieder bedrohte Euphorie einer schöpferischen Vision, einen Augenblick lang die Fülle des Herzens unsterblich zu machen. Bezeichnenderweise sollte dieser »ewige Augenblick« (XXIX 352) mit dem Tode bezahlt werden – hier zeigt sich die zeitliche Nähe zu »Elektra«. Die seismographische Sensibilität des Dichters (vgl. »Der Dichter und diese Zeit«, sowie XXIX 353, Zeile 27) sollte in eine Wahrnehmung der östlichen, asiatischen Welt münden. Ursprünglich angeregt durch die Japanbücher Lafcadio Hearns, dem Hofmannsthal eigens einen Essay widmete (8 331–333), wurde dieser Zusammenhang 1917 unter dem Titel »Der Mann des Abends« – unter dem Einfluß Paul Claudels – weiterentwickelt (XXIX 199–201) und läßt sich darüberhinaus bis zur »Ägyptischen Helena« verfolgen.

Neben den zahlreichen Märchendichtungen bilden die Versuche einer eher essayistischen Prosaerzählung, die historische Figuren in mehr oder weniger fiktiver Verkleidung zum Gegenstand haben, eine selbständige Gruppe innerhalb der Erzählfragmente. Hierzu gehören neben dem frühen Lenau-Feuilleton »Der Geiger vom Traunsee« und der »Duse-Novelle« vor allem die als »philosophische Novellen« bezeichneten Fragmente »Hebbels Eiland« (1903) und Rembrandts *schlaflose Nacht* (XXIX 162–167). Dieser Entwurf verwebt die Grenzen des Bewußtseins in ein undurchdringliches Ganzes, indem Sinnliches und Transsubstantiiertes, der ausgeweidete Ochse und der Gekreuzigte, das Fleisch des Tieres und der begehrten, nackten Geliebten durchlässig werden. Das vermeintlich Reale mündet in den Wirbel des jeden Ichbegriff auflösenden Traumes, der sich als die gültige Realität herausstellt. Von hier aus fällt Licht auf das Rembrandtsche Hell-Dunkel, aber auch auf die biographische und theologische Vater-Sohn-Konstellation. Beides, Traum und Vaterproblem, weisen Hofmannsthal einmal mehr als den Zeitgenossen der Psychoanalyse aus. Dabei ist sein Verhältnis zu Freud mindestens ambivalent, da einige abschätzige Bemerkungen von Seiten Hofmannsthals entkräftet werden durch zahlreiche nachweisbare Spuren der Schriften Freuds in seinem Werk. Das v.a. aus Hofmannsthals zum Teil erhaltener Bibliothek rekonstruierbare Studium der Hauptwerke Freuds wird jedoch relativiert durch das lebenslange Interesse des Dichters an aller psychologischen Literatur, von Ribot und

Janet über Morton Prince bis hin zu C. G. Jung, H. Silberer und O. Kohnstamm.

Die Erkundung physiologischer Untergründe, wie sie »Elektra« an einer hysterischen Frau unternimmt, zeigt die *Knabengeschichte* aus den Jahren 1906 bis 1913 an dem seine Vaterlosigkeit als Verachtung empfindenden Knaben Euseb. In einer für die Darstellung pubertärer Aggressionsschübe aufgepeitschten Stimmung, deren Brutalität selbst bei Hofmannsthal ohne Beispiel ist, wird bei »Dämmerung und nächtlichem Gewitter« ein- und dasselbe fahle Licht auf die Geburt eines Kindes, den Mord an einem Sperbermännchen durch Euseb und den Tod einer einsamen alten Frau geworfen. Was Musil in den »Verwirrungen des Zöglings Törless« (1906) geleistet und Hofmannsthal geschätzt hat (10 626), wird hier vor den mythologischen Hintergrund des »vaterlosen Gotteskindes« (XXIX 182) und der jungfräulichen Mutterschaft Marias verlegt. »Auf jede Weise den Vater suchen« (XXIX 170) wird daher für Euseb zum Ausgangspunkt seiner Sozialisierung und zur Verwindung seiner Achtung. Der »Umschwung zum Glücksbewußtsein, Gleichgewicht, Identität« sollte sich »an etwas ganz kleinem« ergeben, wird aber in den Notizen nicht sichtbar. In der Qual zwischen dem himmlischen und dem irdischen Vater sollte er doch eine höhere Stufe erreichen, aber nur um den Preis neuer Brutalität, die sich nunmehr nach außen richtet: »er hat seinen Vater gemacht aus sich selber und hat sein Geschick an andern noch gewaltsamer wirken gesehen« (XXIX 180). So wird auch noch die Kreuzigung des Sperbers zur Suche nach dem Vater, bei der aber Euseb sich selbst findet, ohne daß erkennbar würde, ob darin Gewinn einer neuen Identität liegt (Sich-finden) oder die Enttäuschung, auch hier wieder *nur* sich zu finden, wo es doch Eusebs Sehnsucht ist, »hinüberzukommen ins andere« (XXIX 178). Die Gewaltsamkeit des – christlich vorgezeichneten – Vater-Sohn-Komplexes gemahnt an »Das Leben ein Traum«.

Ausgaben: Corona 10 (1943), S. 762–767; Frankfurt 1953 (GW, Steiner, Erzählungen, S. 248–253); Frankfurt 1978 (XXIX 167–188); Frankfurt 1979 (7 187–197).

Literatur: *220, S. 148–163; *228, S. 141–154.

Auf dem Übergang von fiktiver zu reflektierender Prosa stellt der kleine Text *Die Wege und die Begegnungen* von 1907 ein poetologisch erschließbares Geflecht von Spuren und Kreuzungen dar. Ausgehend von einem Spruch Agurs aus den Sprichwörtern Salomos, vermittelt – angeblich nicht erinnert – durch den französischen Symbolisten Marcel Schwob, wird die Spur eines fremden, aber bedeutungsreichen, von der eigenen Hand abgeschriebenen Textes zur Begegnung mit sich selbst, mit einem Traum. Nicht weniger undeutbar als der Flug der Vögel oder der Weg des Mannes bei der Frau ist die Spur der Dichtung, die durch die Begegnung zum Textgewebe wird. Daher hat die Begegnung einen erotischen Charakter und ist zugleich Wendepunkt des poetischen Weges: In ihr ist »alles möglich, alles in Bewegung« (7 161). Schon die frühe Prosaskizze »Age of Innocence« hatte davon gehandelt, daß der Lebensweg »eigentlich nur aus Kreuzwegen [besteht] und jeder Punkt ist der mögliche Ausgangspunkt zu unendlichen Möglichkeiten« (XXIX 20); und der Dichter des Puppentheaterprologes von 1906 ist der »Dichter auf dem Kreuzweg« (XXXI 239).

Ausgaben: Die Zeit (Wien), 19. Mai 1907; Bremen 1913; Berlin 1917 (Die prosaischen Schriften, Bd. 3, S. 55–65); Berlin 1924 (GW, Bd. 3, S. 173–178); Frankfurt 1959 (GW, Steiner, Prosa II, S. 264–269); Frankfurt 1979 (7 157–164).

Literatur: *70; *252.

Während sich die Spannung der »Knabengeschichte« in dem 1907 begonnenen »Andreas«-Roman fortsetzt, unternimmt die Erzählung *Lucidor. Figuren zu einer ungeschriebenen Komödie* von 1909/10 einen ironischen »Einblick in das Unterirdische der menschlichen Seele« (XXVIII 243). Der unterhöhlte, ökonomisch völlig vage, »doppelte Boden« der Wiener Operettenzeit von 1870 bietet nur vordergründig den Anlaß für die Verkleidung der jüngeren Schwester Lucile in den Knaben Lucidor. Indem dieser zum Verehrer der älteren Schwester, Arabella, eine echte Zuneigung faßt und deswegen auf das Risiko eingeht, dem Liebhaber in Arabellas Namen zärtliche Briefe und schließlich auch glückliche Nächte zu gewähren, legt die vermeintliche Doppelnatur der selbstsicheren, schroffen Arabella, die in der Nacht und in den Briefen hingebend, bei Tag aber sich abweisend verhält, die tatsächliche Doppelnatur in der Psyche des Liebhabers, Wladimirs, offen. Was in dieser Erzählung als versöhnliche Polarität von Hingabe und Versagung auf die beiden Schwestern verteilt wird (der »Andreas«-Roman projiziert diese Spannung in die unversöhnliche Spaltung *einer* Person, in Maria-Mariquita), entspricht »einer ganz geheimen Spaltung auch in Wladimirs Wesen«. Seinem Hochmut steht eine »phantasievolle Sinnlichkeit« entgegen, die »unter die dämmernde

Schwelle ins Kaumbewußte hinabzutauchen« bereit ist. Der aus
Molières »Dépit amoureux« entlehnte Stoff wurde gleichzeitig
als Komödie konzipiert – auch die Figur eines »Schwierigen«
taucht bereits auf –, doch erst 1927 in das »Arabella«-Libretto
integriert, demgegenüber er aber ganz selbständig bleibt.

Ausgaben: Neue Freie Presse (Wien), 27. März 1910; Leipzig 1910 (Insel-
Almanach 1911); Berlin 1919; Berlin 1924 (GW, Bd. 2, S. 143–159);
Frankfurt 1953 (GW, Steiner, Erzählungen, S. 96–112); Frankfurt 1975
(XXVIII 71–84); Frankfurt 1979 (7 173–186).

An dem Märchen *Die Frau ohne Schatten* hat Hofmannsthal
zwischen 1912 und 1919 mit »unsäglicher Bemühung« geschrieben (Bw Auernheimer 249). Die gegenüber der 1911 konzipier-
ten Opernfassung entscheidend erweiterte, vertiefte Erzählung
ist ein Hauptwerk des Dichters, das den Vergleich mit den
großen Kunstmärchen Goethes (aus den »Unterhaltungen deutscher Ausgewanderten«) und Novalis' (aus dem »Heinrich von
Ofterdingen«) herausfordert und besteht, von den Zeitgenossen
und der Forschung aber nicht kritiklos angenommen wurde.
  Die Frau ohne Schatten ist die Tochter des Geisterkönigs
Keikobad und seit fast einem Jahr die Frau des Kaisers der
Südöstlichen Inseln. Gelingt es ihr nicht, in den letzten drei
Tagen des Jahres einen Schatten zu werfen, d.h. sich Mutter zu
fühlen, so muß der Kaiser versteinern, sie aber ins Geisterreich
zurückkehren. Während der Kaiser seiner Jagdleidenschaft
nachgeht, folgt die Kaiserin dem Plan ihrer – allerdings men-
schenfeindlichen – Amme: In einem ärmlichen Färberhaus dient
sie der jungen, jedoch unzufriedenen Färberin drei Tage lang,
die für das Versprechen von Reichtum und Liebe auf Kinder,
zunächst jedenfalls auf den Schatten, zu verzichten bereit ist. Als
die Kaiserin aber im entscheidenden Moment auf den ausgehan-
delten Schatten verzichtet, um dem gutmütigen Färber Barak
nicht seine Kinder wegzunehmen, die er sich gewünscht hat, ist
der Bann gebrochen: Der inzwischen versteinerte Kaiser – im
zentralen vierten Kapitel trifft er im Bergesinnern seine ungeborenen Kinder und wird von ihnen bewirtet, kann aber nicht der
Versteinerung entgehen – belebt sich wieder, und beide Frauen,
Kaiserin und Färberin, der nun der »Knoten des Herzens« ge-
löst ist, werfen einen Schatten. – Im Mittelpunkt des Werkes,
das die Naivität des Märchens mit einer Fülle literarischer Entlehnungen (aus Goethes »Märchen« und »Die Geheimnisse«,
Mozarts »Zauberflöte«, den Zaubermärchen Gozzis und Raimunds, Lenaus »Anna«-Ballade, den Erzählungen aus 1001

Nacht, W. Beckfords »Vathek«, Bachofens »Mutterrecht«, Mörikes Orplid-Dichtung, Stifters »Hochwald«, der Lyrik Whitmans, den Romanen Dostojevskijs etc.) zu vereinen strebt, steht das Zentralsymbol des Schattens: Er ist *nicht* primär Zeichen der Mutterschaft, sondern die Mutterschaft selbst wird Ausdruck des Menschseins in seiner Bedingtheit und Abhängigkeit. Daher ist der Weg der Kaiserin zum Schatten nicht die biologische Zeugung des Kindes (auf die man seit einem Aufsatz von Rudolf Pannwitz das Geschehen vorschnell reduzierte, vgl. noch *220), sondern die Gewinnung einer menschlichen Existenz. Um sie allein geht es hier: Im Unterschied zur Unsterblichkeit und Verwandlungsfähigkeit der Geister, aber auch im Kontrast zur Schuldlosigkeit der ungeborenen Kinder, die mit geschlossenen Füßen gehen, muß der Mensch einen Fuß vor den anderen setzen und kann daher der Bedingtheit und Erdverhaftetheit nicht entgehen. Statt über seinen Schatten springen zu können, muß er der Erde sein Dasein heimzahlen, indem er mit dem Schatten den unausweichlichen Schmerz und die Schuld seiner Existenz akzeptiert. Die Grundidee, »dass man seine Existenz von einem andern empfangen kann« (XXVIII 281), wird nicht zu einer Verherrlichung der Mutterrolle, sondern zu einer »Allegorie des Sozialen« (10 603) als einer wechselseitigen Verbundenheit, in der das Prinzip des Allomatischen – der gegenseitigen Verwandlung – triumphiert. So wandelt sich die Kaiserin durch ihr Schuldgefühl gegenüber Barak in einen Menschen und kann damit zugleich den Kaiser, aber auch die Färberin zu sich selbst befreien. Nicht mit der »Lust des Besitzenwollens« (XXVIII 147) vermag der Kaiser der Kaiserin den »Knoten des Herzens« (XXVIII 156) zu lösen; dazu ist die Erfahrung der Endlichkeit und des Schmerzes erforderlich, die ihn seine ungeborenen Kinder lehren: »Es muss viel Schlimmes geschehen, ehe die gesegnete Speise bereitet ist« (XXVIII 318 f.). – Die volle Komplexität des Werkes geht indessen weniger deutlich aus ihm selbst, als eher, wie oft bei Hofmannsthal, aus den aufgegebenen Varianten hervor, die die Kritische Ausgabe nachzeichnet. In den nicht ausgeführten oder unterdrückten Vorstufen wird zum Beispiel erst hinreichend klar, wie der Knoten des Herzens bei der Färberin *und* der Kaiserin verknüpft ist mit jener Dialektik des am Ende in den Anfang zurückgeschlungenen Fadens (im Brief der Kaiserin und im Brief der ungeborenen Tochter). Anfang und Ende verbinden sich zu den Formen von Halbmond und Kreis bei dem Gastmahl der ungeborenen Kinder, die zuletzt Geladene und Wirte in einem sind, während dem Kaiser »die Welt in zwei getrennt ist. Nie war alles in *einem*« (XXVIII 330). Aus den Varianten ergibt sich sowohl eine Parallele zwischen dem Opfer der Kaiserin und der Passion Christi (Motiv des Lammes) als auch zwischen dem vom Kaiser zu Unrecht verletzten Falken und seinem ältesten Sohn, dem Koch in der Gastmahlszene, in der die ungeborenen Kinder ihren Vater in der Berghöhle bewirten, bevor er zur Statue erstarrt. Seine Schuld wird deutlich ausgesprochen: Er hat im »Glück seiner eifersüchtig gehüteten Nächte« (XXVIII 313) versäumt, die Kaiserin den Menschen preiszugeben (XXVIII 308). Da aber alles, »was an den Menschen ist, durch Geburt bedingt ist« (XXVIII 352), sind »die Verwirrungen nötig und die Scham und die Beschmutzung« (XXVIII 308), ein Akzeptieren von Zeit und Tod. Daher die Antwort seiner wissenden Kinder an den Kaiser: »es sei alles zu erreichen, aber durch den Tod« (XXVIII 305). Unmöglich erscheint in diesem Kontext auch die Begierde der Färberin nach Unendlichkeit (XXVIII 356), nach nicht endender Schönheit (XXVIII 371). Andere Motivkreise verbleiben dagegen auch in den Vorstufen geheimnisvoll, so etwa das Verhältnis des Geisterreiches zur Menschenwelt und zum Wasser des Lebens. Heißt es in der Oper, »Menschendunst« sei für die Geister »Todesluft«, aber schlimmer, noch »mehr als Tod«, sei für sie das goldene Wasser des Lebens, so spricht das Märchen davon, daß »die großen Mächte«, die Geister und das Leben, einander lieben.

Die außerordentliche Wertschätzung des Märchens durch den Autor selbst und einzelne Zeitgenossen (Carl J. Burckhardt, R. Borchardt) konnte sich bislang nicht gegen den früh schon von Schnitzler formulierten, von Hermann Broch (*20) und auch Marie Luise Kaschnitz (*150) weitergetragenen Eindruck einer (zu) barocken Pracht behaupten.

Ausgaben: Berlin 1919; Berlin 1920; Berlin 1924 (GW, Bd. 2, S. 3–120); Frankfurt 1953 (GW, Steiner, Erzählungen, S. 254–375); Frankfurt 1975 (XXVIII 107–196); Frankfurt 1979 (7 342–439).

Literatur: *21; *66, S. 127–249; *92; *150; *163; *214, S. 204–230; *220, S. 179–195; *248, S. 86–117.

Das wertvollste Fragment, das Hofmannsthal hinterlassen hat, ist der Roman *Andreas*, der schon unmittelbar nach seinem Erscheinen (1930 in der Zeitschrift ›Corona‹, 1932 als Buch) als ein Werk höchsten Ranges beinahe einhellig anerkannt wurde. Hofmannsthal arbeitete zwischen 1907 und 1927 an diesem Projekt, für dessen Scheitern unterschiedlichste Erklärungen innerhalb und außerhalb des Textes gesucht wurden. – Im Februar 1907 lernte Hofmannsthal durch Marie von Thurn und Taxis, die Freundin Rilkes und Kassners, das Buch des amerikanischen Psychiaters Morton Prince: »The Dissociation of a Personality« kennen, das vom Fall einer mehrfachen Persönlichkeitsspaltung berichtet.

Es ist nicht sicher, in welchem Umfang Hofmannsthal 1907 an dem zunächst als Reisetagebuch bzw. Novelle angelegten Plan gearbeitet und wie weit er in den folgenden Jahren, in denen u.a. »Cristinas Heimreise«, »Der Rosenkavalier«, »Jedermann« und »Ariadne auf Naxos« entstehen, daran geschrieben hat. Jedenfalls setzt am 12. September 1912 die Niederschrift des einzigen zusammenhängenden Textteils ein, der unter dem Titel »Die Dame mit dem Hündchen« steht. Hofmannsthal bricht die Niederschrift am 8. Oktober 1912 ab und setzt sie am 18. Juli 1913 fort, möglicherweise, aber selbst das ist nicht ganz zu klären, unter dem neuen Titel »Die wunderbare Freundin«. Mit dem 29. August 1913 endet die Arbeit an dieser Niederschrift – Hofmannsthal sollte sie trotz zahlreicher Bemühungen nicht mehr fortsetzen; in den folgenden Jahren entstehen Hunderte von Notizen, die sich nur zum Teil zu Kapitelgruppen zusammenfassen, eine Handlungslinie aber nicht eindeutig erkennen lassen. Sicher ist, daß zwischen etwa 1913 und 1918 vor der Ankunft des Andreas in Venedig ein Kapitel geplant war, das ihn zu einer untröstlichen Witwe an der Aar führen sollte; die Quelle dazu ist Lenz' Gedicht »Die Geschichte auf der Aar«. Um 1919 häufen sich dann die Notizen, die einer »persischen Reise« des Maltesers gelten. Zu diesem Zeitpunkt ist auch schon ein auf den Beginn des 19. Jahrhunderts verlegtes »Nachspiel« vorgesehen, doch wurde Hofmannsthal der sich immer weiter verselbständigenden Konzeption nicht mehr Herr. Schließlich mündet der Roman 1927/28 offenbar in die Pläne zu einer historisch-poetischen Schilderung der Metternich-Ära, in deren Mittelpunkt der »Herzog von Reichstadt«, der Sohn Napoleons, stehen sollte. – Schwierigkeiten bereitet schon der Titel des »Andreas«-Romans. Während die Handschrift von 1912/13 sowohl »Die Dame mit dem Hündchen« als auch »Die wunderbare Freundin« als Überschrift trägt, scheint Hofmannsthal 1913 mehrfach den Titel »Andreas oder die Vereinigten« zu bevorzugen. Später wurde aber auch die Variante »Andreas oder die Verwandelten« erwogen. Streng genommen gibt es also keinen autorisierten Romantitel. – Der aus dem Nachlaß herausgegebene Text bietet eine geglättete Fassung der Handschrift, die lange Zeit gültig (aber nicht kontrollierbar) blieb. Erst die kritische Edition durch Manfred Pape (1982) machte den offenen, fragmentarischen Charakter der Niederschrift und die zahlreichen Eingriffe der früheren Herausgeber erkennbar.

Hofmannsthal hat für seinen Roman eine Fülle von Anregungen und Quellen herangezogen. Zunächst ist es die Tradition des Bildungs- oder Erziehungsromans Goethescher Prägung, die Pate gestanden zu haben scheint; daß Hofmannsthal das Schema der »Lehrjahre« aber nicht mehr verwirklichen konnte und wollte, macht die zeitgemäße Aufrichtigkeit seines Scheiterns deutlich. Neben Goethe ist immer wieder in den Notizen von Moritz, Heinse, Novalis und Stifter die Rede. – Neben diese formalen und strukturellen Anregungen treten kulturgeschichtliche und zeitgenössische Quellen aus der 2. Hälfte des 18. Jahrhunderts, denen Hofmannsthal viel für die atmosphärische Ausgestaltung der Venedigkapitel verdankt. Schon das in den Komödien »Der Abenteurer und die Sängerin« (1898) und »Cristinas Heimreise« (1910) gezeigte Venedig verdankt sich weitgehend literarischer Vermittlung, zu der die Memoiren Casanovas wesentlich beitragen. Ihre Spuren verwischen sich im »Andreas« ebenso wie die des zeitgenössischen Theaters von Carlo Goldoni, dessen Komödien gleichzeitig ihren Niederschlag im »Silvia«-Fragment von 1907 finden. Eine Summe der venezianischen Kultur fand Hofmannsthal aber in dem Buch von Philippe Monnier dargestellt, »Venise au XVIIIe siècle«, das er im Juni 1907 zum ersten Mal las. Den weiteren Hintergrund der Epoche stecken dann einzelne in den Notizen auftauchende Autorennamen ab, darunter Rousseau, Galiani, Winckelmann, Diderot und Julie de Lespinasse.

Ist hinter Andreas selbst der Held des Bildungsromans, hinter dem Doppelwesen Maria / Mariquita der Fall einer amerikanischen Patientin als Folie erkennbar, so ist die Fülle der Einfälle bei der im ausgeführten Text gerade nur angedeuteten Gestalt des Malteserritters Sacramozo kaum überschaubar. Hier ist besonders das Gedankengut der Alchemie und der Rosenkreuzer fruchtbar geworden. Hinzu treten die Aphorismen von Novalis und Rudolf Kassners »Melancholia«, aber auch einzelne Motive aus Schiller, später aus Rousseau oder Proust, aus Reisebeschreibungen oder gar der eigenen Umgebung Hofmannsthals, wenn Züge von Harry Graf Kessler, Stefan George oder schließlich Rudolf Pannwitz für den Malteser festgehalten werden. Formen des Tagebuchs und der Novelle, des Abenteurer-, Theater- und Staatsromans, des auktorialen wie personalen Erzählens werden durchgespielt oder zumindest erörtert. Eine besondere Nähe zu Büchners »Lenz«-Novelle ist schon früh, zuerst wohl von Gerhart Hauptmann, konstatiert worden.

Anders als beim Bildungsroman geht es im »Andreas« nicht mehr um die Reise in und durch die Welt, sondern »nach innen führt der geheimnisvolle Weg« (Novalis). Das Ziel der »Vereinigung mit sich selbst« ist die »Identität« als Heilung der Differenz, als »völlige Übereinstimmung von sich-wollen und sich-wissen« (XXX 104). Die in Maria und Mariquita »Person gewordene Zweiheit« (XXX 145) erweist sich als Aspekt von Andreas' innerer Natur. Die Personenkonstellation des Romans vom bösen Gotthelf über Maria/Mariquita und Sacramozo hin zur reinen Gestalt Romanas ist eine Konkretion verschiedener Seiten des Andreas selbst. Auf diese Verbindung deutet nicht nur die Leichtigkeit, mit der Andreas sich jeweils einem Teil seines Selbst verschreiben zu können glaubt, sich in alle, denen er begegnet hineinzufühlen, sondern auch Hofmannsthals Notiz, daß Andreas »der geometrische *Ort* fremder Geschicke« (XXX 102) sei. Die einer bruchlosen Identität des Andreas im Weg stehende Hemmung ist nicht eine schlichte Zerrissenheit in »Geist u. Körper« (XXX 116), sondern ein intrikates Verwobensein von Nähe und Ferne, von Verbundenheit und Trennung, von Anwesenheit und Abwesenheit. In der unsichtbaren Gefangenschaft im Castell Finazzer scheint ihm alles »gut was nicht hier war; alles lebenswert, außer der Gegenwart« (XXX 71). Im Überspringen der Gegenwart, sei's zurück in die Vergangenheit des Kindes, sei's in die Zukunft einer erträumten Männlichkeit, versäumt er gerade die Möglichkeit, er selbst zu sein. »Wie konnte er fassen, was so einfach u. so nahe war!« (XXX 96). Das Nahe ist nicht das Nächste. Andreas' Weg besteht daher darin, die verinnerlichten Normen der Eltern, nach denen er sich selbst zu einem Phantombild phantasiert, und die Absorption durch adlige oder auch sexuelle Wunschträume zu überwinden. Das Ziel, die »zwei Hälften seines Wesens die auseinandergerissen waren, wieder in eins« zusammenzubringen, läßt sich allerdings nicht als bloße Addition von Geist und Körper erreichen. Vielmehr erlebt Andreas den glücklichsten Augenblick seines Lebens in der Trennung von seiner Geliebten, dem Mädchen Romana, als er ahnt, daß der über ihm schwebende Adler einen »Blick, von hoch genug« hat, der »alle Getrennten vereinigt« erscheinen läßt. Nicht in der unmittelbaren Nähe, sondern in der vermittelten Distanz, der Ent-fernung, erfährt Andreas das größte Glück. Wenn die Vereinigung ein

Hauptthema des Romans ist, sowohl die mit dem geliebten Gegenüber als auch die mit der anderen Hälfte des Ich (das »Eins-werden mit sich selber um jeden Preis« (XXX 152)), so kommt sie nur für den Blick von hoch genug, aus der Ferne, zustande und mischt aller Identität ihre unaufhebbare Differenz bei.

Die beunruhigendste und dichterisch beeindruckendste Gestaltung dieses Zusammenhangs ist Hofmannsthal in dem Doppelwesen Maria/Mariquita gelungen. Durch die Anwesenheit Andreas' verwandelt sich das »gedrückte und bekümmerte Wesen« Marias in »eine andere Person«, deren Betragen »etwas Freches und fast Kindisches« hat, bisweilen »völlig dirnenhaft« (XXX 88 f.) ist. Marias unterdrückte und abgespaltene Sinnlichkeit emanzipiert sich zur eigenen ›Person‹, wobei Andreas als Katalysator wirkt. Die rätselhafte Begegnung mit Mariquita im weinlaubgedeckten Garten bleibt ihm unerklärlich, wird aber zum Schlüsselerlebnis mit der »wunderbaren Freundin«: »zum ersten Mal bezog sich ein Unerklärliches aus jeder Ordnung heraustretend auf ihn, er fühlte er werde sich nie über dieses Geheimnis beruhigen können« (XXX 91). Die vielfältigen Bezüge, die Hofmannsthal aus diesem nicht nur pathologisch zu lesenden Fall von Persönlichkeitsspaltung entfalten wollte, lassen sich nur aus den Notizen ersehen.

Die von Morton Prince analysierten vier Persönlichkeitsstadien seiner Patientin sammelt Hofmannsthal zu zwei einander widersprechenden, untergründig aber verbundenen Polen, die der Charakterisierung der Stadien »the saint« (Maria) und »the devil«, bzw. »the woman« (Mariquita) entsprechen. Beide sind von der Angst gequält, sich in die andere Hälfte zu verwandeln und dabei der eigenen ›Hälfte‹ verlustig zu gehen. Maria ahnt dunkel »das Chaotische in sich, das was sie mit Mariquita gemeinsam hat« (XXX 9) und dessen Zeichen das Hündchen Fidèle ist – so wie in den Kärntner Kapiteln der getötete Hund eine latente Verbindung zwischen den Gewalttaten Andreas' und Gotthelfs stiftete. – Andrerseits kennt Maria durchaus die Wollust des Versinkens in die ›andere‹ (XXX 104); umgekehrt erfährt Mariquita die »widerwärtigsten Momente« dann, wenn Maria sie »kommen« spürt und »hinunter« drückt (XXX 20). Andreas' eigene Gespaltenheit in »Geist u. Körper« (XXX 116) fühlt sich durch Marias beinahe körperlose Individualität, die »Einzigkeit der Seele« (XXX 18), ebenso angezogen wie durch Mariquitas Sinnlichkeit. Daß Andreas durch seine Verbindung mit Mariquita »viel verliebter in die Dame« (Maria) wird

(XXX 10), sollte wohl als Weg zur Heilung aller Spaltungen dienen, sowohl der Vereinigung Maria/Mariquitas wie auch Andreas' mit sich selbst: »Bei M_1 lernt Andres die Freiheit des Wesens preisen, bei M_2 graust ihm vor der absoluten Freiheit. Bei M_2 muss er sich nach dem Universalen Bindemittel sehnen, bei M_1 nach dem Lösungsmittel: so muß ihm seine eigene Natur offenbart werden« (XXX 119).

Daß auch diese Verbindung nicht ohne Schmerz, die Vereinigung nicht ohne Trennung vollzogen werden kann, belegt zunächst eine Aufzeichnung: »Die sich in jener einen Nacht Andres gibt, Geliebte, Schwester, Mutter, Heilige – ist die *Ganze*, weder Maria noch Mariquita, mehr als beide – schon Gott gehörend, ohne Sünde sündigend – schon *jenseits*« (XXX 22).

Vor allem aber ist es die Gestalt des Maltesers, auf die sich die schmerzhaften Aspekte dieser Vereinigung verlagern sollten. Im ausgeführten Text erscheint er nur kurz, für Andreas aber außerordentlich eindrucksvoll als der schreibende Herr an einem Caféhaustisch, der seine überlange Gestalt dem Diktat des Geistes unterwirft: Auch bei ihm gibt es »das Doppelte seiner Natur« (XXX 110). Der »geahnte harmonische Contrast zwischen Erscheinung und Geist« (XXX 32) scheint eine Synthese dessen, was Andreas zu lernen hat. Andrerseits ist auch Sacramozo in einer entscheidenden Krise seines Lebens. Zwischen der »Gewalt des Schöpferischen« und dem »Zorn der Impotenz« (XXX 99) bewegt sich Sacramozo als unkörperlicher Vater, als »Summierung der geistigen (unsexuellen) Aspirationen«, wie es in einer Notiz vom Mai 1919 heißt (XXX 163). So wird er auch zur Mentorengestalt, die Andreas in die Geheimnisse der Dichtung einweist, ihn aber auch mit dem Leben verknüpft: Dichtung selbst wird zum Mittel, »das uns mit dem Leben vereinigt, uns vom Leben absondert« (XXX 107). Dabei steht auch Sacramozos in Aussicht gestellte Loslösung vom Leben, sein Freitod, unter dem Zeichen des geistigen Disponierens über den Körper, wenn er mit Novalis die Selbsttötung zum echten philosophischen Akt erklärt (XXX 113).

Nicht der »Triumph des Allomatischen«, der gegenseitigen Verwandlung wie in Oper und Märchen der »Frau ohne Schatten«, steht hier im Blick, sondern der Schmerz des Verzichts, der aller Identität widerstreitenden und sie zugleich ermöglichenden Differenz. Alle Romanfiguren haben ihre Schwierigkeiten, das Sichwissen und das Sichwollen in Übereinstimmung zu bringen (XXX 104). Einzig Romana könnte, so scheint es, ein »Wesen mit stärkster Praesenz« (XXX 126) sein, das nie Furcht empfindet und nichts Eingezwängtes zeigt; und doch ist es kein Zufall, daß sie in dem Augenblick sich zurückzieht, da auch Gotthelf von der Bildfläche verschwunden ist, als ob die Verkörperung des Bösen und die des Reinen untergründig miteinander verbunden wären. Denn Romana ist keine weltfremde Idealisierung, sondern stellt gleichsam »in einer Walnuss die Welt« mit Tod, Sünde und Glück dar, »die Kreuzigung, darüber der Himmel offen, darunter die Hölle« (XXX 127).

Der Kern ist nicht im Zentrum, sondern an der Peripherie; der Rand der Verzweiflung führt Andreas zu sich selbst. So sind die Getrennten verbunden, und die Verbundenen getrennt: »Die Ferne reinigt und trägt herbei; die Nähe bindet und trennt«, so Hofmannsthal in einem Brief von 1910 (HB 5, S. 325).

Ausgaben: Corona 1 (1930), S. 7–50 und S. 139–164; Berlin 1932; Frankfurt 1953 (GW, Steiner, Erzählungen, S. 113–247); Frankfurt 1979 (7 198–319); Frankfurt 1982 (XXX 5–218); Stuttgart 1992.

Literatur: *23; *34, S. 128–130, 131–167; *57; *92; *112; *130; *135; *215; *228, S. 155–219; *248, S. 118–235.

Die in den späten »Andreas«-Notizen in den Mittelpunkt gerückte Metternich-Ära lebt erneut auf, als sich 1927/28 zahlreiche Notizen zu einem wohl historisch-dichterischen Romanplan sammeln, der dem *Herzog von Reichstadt* (XXX 219–276) gelten sollte. Von diesem Sohn Napoleons mit der Erzherzogin Marie Luise von Österreich, der nach Napoleons Tod von den Bonapartisten auf den französischen Thron gesetzt werden sollte, in Wien aber festgehalten wurde, war Hofmannsthal schon früh, 1895, fasziniert (10 402). In der späten Konzeption spielen vor allem die Momente des verkleideten Herrschers, das Verhältnis zum übermächtigen Vater und das im »Andreas« schon gescheiterte Modell des Entwicklungsromans (»Geschichte eines jungen Mannes«, XXX 266) eine Rolle. Hinzu kommt die Tatsache, daß der Herzog am 22. Juli 1832, dem für Hofmannsthal symbolträchtigen Magdalenentag (s.o. zur »Reitergeschichte«) starb. Größeren Raum als die Titelfigur selbst nimmt indes die Gestalt des despotischen Beamten Hager ein, in der sich historische und fiktive Züge mischen. Psychologisch durch eine übergroße Mutterbindung (XXX 267 und 269) bestimmt, machen ihn besonders sein Machtkalkül und sein Nihilismus zum Gegenspieler des Herzogs, ohne daß sich eine Handlungs- oder Kapitelfolge aus den Notizen rekonstruieren ließe. In einer Aufzeichnung heißt es: »Der Kampf zwischen

Hager und Reichstadt: um was geht es? Um Glauben und Nichtglauben – um das Nichtglauben an den Glauben des Andern – um das Negieren der Persönlichkeit des Andern –« (XXX 233). Damit zeigt sich einmal mehr, daß dem Moment des Glaubens weniger restaurative, als kritische Bedeutung zukommt, da der Glaube an das nicht bloß Wirkliche als Zeichen menschlicher Geistnatur gilt, deren Schwinden Hofmannsthal konstatieren mußte.

Nur wenige Wochen vor seinem Tod konnte Hofmannsthal dem Plan *Philipp II. und Don Juan d'Austria* (XXX 277–300), einer mehr historischen als dichterischen Darstellung, widmen. Die wenigen Notizen, die über das Historisch-Faktische nicht hinausgehen, deuten das Interesse für den »melancholischen Fürsten« an, der seine »große Vorstellung von sich selbst« verletzt sieht und sie nun durch die Rache wiederhergestellt sehen muß: Das Thema der »Turm«-Dichtung, die Konflikte der Generationen und der Macht, sollte wohl auch hier zentral sein: »Bestreben nach der Macht fast in einer Weise welche Gottes Herrschaft auf Erden negiert« (XXX 292).

Literatur zum erzählerischen Werk im allgemeinen: *20; *47; *66; *133; *195; *218; *238; *248.

9. Kritische Prosa und Essayistik. Reiseprosa

Das nach einem 1921 erschienenen Auswahlband in den neuen Ausgaben der »Gesammelten Werke« und der »Sämtlichen Werke« als ›Reden und Aufsätze‹ angesprochene essayistische Werk umfaßt weit mehr als tausend Druckseiten und versammelt heterogene Themenbereiche in den offenen Formen von Rezensionen, Berichten, Studien, Reden, Einleitungen und Nachworten. Hofmannsthal selbst stand dem Gattungstitel ›Essay‹ skeptisch gegenüber und schloß ihn als »alles verschlingende Unform« (9 128) aus seinen Publikationsplänen aus, hat mit der Titelgebung »Prosaische Schriften« (in drei Bänden, 1907–1917, vgl. XXXI 236 ff.) aber auch eher eine Verlegenheit bekundet, die ihren Grund mit in der Vielfalt der Gegenstände hat: Neben die Rezension in- und ausländischer Neuerscheinungen literarischer, philosophischer, kritischer, kunst- und kulturgeschichtlicher Provenienz treten Betrachtungen zu Theater und Schauspielkunst, Musik, der klassischen Literatur von Homer bis ins 19. Jahrhundert, seit der Kriegszeit aber auch immer mehr Stellungnahmen zu Politik und Kulturpolitik, die ihren Höhepunkt in der Münchner Rede »Das Schrifttum als geistiger Raum der Nation« erfahren.

Die kritische Prosa von 1891 bis ca. 1906

Schon die Aufsätze des noch nicht Zwanzigjährigen, in denen er Anfang der 1890er Jahre das zeitgenössische Lebensgefühl und intellektuelle Niveau des fin-de-siècle einzufangen und widerzuspiegeln sucht, zeigen ein in ihrer nervösen Einfühlungsfähigkeit, ihrer stupenden Belesenheit, sprachmächtigen Altklugheit und intellektuellen Kraft faszinierendes Bild. An den Büchern von Paul Bourget: *Zur Physiologie der modernen Liebe* (8 93–98) erkennt Hofmannsthal die zeittypische Sehnsucht seiner nachhistorischen Epoche nach dem »à sentir sentir« (8 97): Der Held der Bourgetschen »Auflösungsgeschichte« wird als eine »Halbnatur mit Dilettantenkräften und überkünstlerischer Sensibilität« (8 94) verstanden, der es daraufankomme, »hinauszuflüchten aus der verknöcherten Schablonenleidenschaft der Gegenwart, Menschen, versunkene Geschlechter, lieben und fluchen zu hören, rauschendes, lebendes Blut zu fühlen« (8 97). Entsprechend wird Henri-Frédéric Amiel: *Das Tagebuch eines Willenskranken* (8 106–117), diese »Leidensgeschichte eines gespaltenen Ich« (8 115), zur Auseinandersetzung mit dem Prinzip eines der Wirklichkeit skeptisch gegenüberstehenden Dilettantismus: »*Fast* eine Künstlerseele; eines fehlt: Können« (8 114). (Zum Dilettantismusbegriff vgl. *226 und *233). Die Besprechung dreier Bücher von *Maurice Barrès* (8 118–126) gerät daher, 1891 bereits, zum Panorama des zeitgenössischen Denkens, dessen Hintergrund u.a. Schopenhauer (vgl. *35) und Nietzsche (*116, *161) bilden. An einer Stelle wie der folgenden zeigt sich mit dem Engagement des beobachtenden Subjekts zugleich die Schwierigkeit, seinen Standpunkt definitiv auszumachen:

»Uns pflegt Glaube und Bildung, die den Glauben ersetzt, gleichmäßig zu fehlen. Ein Mittelpunkt fehlt, es fehlt die Form, der Stil. Das Leben ist uns ein Gewirre zusammenhangloser Erscheinungen; froh, eine tote Berufspflicht zu erfüllen, fragt keiner weiter. Erstarrte Formeln stehen bereit, durchs ganze Leben trägt uns der Strom des Überlieferten (...) Wir denken die bequemen Gedanken der andern und fühlens nicht, daß unser bestes Selbst allmählich abstirbt. Wir leben ein totes Leben« (8 118f.).

145

Ernst-Otto Gerke (*89) hat Hofmannsthals Essyaistik eindringlich analysisert, die strukturbildende Bedeutung der »irrationalen und erlebnishaften Kräfte des Essayisten« (*89 98) herausgearbeitet und bis hinein in die Verquickung bildhafter, metaphorischer und erzählerischer Sprache mit der rationalen Sinnerschließung verfolgt.

Neben die Reihe der französischen Autoren gewidmeten Arbeiten, die dem Verhältnis Frankreichs zum deutschen Sprachraum gelten und damit ein dauerhaftes Anliegen Hofmannsthals bedenken, tritt eine Folge von Rezensionen der Bücher von Wiener Autoren, Saar, Bauernfeld, Schnitzler, Peter Altenberg. Die Beschäftigung mit Hermann Bahr (8 100–105) bietet dabei Gelegenheit zu einer Auseinandersetzung mit der Romantik, dem Dilettantismus und Naturalismus. In Swinburne, Ibsen (8 143–148, 149–159) und d'Annunzio (8 174–184, 198–202, 206–213 u. ö.) erkennt Hofmannsthal herausragende Repräsentanten des modernen Lebensgefühls, das sich zwischen der »Analyse des Lebens« und der »Flucht aus dem Leben« bewegt (8 176). Während Swinburne selbst die zerbrechlichen Gefäße des viktorianischen Ästhetizismus mit »starkem Wein des Lebens« (8 145) zu füllen vermag, dringt die Produktion des »moralfremden, zweckfremden, lebenfremden« Schönheitskultes nicht ins Leben vor. Der Weg der Ästhetizisten führt von der Kunst zur Natur: »Ihnen wird das Leben erst lebendig, wenn es durch irgendeine Kunst hindurchgegangen ist« (8 143), sie flüchten in ein künstlich verdunkeltes Zimmer, während draußen »das rasselnde, gellende, brutale und formlose Leben« rollt (8 144). Auch an die Figuren Ibsens, für Hofmannsthal nichts als die Variationen eines einzigen Typus, stellt sich die Frage: »Wie verhält sich der Ibsensche Mensch, der künstlerische Egoist, der sensitive Dilettant mit überreichem Selbstbeobachtungsvermögen, mit wenig Willen und einem großen Heimweh nach Schönheit und Naivität, wie verhält sich dieser Mensch im Leben«? (8 156) Vor allem an der ersten von mehreren Studien, die Gabriele d'Annunzio gelten, wird deutlich, daß die am literarischen Ästhetizismus beobachtete Lebensferne von Hofmannsthal nicht nur selbst als ästhetische, sondern als moralische und existentielle Frage exponiert wird, deren eines Kriterium der Tod ist – der Tod als Erscheinungsform eines toten, versäumten Lebens, *und* der Tod als notwendiger Preis für die (selbst nicht als Leben darstellbare) Darstellung des Lebens. Die haarfeine Grenze zwischen der dilettantisch-arroganten Verachtung des Lebens und der künstlerischen Notwendigkeit, sich dem Leben nicht unmittelbar auszuliefern, ist schwer festzulegen. Sie bewegt aber als Grundanstoß die frühe Produktion Hofmannsthals in allen Werkgattungen und äußert sich häufig durch die nur scheinbar dialektische Gegenüberstellung der zwei Daseinsbereiche von »Poesie und Leben«, von Künstler- und Dilettantengarten (II 105); sie stehen sich im Wechselverhältnis gegenüber wie Amgiad und Assad in einem Novellenfragment, wie die zwei »Töchter der Gärtnerin« im Gedicht und Tizian und seine Schüler im lyrischen Drama von 1892.

Das andere Kriterium, an dem sich die Nähe des Lebens messen läßt, ist die Tat – ein Thema, das Hofmannsthal immer wieder bedacht hat, bis hin zu jenem – S. 99 zitierten – Brief an Anton Wildgans vom 14. Februar 1921. Seine Analyse der eigenen Zeit bewegt sich in diesem Punkt, mehr oder weniger sichtbar, vor dem Hintergrund Nietzsches (vgl. *116). Hofmannsthal kommt es darauf an, »vom Ästhetismus zum Mensch-Sittlichen hinüber« zu lenken und dabei die »Kunst vom Standpunkt des Lebens« zu betrachten (B I 103), eine Formulierung, die bereits in der Vorrede Nietzsches zur »Geburt der Tragödie« von 1886 verwandt wird.

Die kritische Prosa der 1890er Jahre legt aber auch schon den Grund für Aspekte, deren Bedeutung im Werk erst nach und nach hervortritt. So wird das Wiener Gastspiel Eleonora Duses 1892 (8 469 ff.) Anlaß zur Reflexion des Schauspielerwesens, das mit seiner Doppelung von Rolle und Individualität Hofmannsthal anhaltend faszinierte – die späteren Schauspielergedichte (vgl. S. 29) legen davon ebenso Zeugnis ab wie zahlreiche Brieferörterungen und die Ansprache an Schauspieler von 1906 (10 479 ff.). Der Dialogplan »Der Schauspieler« (1902) nennt diesen »das fließende Ich« (XXXI 25). – Und nicht zuletzt formulieren die essayistischen Arbeiten des frühen Hofmannsthal auch seine Position der Sprachkritik, die durchaus nicht nur im »Brief« des Lord Chandos ihren Niederschlag findet (vgl. *35). Der Aufsatz über A. Bieses *Philosophie des Metaphorischen* (8 190–193) verlangt »eine Betrachtung des metaphernbildenden Triebes in uns und der unheimlichen Herrschaft, die die von uns erzeugten Metaphern rückwirkend auf unser Denken ausüben« (8 192) – durchaus in Entsprechung zu Nietzsches (damals noch unveröffentlichter) Betrachtung über »Wahrheit und Lüge im außermoralischen Sinne«. Von hier oder der wichtigen Rezension *Eine Monographie* (8 479–483) ist es nur ein Schritt zu Hofmannsthals eigener Poetik, die er in Auseinandersetzung mit Naturalismus und Ästhetizismus umreißt. Hierher gehören aus dem Jahr 1896 der Aufsatz *Gedichte von Stefan George* und vor allem der Vortrag *Poesie und Leben* (8 214–221, 13–19), in dem Hofmannsthal eine ›philosophy of composition‹ vorstellt. Beide Texte verwahren sich gegen eine direkte Übersetzung von Lebenswirklichkeit in Kunst, wie es das Programm von Realismus und Naturalismus vorsah. Literatur soll nicht bloß ein »verziertes Bekenntnis« (8 15) sein, das das »gierig verschluckte Leben in ganzen Brocken« (8 215) wiedergibt, sondern sie bedarf einer »Entfernung vom Leben«: Das Material der Dichtung ist nicht das simple Erlebnis – für gewisse Mißverständnisse wird hier namentlich Goethe verantwortlich gemacht (8 15) –, sondern das Wort, das »Gesehenes und Gehörtes zu einem neuen Dasein hervorrufen und nach inspirierten Gesetzen als ein Bewegtes vorspiegeln kann« (8 16). Das traumhafte Wort der Dichtung ist aber grundsätzlich verschieden vom selben Wort, das »Träger eines Lebensinhaltes« ist, denn das poetische Wort ist nicht austauschbar, sondern evoziert einen »genau umschriebenen, traumhaft deutlichen, flüchtigen Seelenzustand (...), den wir Stimmung nennen« (8 16). Damit ist jede unmittelbare, direkte Nachahmung des Lebens verpönt, denn »es führt von der Poesie kein direkter Weg ins Leben, aus dem Leben keiner in die Poesie«. Aufgabe der Dichtung ist es vielmehr, einen eigenen Ton zu finden (wie George) und die Worte »am freiesten zu stellen« (8 17). Zugleich läßt Hofmannsthal aber deutlich werden, daß er nicht das Leben aus der Dichtung vertreiben will – eine Gefahr, die er im Swinburne-Essay im Ästhetizismus erkannte und vor der ihm in der Folge auch George nicht ganz gewappnet schien. Hofmannsthal bekennt sich zur lebendigen Wirkung der Kunst, doch dürfe diese Wirkung nicht durch Stoffliches, Unkünstlerisches erzielt werden:

»Ich liebe das Leben, vielmehr ich liebe nichts als das Leben. Aber ich liebe nicht, daß man gemalten Menschen elfenbeinene Zähne einzusetzen wünscht und marmorne Figuren auf die Steinbänke eines Gartens setzt, als wären es Spaziergänger. Sie müssen sich abgewöhnen, zu verlangen, daß man mit roter Tinte schreibt, um glauben zu machen, man schreibe mit Blut« (8 18).

Scheint Hofmannsthal hier mit der Georgeschen Position konform zu sein – zumal Ludwig Klages' Betrachtung »aus einer Seelenlehre des Künstlers« in den ›Blättern für die Kunst‹ (Folge 2, S. 137–144) ihn offensichtlich, wie sein erhaltenes Exemplar zeigt, beschäftigte –, so unterscheidet sich Hofmannsthal doch auch entscheidend von diesem Kreis, etwa durch die Tatsache, daß er seine Poetik als Vortrag, als Ansprache an ein Publikum formuliert und nicht monologisch-esoterisch dem Schrein der ›Blätter‹ anvertraut (»Poesie und Leben« wurde in der Wiener ›Zeit‹ gedruckt). In Georges ›Blättern‹ publizierte er im folgenden Jahr, 1897, unter der nahverwandten Überschrift »Dichter und Leben« (8 235) eine Überlegung, die dieses Verhältnis nicht in dialektischer Konfrontation aufgehen läßt, sondern auf eine für Hofmannsthal höchst bezeichnende Weise in eine ambivalente und paradoxe Verschränkung konfiguriert. Dem Leben wird seine Lebendigkeit zugutegehalten, der Darstellung aber ihre Schattenhaftigkeit eingeräumt:

»Das Wissen um die Darstellbarkeit tröstet gegen die Überwältigung durch das Leben; das Wissen ums Leben tröstet über die Schattenhaftigkeit der Darstellung. So sind sie miteinander verbunden; dies wird eine schwache Begabung hinabziehen, eine starke emportreiben.«

Einen Beitrag zu Hofmannsthals eher beiläufig als systematisch formulierten Poetik liefert auch die Besprechung der »Studien« von *Alfred Berger* (8 230–233), dessen Vorlesungen er in Wien gehört hatte. Es ist nicht selbstverständlich, daß gegenüber dem jahrzehntelangen Ringen Hofmannsthals um die Legitimation seiner dichterischen Berufung hier ein schlichter, apodiktischer Satz aufgestellt werden kann, wonach »der innerste Kern des Dichterwesens nichts anderes als sein Wissen [ist], daß er ein Dichter ist«. Die Abgründigkeit dieses Gedankens wird erst offenbar, wenn die Kunst, in deren Bewußtsein der Dichter »unlösbar verfangen« ist, als das sichere und zugleich höchst ambivalente Mittel gedeutet wird, »das Leben von sich abzuhalten« *und* »sich dem Leben zu verbinden«. Die ästhetische Grundfrage nach der Vermessung jener Distanz, die die Kunst vom Leben entfernen soll, ohne sich ihm völlig zu entfremden, wird auch in der kleinen Betrachtung *Bildlicher Ausdruck* (8 234) aufgeworfen. Hier, zunächst in den ›Blättern für die Kunst‹ publiziert, erweist sich die uneigentliche, bildhafte Ausdrucksweise nicht als etwas Entbehrliches, sondern als das Wesen der Poesie. Sie ist nicht auf unbildliche Weise in eine Sprache des Lebens zu übertragen, sondern gewinnt ihre Bedeutung nur aus der Uneigentlichkeit des Sprechens.

In seinen frühen Studien zur zeitgenössischen bildenden Kunst (8 519–574) erteilt Hofmannsthal dem Eklektizismus, der »Kunstkrankheit des Jahrhunderts« (8 523), eine strikte Absage, und begrüßt die fortschrittlichen Kräfte, die er in Khnopff und Rops, in Klinger und Franz Stuck, v.a. aber in der englischen Malerei vertreten findet. Vor dem Hintergrund der Arbeiten von Walter Pater und John Ruskin würdigt er die Präraphaeliten als Entsprechung zur Eindringlichkeit und »sparsamen scharfen Prägnanz« eines Dante (8 549). Ihre »Durchseelung des Leiblichen« – etwa in der allegorienreichen Kunst eines Burne-Jones – wird gegen den antikisierenden Idealismus Winckelmannscher Prägung ausgespielt. Entscheidend ist dabei die Frage, ob »eine künstlerische Individualität die freie Kraft gehabt hat, eine neue, aus lebendigen Augen erschaute Perzeption des Weltbildes in einer Weise darzustellen, die sich der Seele des Betrachters zu übertragen geeignet ist« (8 527). Damit wird der Künstler zum Visionär und Mythenbildner, in der Nähe des Dichtens, Denkens und Träumens (8 526). Die Formel von der Kunst als einer »Natur auf Umwegen« (8 549) erklärt Hofmannsthals Absage an naturalistische Mimesisvorstellungen ebenso wie an ästhetizistische Künstlichkeit.

Seiner eigenen Unterscheidung zwischen lebloser Philologie und lebendiger Sprachlehre (8 236 f.) zum Trotz wendet sich Hofmannsthal zum Abschluß seiner romanistischen Studien selbst der Philologie zu; zunächst, 1898, in der nur als Bruchstück überlieferten Dissertation »Über den Sprachgebrauch bei den Dichtern der Plejade« (8 242–244), dann, 1900/1901, in der *Studie über die Entwickelung des Dichters Victor Hugo* (8 247–320), die er als Habilitationsschrift in Wien einreichte, schließlich aber wieder zurückzog. Ungeachtet des grundsätzlichen Abstandes zwischen Hugos episch-rhetorischer Anlage und Hofmannsthals lyrischer Differenziertheit in allen Gattungen des Frühwerks ergeben sich aus Hofmannsthals Vorgehensweise in dieser Schrift aufschlußreiche Einblicke in seine poetische Werkstatt, die immer Phantasie und Reflexion verbindet. So geht es ihm nicht um positivistische Spurensuche, vielmehr wird der zeitgenössischen Gepflogenheit eine scharfe Absage erteilt. Das Interesse konzentriert sich ausschließlich darauf, »was zur geistigen Form dieses Daseins gehören dürfte, dort aber innezuhalten, wo das so geschätzte anekdotisch Lebendige einzusetzen pflegt« (8 274), d.h. sowenig wie in seinem fiktiven Werk ein biographisches Ich im Mittelpunkt steht, kommt es Hofmannsthal hier im wissenschaftlichen Kontext auf biographische Fakten an. Im Blick steht das als »literarische Person« formulierte Phänomen, das »Individuum, Werk, Wirkung und Nachwirkung zusammen« ausmacht (8 248). Neben der Beschreibung der Zeitgeschichte, die die napoleonische Gestalt zum Mythos erhöhte, und der Einflüsse, denen Hugo ausgesetzt war, kommt einem Gesichtspunkt besondere Aufmerksamkeit zu, wenn man diese Schrift im Hinblick auf Hofmannsthal (und weniger auf Hugo) liest: Die »Signatur dieses Dichters« wird aus der »Signatur dieses Knaben« abgelesen (8 249), womit die Kindheit den alles entscheidenden Wert für die spätere Entwicklung zugesprochen bekommt. Mit dieser These, »nichts wird später in dem Manne sein, was nicht in dem Kinde war« (8 254), steht Hofmannsthal dem fortschrittlichen Gedankengut seiner Zeit nahe und wirft zugleich ein Schlaglicht auf die Rolle des Kindes bei ihm selbst als literarischer Person, man denke an die Fragmente »Age of Innocence« oder »Knabengeschichte«. Es betrifft daher nicht nur Hugo, wenn Hofmannsthal sagt:

»Bei frühen Erlebnissen, in welchen ein noch weiches kindliches Erkennen Stücke des Weltwesens erfassen soll, verschwimmt alles zu einer traumhaften Einheit; hier wird die Form des Erlebnisses ebenso wichtig als ihr Inhalt, das objektive Erlebnis« (8 251).

Damit verfolgt Hofmannsthal Hugos Entwicklung vom »Standpunkt des Lebens« aus, nicht »der literarischen Kunstgeschichte« (8 264), streift dann allerdings auch die philologischen Aspekte, wenn er anhand von Bildfeldern (wie Tier, Kind, Volk) Hugos Rhetorik analysiert. Die Habilitationsschrift wird Bestandteil der seit dem Barrès-Essay geführten Auseinandersetzung mit dem französischen Geist, wobei hier besonders der aus dem Napoleonmythos entsprungene Monumentalstil Beachtung erhält. Bevor er sich stilistischen Phänomenen, dem Rhythmus und Reim zuwendet, führt Hofmannsthal bei der Besprechung von Hugos Dramen den wichtigen Begriff der ›Dimension‹ ein, der auch seine Selbstkritik gegenüber eigenen, nicht-theatralischen Dramen betrifft (z.B. »Kaiser und Hexe«: vgl. HB 35/36, S. 59); so heißt es über die Figuren Hugos:

»Könnte sich einer von ihnen jemals umwenden, so müßte er sehen, daß die anderen alle nur vorne bemalte Figuren sind und nach der Breite keinen Durchschnitt haben; daß es Figuren von Papier sind. Eine einzige nach allen Dimensionen reale Gestalt, eine Gestalt wie Hamlet, eine Figur wie Götz, müßte, wenn sie in eines dieser Dramen verwickelt würde, durch ihr bloßes Dabeisein die ganze Handlung zersprengen« (8 286).

Aus dem Jahr 1902 stammt die *Ansprache im Hause des Grafen Lanckoronski* (8 20–25), die ähnliche Eindrücke wie der fiktive »Brief« des Lord Chandos heraufbeschwört. Scheinbar seine Zuhörer auf die große Kunstsammlung des Gastgebers einstimmend, legt Hofmannsthal ein engagiertes Bekenntnis zu der Verpflichtung ab, die jeden aus den ›schönen‹ Kunstgegenständen angeht. Das Wort ›schön‹ wird jeglicher Unverbindlichkeit entkleidet, im Gegenteil sogar als dasjenige Wort angesehen, das »am tiefsten verpflichtet«. Es ist die von Rilke in der berühmten Formel »Du mußt dein Leben ändern« selbständig formulierte »unendliche Forderung« der Kunst an ihre Rezipienten, »jenes dämonische Aus-uns-Herauslocken ganzer Welten des Fühlens«, das hier als Augenblick von Erhöhung und Entrückung geschildert wird. Indem wir die Geister vergangener Zeiten wie Schatten von unserem Blut trinken lassen, belebt sich »ein Längstvergangenes als Gegenwärtiges«. In diesem mystischen Augenblick, »wo alles rings um uns sein ganzes starkes Leben annehmen will«, antworten in uns die »übereinandergetürmten Schichten der aufgestapelten überindividuellen Erinnerung«. Die sehr viel spätere Vorstellung von der Sprache als dem großen Totenreich (10 132), von der planetarischen Kontemporaneität, ist hier bereits angelegt.

Nur die wenigsten der bis zur Jahrhundertwende erschienenen Besprechungen und Aufsätze ließ Hofmannsthal zu seinen Lebzeiten noch einmal erscheinen (viele davon waren allerdings für einen vierten Band der »Prosaischen Schriften« vorgesehen, vgl. XXXI 237), weitaus die meisten wurden erst 1930 unter dem Titel »Loris. Die Prosa des jungen Hugo von Hofmannsthal« gesammelt. Im ersten Jahrzehnt des neuen Jahrhunderts tritt in der kritischen Prosa zunehmend die Rezension hinter dem als Vor- oder Nachwort einer Buchausgabe gedachten Essay oder Aufsatz zurück. Der Horizont, den Hofmannsthal nun immer mehr auch in die Vergangenheit ausgreifendes Spektrum absteckt, weitet sich beträchtlich aus, so daß hier nur eine Auswahl vorgestellt werden kann, wie sich zugleich auch eine thematische Strukturierung, abweichend von der Chronologie, anbietet.

1902 wendet sich Hofmannsthal erstmals in seiner kritischen Prosa einem klassischen Werk der Literatur zu und präsentiert mit seiner Einleitung zu »Des Meeres und der Liebe Wellen« eine nicht mehr unterbrochene Auseinandersetzung mit dem Werk *Grillparzers* (8 321–324), wobei sich aus den einzelnen Stationen Rückschlüsse auf Hofmannsthals jeweiligen Standpunkt ergeben. Hier, in der Inkubationszeit von Werken wie »Das Leben ein Traum« oder »Elektra«, hebt er an Grillparzer heraus, daß er »um eins orphischer als seine Brüder« gewesen sei (8 322), und, so 1903 in einem Vortrag, daß er »direkt das

Poetische rücklings erlegen« wolle (8 31). Als das Urbild des ›armen Spielmanns‹ deutet er Grillparzers Existenz im tragischen Konflikt zwischen dem »Kernpunkt: Begriff *Besitz*« und der aus den ›medusenhaften‹ Tagebüchern kaum rekonstruierbaren »Signatur« seines Lebens: »sich selber nicht besitzen« (8 29). Während der Komödienarbeit, ab 1906/07, spielt Grillparzer keine wichtige Rolle und gewinnt sie erst, als der Weltkrieg ihm eine Besinnung auf die österreichische Identität abverlangt. Nunmehr gelten Herrschaft und Gerechtigkeit als die Themen des durch und durch politischen Kopfes (9 405–410). 1922 schließlich, bei Grillparzers 50. Todestag, ist Österreich nur noch ein Relikt seiner selbst, und Hofmannsthal versucht jetzt, den Klassiker Österreichs zwischen Lessing, Goethe, Schiller und Kleist unterzubringen, der österreichischen Art Geltung und Rang zu verschaffen, wobei er hier Grillparzer als Kronzeugen seiner eigenen Anschauung aufruft: »In der Gestalt erst ist das Problem erledigt« (9 97) ist ein Grundsatz der Hofmannsthalschen Ästhetik, weniger aber der eines konservativen Ordnungsdenkens (*84).

Gleichfalls als Reihe aufzufassen sind die innerhalb einiger Wochen im Frühjahr 1905 in der Berliner Zeitung ›Der Tag‹ erschienenen Aufsätze, deren Thematik gänzlich heterogen ist, die sich aber durch einen dichterisch gehobenen Ton auszeichnen. Die kleine Betrachtung *Der Tisch mit den Büchern* (8 337–340) erkennt in ihnen »die einzigen Boten in einer Welt der Entfremdung, maßloser Vereinsamung« und erschließt, zusammen mit der Rede vom »Dichter und dieser Zeit« (s.u.), das moderne Phänomen des Lesens. Unter dem Titel *Sebastian Melmoth* (8 341–344) kommt Hofmannsthal auf das ihn so berührende Schicksal des Ästhetizismus zurück, legt nun aber, im Jahr des »Ödipus«, eine Deutung vor, die die tragischen Untergründe von Oscar Wildes Existenz auf das mythische Vorbild des Sehend-Blinden bezieht. Seine Sphinx, »an die er unaufhörlich dachte«, um sie zu verleugnen und zu verspotten, war die ihn als Zuchthäusler einholende Wirklichkeit, nach der er sich eigentlich sehnte. Hofmannsthal betreibt damit kaum eine Psychoanalyse, nutzt aber nicht zuletzt die Mythendeutung Freuds (wie die Rohdes, Bachofens, Nietzsches) zur Dechiffrierung der Gegenwart. Der Schluß des Wilde-Essays kommt in die nächste Nähe der gleichzeitigen Griechendramen und läßt den aktuellen Anlaß des Essays, die Verknüpfung von Demütigung und ästhetizistischem Programm, weit hinter sich:

»Man kann kein Ding ausschließen und keines für so niedrig nehmen, daß es nicht eine sehr große Macht sei. Es gibt, vom Standpunkte des Lebens betrachtet, kein Ding, das ›dazu gehört‹. Es ist überall alles. Alles ist im Reigen. Wundervolles Wort des Dschellaledin Rumi, tiefer als alles: ›Wer die Gewalt des Reigens kennt, fürchtet nicht den Tod. Denn er weiß, daß Liebe tötet‹« (8 344).

Der kleine Aufsatz *Die Briefe Diderots an Demoiselle Voland* (8 345–347) zeigt Hofmannsthals Gespräch mit der Vergangenheit, mit dem Geist der Toten: »In ihren Reden aber ist ihr Totsein als eine entzückende Leichtigkeit, ein Ballwerfen mit den Lasten, die uns erdrücken, ein Tanzen um die Abgründe, die uns ängstigen«. Und schließlich *Der begrabene Gott*: ein Roman von Hermann Stehr (8 348–350) wird Anlaß zu einer eher expressiven als bloß poetischen Studie über die quälende und grauenvoll faszinierende Unbeschreibbarkeit des menschlichen Individuums und über die von Tod, Verstummen und Alpträumen gezeichnete Erfahrung der Lebensabgründe. Auch die Grenzen zwischen Rezension, Essay und Prosagedicht sind hier verwischt, ganze Passagen könnten im »Andreas« oder der »Knabengeschichte« stehen.

Damit zeigen diese Arbeiten einer kritischen Prosa, in ihrem sprachlichen Niveau und Anspruch der fiktiven Prosa ebenbürtig, eine Schwelle im essayistischen Werk an: Mit dem Jahr 1906 beschließt Hofmannsthal vorerst seine Auseinandersetzung mit dem antiken Drama und wendet sich im »Vorspiel für ein Puppentheater« der Komödie zu. Freilich verfolgt er den »Jedermann« weiter, nun aber als »Wiener Prosakomödie im Stile Raimunds« (IX 271). Entscheidend für den fließenden Übergang von einer eher kritisch-artistischen zu einer eher essayistisch-klassischen Prosa sind die ins Jahr 1906 fallenden erfundenen Gespräche über G. Keller, J. Wassermann und den »Tasso« (vgl. S. 120): Die Überführung der Kritik in ein Gespräch öffnet sie für einen Dialog mit dem Leser, so daß die bisweilen hermetisch wirkende Geschliffenheit der früheren Essays hinter das Bemühen um Teilhabe des Lesers zurücktritt. Ein weiteres Indiz dieser Schwelle, neben dem Bruch mit George und der Kooperation mit Strauss, ist der große Vortrag *Der Dichter und diese Zeit* (8 54–81), den Hofmannsthal Ende 1906 in Deutschland hielt. Er will weniger Kunstphilosophie sein als in überraschenden, befremdenden Perspektiven das dichterische Moment in der Gegenwart erforschen. Als Signatur seiner Zeit erkennt Hofmannsthal eine gleitende Vieldeutigkeit, die gerade Lebloses lebendig scheinen läßt und für tot hält, was höchst lebendig ist (8 57). Indem er sie als eine Zeit des Lesens – eher von wissenschaftlich-journalistischen oder trivialen als von literarischen Werken – bestimmt, scheint ihm der Dichter noch aus seiner Randexistenz im gesellschaftlichen Leben allen Umgang mit der Sprache zu beherrschen: »alles deszendiert von den wenigen großen Büchern der Weltliteratur« (8 63). Hierbei greift Hofmannsthal auf die auch in den »Gesta Romanorum« überlieferte Legende des Heiligen Alexis zurück, der nach seiner Heimkehr aus der Fremde unerkannt im eigenen Haus unter der Stiege leben muß. Es ist der Mythos vom verstoßenen Dichter, der als »Phantom im Munde aller« lebt, »fremd und doch daheim« (8 66). Seine Augen sind ohne Lider und dürfen nichts auslassen, das Vergangene ebensowenig wie das Gegenwärtige. Als »Liebhaber aller Schmerzen« (8 71) wird er zum Seismographen der Welt, der aus sich den Faden seiner Vision über den »Abgrund des Daseins« spannen muß und damit das Gedichtete zu einer Funktion des Lebendigen werden läßt. – 1907 erschien der Vortrag in der ›Neuen Rundschau‹ und im ersten Band der »Prosaischen Schriften«, doch schloß sich Hofmannsthal später (Bw Zifferer 188) dem kritischen Urteil Rudolf Borchardts (Bw Borchardt 92f.) an, während Rilke (Bw Rilke 49) und Ernst Bertram den Vortrag schätzten. Auffallend ist seine Nähe zum Chandos-»Brief« wie zur »Elektra« (der lidlosen Dichter-Meduse), besonders aber die geistige Verwandtschaft mit der modernen Ästhetik der Vision (Eliot, Joyce, Woolf, Musil) wie der Idee vom Dichter als Chamäleon ohne eigene Identität bei Keats (vgl. den Brief an Stefan Gruss, 23. 1. 1907, B I 253 ff.).

Die essayistische Prosa von ca. 1906 bis 1929

Mit den essayistischen Arbeiten der folgenden Jahre treten schärfer als vorher vier größere Themenkomplexe hervor, die zum Teil sich an früher Erörtertes anschließen, zum Teil sich aber nun herausbilden. Der Übergang von einer eher artistischen zu einer eher klassischen Epoche in der kritischen Prosa ist dabei ebenso fließend wie der zwischen den einzelnen Themenbereichen. Auch verweigert sich eine Reihe von Arbeiten aus dem Zusammenhang der »Reden und Aufsätze« einer thematischen Rubrizierung, so die Texte »in memoriam« (8 451–465). Als Tendenz zeigt sich ab etwa 1906/08 aber deutlich, daß

Hofmannsthal das sprachliche Niveau seiner kritischen Prosa durch den Verzicht auf artistische Sprachbehandlung einem größeren Leserkreis zu öffnen sucht. Statt der Besprechung zeitgenössischer Autoren mehren sich nun die Einleitungen oder Nachworte zu Werken der (klassischen) Weltliteratur, daneben tritt Hofmannsthal immer mehr als Redner, vor allem aber als *Herausgeber* in Erscheinung: Nach der für ihn unerfreulichen Mitarbeit im Lyrikreferat der Zeitschrift ›Morgen‹ (1907/08) erlebt das ehrgeizige Projekt des ›Hesperus‹-Jahrbuchs, gemeinsam mit Borchardt und Schröder unternommen, nur eine Folge (1909). 1912 folgt die Auswahl »Deutsche Erzähler«, 1915 gründet Hofmannsthal die ›Österreichische Bibliothek‹, die es bis 1917 auf 26 Bändchen bringt; nach dem Krieg folgen das »Deutsche Lesebuch« (1922, 2. veränderte Auflage 1926) und der Band »Deutsche Epigramme« (1923), besonders gewichtig aber die im Verlag der Bremer Presse zwischen 1922 und 1927 von Hofmannsthal herausgegebenen ›Neuen Deutschen Beiträge‹ (vgl. 9 197–206), in denen u. a. Walter Benjamin und Florens Christian Rang publizierten, neben eigenen Arbeiten (»Der Turm«) aber auch Heinse, Novalis, Hölderlin und Kleist eine Rolle spielten. Schließlich folgen »Schillers Selbstcharakteristik« (1926) und »Wert und Ehre deutscher Sprache« (1927), die meisten davon mit programmatischen Einleitungen versehen. Gemeinsam ist diesen Projekten, daß sie zwischen der Esoterik (etwa der Georgeschen ›Blätter für die Kunst‹) und dem, was Hofmannsthal als journalistisches Zugeständnis an den Zeitgeist anprangerte (9 127), die Mitte zu halten versuchen. Angestrebt wird »ein höheres Soziales«, weder wohlfeil noch snobistisch (9 127). Den Leser »in seiner Einbildungskraft mitzuschaffen [ist] die oberste gesellige Pflicht dessen, (…) der ein Buch macht«, heißt es in der Vorrede zum »Deutschen Lesebuch« (9 174).

Daneben lassen sich im wesentlichen vier Themenkomplexe erkennen:

1. Der Bereich der klassischen Weltliteratur hat Hofmannsthal seit der Grillparzerstudie von 1902 in seinen Aufsätzen beschäftigt, übernimmt aber mit den Jahren 1907/08 den Hauptanteil.

2. Dagegen verliert die in den 1890er Jahren dominante Auseinandersetzung mit den Zeitgenossen etwas an Bedeutung, wird konservativer und verlagert sich gleichzeitig vom literarischen Sektor auf den der Kultur.

3. Somit tritt das Interesse an den Künsten insgesamt und ihrer kulturellen Vermittlung, besonders über das Theater und die Verlage, in den Vordergrund. Die Salzburger Festspiele und das Theater Max Reinhardts nehmen die prominentesten Plätze ein.

4. Schließlich etabliert sich, abhängig von den Kriegsereignissen, ab 1914 ein (kultur)politisches Engagement, das sich vornehmlich in der Vision einer österreichischen Idee niederschlägt und seinen Höhepunkt mit der Münchner Rede vom »Schrifttum als geistiger Raum der Nation« erreicht.

1. In Hofmannsthals lebenslanger Auseinandersetzung mit der Weltliteratur bildet die Gestalt *Goethes* das Zentrum, das in alle Richtungen ausstrahlt. Die Beschäftigung mit der Oper, aber auch der Versuch, eine österreichische Identität im deutschen Sprachraum zu entwickeln, die Einschätzung Shakespeares und Balzacs, Beethovens und Hölderlins (der Goethe in den zwanziger Jahren beinahe überholt, 9 488 ff.) - sie alle werden an dem Maßstab ›Goethe‹ gemessen. Auch Hofmannsthals dichterisches Werk ist Goethe überdurchschnittlich verpflichtet, denn »vor allem und immer wieder Goethe« (9 199) ist der Garant dafür, daß erst in der Gestalt das Problem erledigt ist. Dabei sind es nicht ausschließlich die Dichtungen des klassischen Goethe, »Iphigenie«, »Tasso«, die »Lehrjahre« oder »Die natürliche Tochter«, auf die Hofmannsthal regelmäßig zurückkommt (vgl. HB 26, 3 ff.), sondern es ist auch der damals weniger bekannte (der Singspiele und Opern: 8 443 ff.), besonders aber der späte Goethe, der Hofmannsthal fasziniert. Die Hochschätzung der »Wahlverwandtschaften« oder des »Divan« (8 439 ff.), der Prosakunst der »Wanderjahre« (10 130) oder der Autobiographie belegt Hofmannsthals selbständiges, unakademisches und modernes Goethebild.

Vergleichsweise unerforscht ist dagegen das Verhältnis zu *Shakespeare* und zum elisabethanischen Theater, mit dessen Autoren sich Hofmannsthal intensiv und produktiv auseinandersetzte (Marlowe, Middleton, Jonson, Beaumont, Fletcher, Ford, Dekker). Die zahlreichen Hamletbezüge in den frühen Aufsätzen verraten etwas vom Übergewicht der Reflexion; die Shakespeare-Rede von 1905 (8 33-53) siedelt die Eigenart Shakespeares (in Anlehnung an Walter Pater) in der Nähe musikalischer Strukturen (Ensemble) an, was die Betrachtung »Shakespeare und wir« von 1916 (9 107-113) zurückzunehmen scheint (indem sie Shakespeare der unvermischten Oper gegenüberstellt), aber das Gespräch über die »Ägyptische Helena« (1928) wieder ins Zentrum rückt: Shakespeare, heißt es (XXXI 226), habe »lauter Opern geschrieben«, indem er das Wort nur als Ausdruck, nie als dialektische Mitteilung nutze. (Umgekehrt zur musikalischen Shakespearelektüre deutet die 1920 gehaltene Beethovenrede den Musiker fast ganz aus dem Kontext der Literatur (9 69–86), aus der Nähe zu Rousseau, zu Herder, Schiller und Goethe).

Ein der Reichhaltigkeit Shakespeares vergleichbares Werk stellt für Hofmannsthal *Balzac* dar, dem er 1908 einen großen Essay widmet (8 382–397; vgl. »Über Charaktere im Roman und im Drama«, S. 114 f., ferner 8 359–361). Die Unmittelbarkeit seiner Lebensnähe, die den ganzen Kosmos menschlicher Dämonie ausschreitende Phantasie macht aus Balzac das Lexikon der Moderne; das epische Gesetz, daß alles fließend, auf dem Weg ist, verknüpft Balzac mit dem zentralen Mythos vom Geld, durch das »alles zu allem« kommt (8 392). Von hier aus führen Spuren zur Geldthematik im »Dominic Heintl« und »Jedermann«, in denen der Einfluß Balzacs nachwirkt (vgl. *221).

Spiralartig erweitert sich der Radius dessen, was Hofmannsthal in den Kreis seiner Darstellung aufnimmt, dabei das Entlegene streifend (in der Übersetzung der Reden Gotamo Buddhos durch Neumann, 9 150 ff. und 185 ff.) wie das leicht übersehene Naheliegende – etwa in der Aufmerksamkeit, mit der er »Tschechische und slowakische Volkslieder« (9 165 ff.) wahrnimmt. Nicht zufällig gehen zwei der schönsten Essays der zwanziger Jahre aus Darstellungen von der »Heimatliebe entsprungenen Kunstwerken« (10 124) hervor – die Einleitungen zu Stifters »Nachsommer« und zu Manzonis »Die Verlobten« (9 220–227, 10 119–127): Hofmannsthal liest sie als Ausdruck des Österreichertums bzw. der italianita, vor allem aber gelingt ihm, den Leser in das Werk einzuführen und es zugleich, mit wenigen Strichen, ganz neu und überraschend vor ihm erstehen zu lassen.

2. Vergleicht man den Anteil, den die Rezension zeitgenössischer Werke in der ersten und in der zweiten Hälfte des kritischen Prosawerkes einnimmt, so fällt auf, daß schon nach der Jahrhundertwende kaum mehr die Werke der ›Moderne‹, der Avantgarde, vorgestellt werden, wohingegen doch zuvor zahlreiche Autoren besprochen wurden, die das Gesicht der Epoche geprägt haben (Ibsen, Barrès, d'Annunzio, George, Swinburne, Pater). Freilich hat sich an Hofmannsthals Aufnahmebereitschaft und seiner enormen Belesenheit auch nach der Jahrhun-

dertwende nichts geändert – es gibt Zeugnisse, daß er etwa Yeats und Proust, Joyce und Musil, Trakl und Brecht, Eliot und Valéry wahrgenommen, gekannt, rezipiert, sogar zitiert hat, doch keiner von ihnen, wohl aber St.-J. Perse (10 144–146), spielt in der kritischen Prosa eine Rolle (ihre Spuren sind entweder direkt ins Werk eingegangen, so Musils »Schwärmer« in den »Unbestechlichen«, oder aus Briefen rekonstruierbar). Dagegen stellt Hofmannsthal nach 1920 verstärkt konservative Größen, meistens aus seinem Freundeskreis (Borchardt, Schröder, Mell, Carossa, außerdem Kassner), der Öffentlichkeit vor. In der 1920 formulierten »Idee einer durchaus selbständigen und dem Scheingeschmack der Epoche widerstrebenden Monatsschrift« (9 127–129) stellt er den Kreis als die gesuchte Form der »hungrig ins Unendliche fortrasenden Linie« entgegen. Nur in wenigen Ausnahmen wird ein Aspekt der zunehmend kritisch beobachteten, als ›fortschrittlich‹ bezweifelten Zeitgenossenschaft herausgegriffen und gewürdigt, so etwa Freud, der in einem der für Nordamerika bestimmten »Wiener Briefe« charakterisiert wird. Hofmannsthal bescheinigt der Psychoanalyse ein hohes Maß an Aktualität, versucht aber den eigensinnigen Fatalismus in seine Schranken zu verweisen, indem er zu verstehen gibt, die Dichter hätten schon lange vor Freud den Schlüssel zum Reich des Unbewußten in Händen gehalten, mit gutem Grund aber einen nur esoterischen Gebrauch davon gemacht (9 192–196). Es ist nicht zu übersehen, daß Hofmannsthals Werk vielfach Spuren psychoanalytischer Schriften aufweist, auch spielen neben Freud etwa Herbert Silberer, Alfred von Winterstein u.a. eine Rolle (vgl. *162, *202), doch wirft Hofmannsthal der Psychoanalyse vor, mit quantitativer Meßbarkeit die Phänomene des Lebens und des Unbewußten festzuschreiben. – Kritisch setzt er sich auch mit dem Werk des amerikanischen Dramatikers O'Neill auseinander (9 213–219), das Anlaß zur »dramaturgischen Reflexion« bietet und – neben dem fiktiven Gespräch über die »Helena« – einen wichtigen Einblick in Hofmannsthals späte Theaterpoetik erlaubt, für die die Dialektik eines Ibsen oder die Direktheit eines O'Neill nicht Vorbild sein können.

3. Die für Hofmannsthals kritische Prosa zu konstatierende Tendenz von der Esoterik des Frühwerks zur eher klassischen Vermittlung der zweiten Schaffenshälfte schlägt sich auch nieder in der vermehrten Aufmerksamkeit, die nach dem Weltkrieg dem Theater und dem Verlagswesen als Zentren der Kommunikation zukommen. Von Hofmannsthals Tätigkeit als Herausgeber und Kommentator der Weltliteratur war schon die Rede,

hinzuzufügen wäre das Interesse an verlegerischen Großprojekten wie der ›Bibliotheca mundi‹ oder der ›Bremer Presse‹; dabei können sich bibliophiler Höchstanspruch und klassische Kanonbildung verbinden (9 132 ff., 176 ff.). Was das Theater angeht, so galt Hofmannsthals Interesse früh herausragenden Gestalten, und schon der 18jährige widmet sich dem Gastspiel der Duse (8 469 ff.); nach der Jahrhundertwende schreibt er noch über Craig, Ruth St. Denis und Nijinsky (1912), dann aber konzentriert sich das Interesse zumindest der Essays, nicht der Person des Dichters, spürbar auf zwei Projekte, die miteinander verbunden bleiben: die Salzburger Festspiele und das Theater Max Reinhardts. Aus dem Jahr 1917 bereits datiert die »Proposition für die Errichtung eines Mozarttheaters« in Wien (9 231–234), um der reichsdeutschen Monumentalität des Wagnerschen Musikdramas einen Ort entgegenzustellen, der der Intimität der Mozartschen Spieloper gerecht wird. Aus demselben Jahr stammt Reinhardts Konzeption von Festspielen in Salzburg, deren Kunstrat Hofmannsthal ab Februar 1919 zugewählt wird. In zahlreichen Aufsätzen der folgenden Jahre begründet und erläutert er den Plan, u. a. im Rückgriff auf Josef Nadlers »Literaturgeschichte der deutschen Stämme und Landschaften« und die österreichische Barocktradition, vor der die Unterscheidung von Oper und Schauspiel ebenso hinfällig wird wie die zwischen den Gebildeten und der Masse des Publikums. Salzburg wird für Hofmannsthal zu einer Idee der Mitte, sowohl in politischer als in sozialer, kultureller und geographischer Hinsicht. Der süddeutsche Raum gilt als Ursprung des Theaters, das seine lebendigsten, anspruchsvollsten Ausläufer bei Goethe und Schiller dem schlichten Volkstheater, dem Mysterienspiel und Puppentheater, aber auch der Barockoper verdanke, und von daher neben Calderón, Shakespeare und Molière tritt. Gerade angesichts der politischen und sozialen Wirren in und nach dem Weltkrieg kam es Hofmannsthal darauf an, »daß das Resultat als etwas rein Volkshaftes, ja Naturhaftes, Unmittelbares erschien« (9 266). 1920 wird erstmals der »Jedermann« auf dem Salzburger Domplatz gespielt, 1922 »Das Salzburger Große Welttheater« in der Kollegienkirche uraufgeführt. Dabei kommt es erneut zu einer Zusammenarbeit zwischen Hofmannsthal und Reinhardt. Beiden war der Erfolg in Wien versagt gewesen, beide hatten sich auf dem Boden Berliner Theaterexperimente zusammengetan (»Elektra«). Fortan kam es zu einer intensiven (nicht immer spannungsfreien) Zusammenarbeit, etwa bei »Cristinas Heimreise«, dem »Rosenkavalier« und der »Ariadne«

sowie dem »Schwierigen«. Seit 1918 äußerte sich Hofmannsthal verschiedentlich über Reinhardts Arbeit, die er vor dem Erbe österreichischer Tradition, der barocken Momente des Festlichen und des Geselligen (9 252) sieht. Als das Zentrum dieses Theaters gilt das Mimisch-Schauspielerische, von dem aus die verschiedenen Hilfsmittel, Musik, Licht, Kulisse, rhythmisch eingesetzt werden. Das »ungewöhnliche Raumgefühl« Reinhardts (9 290) verbindet sich für Hofmannsthal mit der zeitgenössischen Eroberung einer neuen Wirklichkeit, die durch ihre Zweifel an der Realität genau »zwischen Wirklichkeit und Traum« gerät (9 291). Es ist die Erfahrung der erkenntniskritischen Einakter Schnitzlers (»Der grüne Kakadu«, »Die Frau mit dem Dolche«, »Zum großen Wurstel«) oder des metaphysischen Theaters Pirandellos, die Hofmannsthal auch dem Theater Reinhardts zuspricht: Daß der Schauspieler dem Raum des Traumes ebenso angehört wie dem der Wirklichkeit, und »daß man nie wissen kann, wann er anfängt, in dem einen, und wann er aufhört, in dem andern Raum zu sein« (9 292; vgl. den Prolog »Das Theater des Neuen«, S. 97).

4. Das Engagement für das Theater als das »einzig grosse Sociale das wir haben« (an Pannwitz, 19.9.1917), vor allem aber Unternehmungen wie die Bremer Presse und in den zwanziger Jahren das verstärkte Interesse an Sammelwerken wie dem »Deutschen Lesebuch« u.a., alle diese Bemühungen wachsen auf dem Boden der Nachkriegszeit mit ihrem auch bei Hofmannsthal geschärften politischen Bewußtsein. Der Kriegsbeginn hatte Hofmannsthal zunächst selbst in Euphorie versetzt, die zunehmend, wie Lunzer (*185) im einzelnen aufzeigte, einer Ernüchterung gewichen ist. Peinlicher Zeuge dieses frühen Patriotismus ist neben den hohlen Versen »Österreichs Antwort« (I 112) besonders das illustrierte Kinderbuch »Prinz Eugen der edle Ritter« (XXVIII 85–105), das das dunkelste Kapitel der Erzählungen darstellt. Schwer erträglich ist die pathetische Rede von der österreichischen Schickung und Gottes sichtbarem Willen, wenn Tirol als »unsere große, von Gott gebaute Bergfestung« (XXVIII 96) verherrlicht oder der Anspruch aufs Meer verteidigt wird. Zum Selbstwiderspruch wird die Apotheose Österreichs als »Brücke der Völker vom Herzen Europas zum Orient«, wenn gleichzeitig die von Eugen geschlagenen Türken als die alte, die Russen als die neue »halbasiatische Großmacht« diffamiert werden. Weitsichtiger ist der Blick Hofmannsthals, wo er in Aufsätzen für die Wiener ›Neue Freie Presse‹ gegen deutschtümelnden Sprachpurismus Position bezieht und so-

wohl das Studium fremder Sprachen als auch den Gebrauch von Fremdworten verteidigt (9 351 ff., 360 ff.). In vielen Stellungnahmen der Jahre 1914/15 hält sich allerdings der – dann desillusionierte – Glaube an eine durch den Krieg mögliche Rekreation (9 351, 356), an einen dem Geistigen zugänglicheren erhöhten Zustand (9 369; vgl. *185 113 ff.). Hofmannsthal ist zutiefst von der europäischen Mission Österreichs überzeugt, da es »selber ein Europa im Kleinen« (9 417) sei. Die Aufsätze »Worte zum Gedächtnis des Prinzen Eugen« (9 375–383) und »Maria Theresia« (9 443–453) sind die gewichtigsten, zumindest poetischsten Zeugnisse dessen, was Hofmannsthal als »die österreichische Idee« zu formulieren suchte. Am ehesten wird er »Österreich im Spiegel seiner Dichtung« gerecht, einem Vortrag von 1916 (9 13–25), der in der Landschaft und Heimatliebe, dem Vorrang des Sozialen vor dem Intellektuellen, der Synthese vor der Analyse die österreichische Eigenart erkennt. Das geistreiche Schema »Preusse und Österreicher« (9 459–461) – nicht zuletzt Hintergrund des »Schwierigen« – verteidigt sie gegen reichsdeutsche Vereinnahmungen. Energisch verwahrt sich Hofmannsthal indes gegen eine spezifisch österreichische Literatur (9 476). Während das Projekt, »Ehrenstätten Österreichs« in Bildbänden vorzulegen, wohl mit an der Sprengkraft nationaler Bestrebungen im Vielvölkerstaat scheitert, kann die 1914 entworfene, im Leipziger Insel-Verlag bis 1917 erscheinende »Österreichische Bibliothek« verwirklicht werden. Zumindest in ihrer »Ankündigung« nicht frei von Kitsch – »Vater Haydn ist da und spielt mit halberstarrten Greisenfingern sein ›Gott erhalte‹« (9 435) –, enthält sie eine Reihe von Bänden literarischen und historischen Charakters, die über den aktuellen Anlaß hinausreichen. – Bis ins Jahr 1917 gehen Hofmannsthals Versuche, im In- und Ausland (Skandinavien, Polen, Schweiz) für Österreichs »tausendjährige Sendung durch Europa« (9 54) zu werben. Der Glaube an eine »neue Epoche der Seele« (9 53) und an die Bestätigung der Werte »in ihrer wahren Ordnung« durch den Krieg (9 455) begann erst zu zerbrechen, als Hofmannsthal im Juni 1917 in Prag mit tschechischen Nationalisten Verbindung hatte. Daß seine »Österreichische Idee« (9 454 ff.) eine Fiktion, eine Konstruktion, eine Legende, ein Mythos sein sollte, wie man ihm aus Prag schrieb (HB 4, S. 271), wollte er lange nicht sehen, quittierte die Richtigkeit dieser realistischen Einschätzung indes mit dem Verzicht auf politische Schriftstellerei. Stattdessen setzte er ab dem Sommer 1917 der untergehenden Gesellschaft ihr Denkmal im »Schwierigen«.

Resigniert, verhalten, dafür aber realistischer wird der Ton in den kulturpolitischen Schriften der Nachkriegszeit, in den »Bemerkungen« über den österreichischen Internationalismus oder dem »Blick auf den geistigen Zustand Europas«, der, idealistisch genug, durch Goethe und Dostojevskij repräsentiert sei, aber Ernüchterung und Erschütterung konstatiert (9 473–481). Von den fünf 1922/24 für die amerikanische Zeitschrift ›The Dial‹ geschriebenen Briefen widmet sich der vierte dem »gesamteuropäischen Wetter« (9 483), das geistige, politische und geschichtliche Probleme verknüpfe. Erneut meldet sich aber der Dichter zu Wort, der die Politik noch durch den Geist, Amerika durch Europa regiert glaubt und den Kronzeugen einer vermeintlich zeitgenössischen »vormessianischen Religiosität« in Hölderlin erkennen will (9 488). – »Das Österreich, von dem ich spreche, besteht nicht mehr« (10 20), heißt es lakonisch in der »Ansprache bei Eröffnung des Kongresses der Kulturverbände in Wien«: Die vormalige österreichische Idee liegt in Trümmern und kann allenfalls als »Geistesverfassung« überleben – doch wie skeptisch Hofmannsthal selbst diesen Gedanken gegenübersteht, zeigt die schonungslose Nüchternheit der Bühnenfassung des »Turm«.

Die zunächst unter größter Mühe vorbereitete Rede im Auditorium maximum der Münchner Universität am 10. Januar 1927, *Das Schrifttum als geistiger Raum der Nation*, wurde von Hofmannsthal in der Druckfassung mit Engagement verbreitet. Sie gilt gemeinhin als Höhepunkt seiner kulturpolitischen Äußerungen, obschon man weder übersehen hat, daß hier keine klare politische Botschaft gegeben werden wollte oder konnte (*253 241–249), noch auch, daß der im Schlußabsatz beinahe unvermittelt auftauchende Begriff der ›konservativen Revolution‹ bereits von zahlreichen Autoren geprägt und aufgegriffen worden war (*134, *149). Statt politischer Theorie bietet die Rede einen letzten, verzweifelten Appell (*134) an die Zeitgenossen, mit der Besinnung auf das Schrifttum als den »Geist der Nation« (10 24) letztlich Geist und Politik zu versöhnen, d.h. die Politik nicht dem Ungeist zu überlassen (Olivier im »Turm«) und den Geist nicht von der Politik zu isolieren. Als Ziel schwebt ihm die Bildung einer wahren Nation vor, d.h. der »politischen Erfassung des Geistigen und der geistigen des Politischen« (10 40) den Weg zu bereiten. Es ist vor allem der Blick auf den in Frankreich beobachteten Kreislauf von Literatur und Geselligkeit und die vorwaltende geglaubte Ganzheit, den Hofmannsthal der deutschen Zersplitterung entgegenhält. Was 1896 in »Poesie und Leben« als ästhetisches Phänomen bedauert wurde – »daß der Begriff des Ganzen (...) verlorengegangen ist« (8 15) – wird nun politisch gedeutet (zur verlorenen Ganzheit vgl. »Andreas«, »Die Briefe des Zurückgekehrten« und den »Unbestechlichen« mit der Titelvariante: »Theodor und das Ganze«). Die Deutschen in ihrer Eigenheit, das Gesellschaftliche zu widerlegen, werden mit Nietzsche (der schon am Ende des 8. Kapitels von »Jenseits von Gut und Böse« die »letzten großen Suchenden« gegen die behäbig besitzenden Bildungsphilister ausgespielt hatte) als »Suchende« beschrieben (10 29), wobei Hofmannsthal zwei imaginäre Portraits entwirft, in dessen einem »mit dem Anspruch auf Lehrerschaft und Führerschaft« (10 32) man u.a. Züge von Stefan George und Rudolf Pannwitz, in dessen anderem, mit seiner »Hybris des Dienenwollens« man Momente von Josef Nadler, Norbert von Hellingrath (dem Hölderlinherausgeber) und Florens Christian Rang gefunden hat (*134, *149). Überdies verhalten sich beide Portraits zueinander wie Sacramozo (der ebenfalls George- und Pannwitz-Züge hat) und Andreas im Roman; zum ersteren lautet sogar eine Notiz: »Sie haben dies *deutsche Suchen*« (XXX 200). Auch daß Hofmannsthal die neuen Suchenden von der Generation um 1780/1800 absetzt, bestätigt diese werkinterne Analogie (»Andreas« spielt 1778). Mißtrauen, Nüchternheit und Resignation kennzeichnet die modernen Suchenden, die nicht auf Freiheit, sondern Bindung aus und daher als konservative Revolutionäre anzusehen seien. Ideengeschichtliche (Ernst Troeltsch und Thomas Mann) und politische (Karl Anton Rohan und Arthur Moeller van den Bruck) Begriffsmomente werden von Hofmannsthal mit Überlegungen von Pannwitz (»Die deutsche Lehre«, 1919) und Paul Ludwig Landsberg (»Die Welt des Mittelalters und wir«, 1922) kombiniert. ›Konservative Revolution‹ ist indes kein ausreichender Terminus für Hofmannsthals politisch-geistige Vision, sondern seinerseits die Antwort auf die ebendenselben Suchenden attestierte »produktive Anarchie« (10 31). Die »konservative Revolution« ist mithin kein Schlüssel-, sondern ein von Hofmannsthal zitierter Arbeits- oder Funktionsbegriff innerhalb einer von produktiver Anarchie gekennzeichneten Situation.

Wege und Begegnungen – der Titel jener Prosa von 1907 über das »beständige Auf-dem-Wege-sein aller Menschen« (7 159) – beschreibt als Stichwort biographische und fiktive Stationen von Hofmannsthals Person und Werk. Wo sich beides überschneidet, in der Reiseprosa, sind Erlebnis und Beschreibung nicht zu unterscheiden; die Gattung des bloßen Reiseberichtes wird dichterisch überhöht und symbolisch aufgeladen, das Historische vergeistigt, das Erlebte durch Erfundenes, oft durch Gelesenes komplettiert. So führt die Südfrankreichreise des 18jährigen mit seinem Französischlehrer zu der lapidar festgehaltenen Erkenntnis: »Mir fehlt Unmittelbarkeit im Erleben« (10 352), gleichzeitig aber zu einer hochreflexiven, artistischen Prosa (7 589–594), die den Abstand zur sentimentalischen Reise des 18. Jahrhunderts deutlich bekundet. Zwar fehlt dem ruhelosen Reisen nunmehr das Malerische (7 590), aber es läßt das Gesehene zum Bild gerinnen, das Leben zum Stilleben: »Es fehlt nur der Pfau mit vergoldetem Schnabel zu einem farbigen Essen der Renaissance« (7 593). – Den Alpenübergang nach Italien bannt das kleine »Reiselied« in zehn Zeilen; die *Sommerreise* von 1903 (7 595–602) entrückt die Landschaft der oberitalienischen Maler in den traumhaften Einklang von »Erde und Wolke, Ferne und Nähe« (7 600). Erfahren wird er vor allem in der Vermittlung durch zwei Kunstwerke, in denen sich die Süßigkeit und Lust dieser Landschaft manifestiert: im »Concerto campestre«, das Hofmannsthal noch für ein Bild Giorgiones hält und in das auch Elemente aus Tizians »Irdischer und himmlischer Liebe« eingeblendet werden, und in der Rotonda des Palladio. Zeitgleich mit »Elektra« entstanden, sind auch hier die Spuren dionysischer Sinnlichkeit nicht zu übersehen; besonders die Verben deuten die Landschaft als ein großes erotisches Bacchanal (vgl. *177).

Die *Augenblicke in Griechenland* (7 603–628) greifen auf Eindrücke der mit Kessler und Maillol unternommenen Reise (April/Mai 1908) zurück, die Hofmannsthal bis an den Rand des Zusammenbruchs geführt hatte. Kessler hat in seinem Tagebuch genauen Bericht erstattet (vgl. Werner Volke, »Unterwegs mit Hofmannsthal«. In: HB 35/36, 1987), während Hofmannsthal nur ganz allgemein in Briefen davon spricht, er habe dort das ganz Fremde, den Orient, gefunden. Unmittelbar nach der Reise wurde nur der erste Abschnitt, »Das Kloster des Heiligen Lukas«, geschrieben und publiziert. Unter dem Einfluß der

Eposstudien von Gilbert Murray wurde 1912 »Der Wanderer«
niedergeschrieben, in dem sich Zeiten und Räume, Realität und
Fiktion unentwirrbar verbinden. Abwesende Freunde werden
im Gespräch lebendig, bis nicht mehr die Erinnerten, sondern
die Erinnernden selbst gespensterhaft erscheinen. Traumartig –
in der Inkubationszeit des »Andreas«! – schiebt sich das Schicksal Arthur Rimbauds vor die Gestalt des seinem Tod zueilenden
Buchbindergesellen aus Österreich und mischt sich zu einer
»Lazarus-Episode« (Bw Kessler 296), die erschütternd wirkt.
Die Frage »Wer bin ich?« (7 616) läßt die Reise zur Selbsterkun-
dung werden, die ihren Gipfel in der »Statuen«-Vision des 3.
Teils erreicht. Er wurde erst nach 1914 geschrieben und, zusammen mit dem »Wanderer«, 1917 in den »Prosaischen Schriften«
gedruckt. Die Trümmer der Akropolis, die geisterhafte Erscheinung Platons und die Sprachkunst eines Sophokles verharren in
»dämonischer Ironie« (7 621) und geben das Geheimnis der
Griechen nicht preis. Erst angesichts der fünf archaischen Mäd-
chenstatuen (Korai) im Akropolismuseum vollzieht sich eine
zeitenthobene Durchdringung von Subjekt und Objekt, von
Erinnerung und Gegenwart, von Opfer und Opferndem. In den
vielleicht kühnsten Sätzen seiner Prosa verdichtet Hofmannsthal Selbstverlust und Selbstbesitz, Reflexion und Vision; die
Gegenwärtigkeit der Statuen löst das betrachtende Ich auf bis
zum unzerstörbaren Kern und reißt die Grenze zwischen
Mensch und Gott ein. – Vom »Mysterium im Licht« spricht
daher auch der nüchternere *Griechenland*-Essay von 1922
(7 629–640), der die Poetik der Reiseprosa Hofmannsthals offenbart: Sie schildert die Reise als geistiges Moment, als Auseinandersetzung mit der Tradition – hier des Griechenbildes von
Winckelmann bis Bachofen – sowie mit der Seele des Reisenden
selbst, als »verklärende Verschleierung« (7 630). Auch *Sizilien
und wir* von 1925 gerinnt damit beinahe zu einer kleinen Studie
über Goethe und verzeichnet darüberhinaus die durch Photo-
graphie und Eisenbahn mögliche Distanzierung und Objekti-
vierung. – Die Marokko-*Reise im nördlichen Afrika* (7 641–654)
gehört in den Kontext von Hofmannsthals kulturpolitischem
Denken der zwanziger Jahre, das Orient und Okzident ins
Verhältnis zu setzen versucht. Marokko wird daher nicht in den
Koordinaten des Südens gedeutet – die Erstpublikation trug die
Titel »Fez« und »Das Gespräch in Saleh«, der gemeinsame Titel
erst 1931! –, sondern des arabischen Orients. Die Darstellung
wird zur Besinnung auf die europäische Tradition und Sprache,
auf das Verhältnis von Deutschland und Frankreich, sollte aber

schließlich mehr, ein poetischer »mythe« im Sinne Valérys werden, »etwas Dichterisches, viel mehr als Historisches« (Bw Insel-Verlag 995).

Literatur zum essayistischen Werk im allgemeinen: *82; *89; *121. *Zu den frühen Essays:* *16; *35, S. 88–94; *116, S. 48–83; *208; *214, S. 116–141; *226; *233. *Zu den Essays der Kriegszeit:* *52, S. 83–149; *153, S. 155–173; *185. *Zu den Essays der späteren Jahre:* *84; *100. *Zu* »*Das Schrifttum als geistiger Raum der Nation*«: *84, S. 93–96; *100, S. 211–224; *134; *149; *205; *253, S. 241–249.
Zur Reiseprosa: Zur »*Sommerreise*«: *177. *Zu* »*Augenblicke in Griechenland*«: *27, S.136–144; *89, S. 141–162; *90, S. 180–200; *165, S. 107–127.

10. Aphoristisches (Das »Buch der Freunde« und »Ad me ipsum«)

Hofmannsthals nachgelassene (Teil-)Bibliothek, heute im Freien Deutschen Hochstift/Frankfurter Goethemuseum aufgestellt, bildet mit mehreren hundert Bänden voll Anstreichungen, Randnotizen, Lesedaten und Werknotizen eine von der Forschung noch nicht abzusehende Inspirationsquelle seines Schreibens (*42). Gibt es doch kaum ein Werk, das sich nicht zu einem erheblichen Teil einer literarischen Anregung verdankt. Der schöpferischen Aneignung des Fremden, etwa Büchners und Novalis' für den »Andreas« oder Kierkegaards für den »Schwierigen«, entspricht eine Art von komprimierter Bibliothek im *Buch der Freunde* (10 233–299). Nicht weniger als siebzig Autoren werden in dieser Sammlung von Aphorismen, Lebenszeugnissen und Anekdoten zitiert und zwischen eigene Formulierungen gestellt. Bereits 1919 als ein Band »Fragmente und Figuren« disponiert (Bw Insel-Verlag 730), sollte es Abschnitte zu Lessing, Goethe und Molière, auch die Aufzeichnungen »Ad me ipsum« (10 555) enthalten. Zeitweilig war sogar an eine Publikationsreihe gedacht (»die auf eine Art Jahrbuch, bestritten von einem Einzelnen hinausliefe«: Bw Insel-Verlag 768 f.) oder an die Aufnahme dramatischer Fragmente (ebd. 813). Eine Fortsetzung erwog Hofmannsthal noch 1928 (ebd. 1015). – Das aus handschriftlichen Vorlagen aus zum Teil schon zurückliegenden Jahren zusammengetragene Manuskript wurde im Juni 1921 Katharina Kippenberg, der Frau des Insel-Verlegers, zur Redaktion und Neuordnung übergeben. Zugleich machte Hofmannsthal den Vorschlag, die Sammlung in vier Gruppen – ohne

Überschriften – zu gliedern: 1. »Die Menschen – oder Leben, auch Liebe, Freundschaft, sowie Verkehr, Manieren, Gesellschaft«. 2. »›Geist‹, darin auch alles übers Denken, über Philosophie über Gelehrte«. 3. »die Nationen, die Epoche, Politik«. 4. »Sprache, dabei Poesie, Litteratur, sowie das mit Kunst, oder Malerei oder Stil überschriebene« (ebd. 818). Der Anteil Katharina Kippenbergs ist nicht mehr zu rekonstruieren, da die Satzvorlage verloren ging. 1922 erschien der Band als Luxusausgabe in nur 800 Exemplaren im Leipziger Insel-Verlag. Eine zweite, geringfügig erweiterte Auflage kam unmittelbar nach Hofmannsthals Tod mit einem Nachwort Rudolf Alexander Schröders heraus. Einen wichtigen Beitrag zur Ermittlung der Quellen legt die 1965 von Ernst Zinn besorgte Ausgabe vor.

Hofmannsthal übernimmt nicht nur den Titel von Goethe – aus den Plänen zum »Westöstlichen Divan« – und läßt ihn am meisten zu Wort kommen, von Goethe her stammt auch die Offenheit und Gelassenheit, mit der sich hier Eigenes und Fremdes soweit durchdringen, daß ihre Differenzierung fragwürdig wird. Goethes Maxime, alles Gescheite sei schon einmal gedacht worden und man müsse nur versuchen, es noch einmal zu denken, bereitet die Basis für Hofmannsthals imaginäre Bibliothek vor. Sie unterliegt keinem reglementierenden Ordnungsschema, sondern wahrt den Charakter des Geselligen und Unterhaltenden, schließt die Anekdote sowenig wie die Reflexion aus. Daher steht das Buch den französischen Moralisten und Lichtenberg näher als etwa den spekulativen Fragmenten des Novalis, die zu Hofmannsthals Grundlektüre zählen. Die Gegenüberstellung französischen und deutschen Geistes macht ein Hauptthema des Buches aus. Seine vier Abschnitte sind ohne strenge Sonderung nebeneinander gestellt:

»Der Leser wird von Problemen des Menschseins, der Person, der Lebensalter, der Freundschaft, Liebe und Ehe zu Fragen des Schicksals, der Wirklichkeit, des Mythischen und Dialektischen und weiter zu Gegenständen der Gesellschaft, der Nationalität, der Politik und schließlich der Kunst und Sprache geführt« (*244 992).

Hofmannsthal handhabt die Möglichkeiten abendländischer Moralistik mit großer Virtuosität; Kleinstformen wie Paradoxon, Antithese, Parallelismen und Chiasmen, Dialoge und Ellipsen werden, wie R. Noltenius (*86) herausgearbeitet hat, vorwiegend aus Lebensdokumenten (Briefen, Gesprächen, Tagebüchern) oder wissenschaftlichen Werken herausgelöst und oftmals noch komprimiert oder variiert. Genuin dichterische Texte fehlen dagegen fast vollständig. Auch von Wortspielen oder ironischen Mitteln der Distanzierung macht Hofmannsthal kaum Gebrauch. Daß die Zitate ohne genaue Herkunftsangabe erscheinen, nähert sie als Gesprächsbeiträge einander an und nimmt ihnen den Charakter des ›Fremden‹. Getragen von Hofmannsthals künstlerischer Grundüberzeugung der »planetarischen Kontemporaneität« (9 289) besteht zwischen Eigenem und Fremdem sowenig ein Gegensatz wie zwischen Vergangenem und Gegenwärtigem oder Kleinem und Großem. In bester aphoristischer Tradition wird dem Systemdenken geschlossener Form das Experiment, dem direkten Zugriff der Umweg entgegengestellt; Grundeinsichten des eigenen Dichtens können dabei als Fragment aus dem Dialog der Aphoristiker, als Lektüre von Lektüren, erscheinen: »Niemand kennt sich, insofern er nur er selbst und nicht auch zugleich ein anderer ist. Friedrich Schlegel über Lessing« (10 241). Eine Einsicht wie die von Rudolf Pannwitz (dem am häufigst zitierten Zeitgenossen): »Das Lebendige fließt, aber das Fließende ist nicht die Form des Lebens«, wird in Goethisch kohobierter, konzentrierter Weise angeeignet: »Die Formen beleben und töten« (10 269). Was die Aufzeichnungen »Ad me ipsum« in durchweg interpretationsbedürftiger Offenheit zum eigenen Werk sagen, gerinnt im »Buch der Freunde« zur poetologischen Gnome, die freilich nicht weniger vieldeutig ist, wenn es heißt: »Kann uns die Komödie schmackhaft sein ohne einen Hauch von Mystizismus?« (10 296) oder bei der immer wieder zitierten Formel: »Die Tiefe muß man verstecken. Wo? An der Oberfläche« (10 268). So nötigen diese Destillate, den Denkweg vom Ende aus zurückzuverfolgen, ihn noch einmal zu gehen. In diesem Sinn supponiert »jedes geschriebene [Wort] den Leser: diesen mitzuschaffen ist der verhüllte, aber größere Teil der schriftstellerischen Leistung« (10 287). Auch dieser west-östliche (vorwiegend französisch-deutsche) »Divan«, eine Versammlung von Freunden, wird damit zum Versuch, freilich an der Oberfläche versteckt, ein Soziales zu erreichen, wie es auf ihre Weise die Bemühung um Drama, Komödie und Oper unternimmt. Das programmatisch in »Der Dichter und diese Zeit« formulierte Ziel, der Dichter dürfe nichts auslassen, mündet schließlich in Hofmannsthals kulturpolitische Utopie der »konservativen Revolution« (10 41), die dem Geist ein letztes Mal eine Führungsrolle zuweisen möchte. Dem Vorwurf gegenüber George – »er lässt zu viel aus« (Bw Pannwitz 35) – entspricht daher das wohlkalkulierte Schlußwort aus dem »Buch der Freunde«: »Herrliches Wort von Poussin, am Ende seines Lebens: Je n'ai rien négligé« (10 299).

Ausgaben: Leipzig 1922; Leipzig 1929 (mit dem Untertitel: Tagebuch-Aufzeichnungen, Ergänzungen ›Aus dem Nachlaß‹ und einem Nachwort von R. A.Schröder); Frankfurt 1959 (GW, Steiner, Aufzeichnungen, S. 7–81); Frankfurt 1965 (Mit Quellennachweisen hg. von Ernst Zinn); Frankfurt 1980 (10 233–299).

Literatur: *86; , *244, S. 992 f.

Die Aufzeichnungen *Ad me ipsum* sind seit ihrer Veröffentlichung im Jahr 1930 ein ebenso unentbehrlicher wie gefährlicher Schlüssel der Hofmannsthal-Interpretation geworden. Vor ihrem unkontrollierten, unreflektierten Gebrauch ist immer wieder gewarnt worden, zuerst vom Autor selbst. Als er das Konvolut mit Notizen über das eigene Werk anlegte, im Frühjahr 1916, sollte es dem befreundeten Dichter Max Mell bei der Abfassung seines von Hofmannsthal erhofften Aufsatzes über die »Frau ohne Schatten« von Nutzen sein. Die Offenheit dieses Konvolutes machte Hofmannsthal im November 1916 Mell gegenüber geltend:

»Mit meinen Notizen steht es nun so: sie gehen wohl ins Tiefe dieser Dinge, denn sie sind alle aus einem plötzlichen unwillkürlichen Selbst-Einblick geboren, aber eben darum sind sie für jeden Dritten ganz unfasslich. Ich müsste sie selbst in vielstündiger Arbeit erweitert herunterdiktieren oder Ihnen in mehrstündigen sehr eindringlichen Gesprächen auseinander legen« (Bw Mell 118).

Eine geringfügig variierte Abschrift des geheimen Bordereau wurde dem Literaturhistoriker Walther Brecht 1926 geschenkt und von ihm 1930 publiziert (*6); hinzu kommen Gedanken, die für oder im Gespräch mit Carl J. Burckhardt entwickelt wurden. Somit stellt »Ad me ipsum« gleichsam nur den einen, freilich bedeutenderen Teil eines Dialoges dar, der zeitweilig ins »Buch der Freunde« integriert werden sollte und der deutlich von der Absicht getragen ist, das scheinbar unübersehbar auseinanderdriftende Gesamtwerk nach übergeordneten Gesichtspunkten in seiner »formidablen Einheit« (10 620) sichtbar zu machen. Daher ist Peter Szondis (*137) Warnung zu beherzigen, daß hier eine Darstellung vorliegt, in der Hofmannsthal von sich so handelt, als ob es eine andere Person wäre; Hofmannsthal selbst war kritisch genug, mit der Überschrift »H. H. Eine Interpretation« (10 599) die subjektive Perspektive des Autors zuzugeben. Weiterhin ist die Unabgeschlossenheit der losen Blattsammlung zu beachten, die in der vorliegenden Form

von den Herausgebern um mehr oder weniger autobiographische Einzelnotizen von 1916 bis 1928 angereichert wurde. Die
von Szondi zu Recht eingeforderte Beschränkung auf Hofmannsthal als ›literarische‹, nicht biographische Person, wird
dadurch erschwert, daß der Dichter selbst diese Grenze nicht
eindeutig festzulegen vermag. Im Augenblick der ersten Konzeption und Intention des »Ad me ipsum« sind die zuletzt
abgeschlossenen Werke, »Ariadne auf Naxos« (2. Fassung;
Uraufführung Oktober 1916) und »Die Frau ohne Schatten«
noch besonders nahe: So ist es nicht überraschend, daß von
diesen Schlüsselwerken allomatischer Verwandlung her Hofmannsthal einen zusammenfassenden Rückblick auf sein
oeuvre wirft und versucht, die Anfänge des lyrischen Jugend-
werkes als Keimzelle des späteren zu deuten. Die »Frau ohne
Schatten« ist gleichsam der Nullpunkt, der die »Vereinigung
und Verknüpfung sämtlicher Motive« repräsentiert (10 604).
Daß es dabei nicht ohne Gewichtungen geht, die dem Frühwerk
Gewalt antun, vor allem aber beträchtliche Bereiche des inzwischen Geleisteten ausblenden, versteht sich von selbst. Das
immer wieder umkreiste Grundthema seines Werkes sieht Hofmannsthal im Weg von einer ungebrochen erfahrenen, Verantwortung und Reflexion ausschließenden Stufe des Selbstbesitzes über einen besonders gefährlichen Zwischenzustand zu
einer Bewährung des Ich in der krisenhaft erlebten Wirklichkeit,
die dem Einzelnen sein Schicksal in der Endlichkeit zuweist.
Besonders die Gestalten des Frühwerks liest Hofmannsthal als
nicht immer gelingende Versuche, den Schritt aus einer glor-
reich wie gefährlich empfundenen Präexistenz zur Bedingtheit
von Existenz und Leben zurückzulegen. – Den Begriff der Präexistenz fand Hofmannsthal wohl bei Lafcadio Hearn, der in
»Kokoro« über Japan berichtet und dabei den orientalischen
Begriff der Seele entwickelt: Präexistenz bezeichnet einen frühen Zustand nicht als Einheit, sondern als Vielfalt ererbter Elemente, deren Verbindung einmalig und unwiederholbar ist (vgl.
*31). Diese buddhistische Auslegung der Anamnesis, ihrerseits
Kern der platonischen Ideenlehre, verschmilzt mit neuplatoni-
schem Gedankengut des Gregor von Nyssa: »Er, der Liebhaber
der höchsten Schönheit, hielt was er schon gesehen hatte nur für
ein Abbild dessen, was er noch nicht gesehen hatte und begehrte
dieses selbst, das Urbild, zu genießen« (10 600). – Frühreifes
Wissen und geistige Souveränität zeichnen diesen Zustand der
Präexistenz aus, der aber sich seiner eigenen Ambivalenz, seiner
»unvollkommenen Verknüpfung mit der Welt« (10 600) bewußt

ist. Es ist der Zustand des Vorindividuellen, der Grenzenlosigkeit, für die Hofmannsthal auf den Mythos vom Homunculus zurückgreift (10 624), schließlich auch der Zustand der Unveränderlichkeit, des Seins im Unterschied zum Werden. Wer den »Weg zum Leben und zu den Menschen« (10 602) nicht antritt, macht sich daher schuldig gegenüber sich selbst. Elis im »Bergwerk zu Falun« scheitert bei dem Versuch, in die verlorene höchste Welt zurückzukehren, und das »Kleine Welttheater« kann ihn nur um den Preis gänzlicher Entrückung, schließlich des Wahnsinns, gelingen lassen. Immer schon aus dieser höchsten Welt herausgefallen ist der Dichter, den der Verlust der Paradieseseinheit zur Sprache begabt; das »Bergwerk« sowie »Kaiser und Hexe« werden als »Analyse der dichterischen Existenz« lesbar (10 608). Dichten heißt daher, Schmerz und Endlichkeit anzunehmen und die »magische Herrschaft über das Wort«, wie sie in der Präexistenz gilt, aufzugeben (10 601).

Es ist auffallend, wie oft Hofmannsthal die Momente der Ironie hervorhebt und die im Erreichen der Existenz gebrochene Präexistenz differenziert. Die Schicksalserfüllung darf sich nicht als bloßer Traum oder Trance einstellen (wie beim Kreon in »Ödipus und die Sphinx«), sondern als Verknüpfung mit dem Leben. Dabei scheinen grundsätzlich zwei Wege möglich: Der mystische, gefährliche Weg der Introversion, wie ihn der Chandos-»Brief« entwirft; und der nicht-mystische Weg, der durch die Tat und das Opfer (»Alkestis«, »Ödipus«), durch das Werk und das Kind eingeschlagen werden kann. Was beispielsweise der »Abenteurer« (1898) ironisch auseinanderbringt, das Werk (Stimme) und das Kind, vereinigt sich in der »Frau ohne Schatten«. Sie wird förmlich zur »Allegorie des Sozialen« und zum »Triumph des Allomatischen«, zur Identität der Läuterung mit der Verwandlung. Das Aufsichnehmen des Fluches und die Anerkennung der Mitwelt als gleichberechtigt führen zum glücklichen Gelingen (10 604).

Wie keiner zweiten Gattung seines oeuvres hat Hofmannsthal den Libretti durch Kommentare Beistand zu leisten versucht; so steht »Ad me ipsum« als Rechtfertigung besonders der »Ariadne« und der »Frau ohne Schatten« in einer Linie mit dem »Ungeschriebenen Nachwort« zum »Rosenkavalier«, dem großen »Ariadne«-Brief, den Kommentaren zur »Frau ohne Schatten« (5 381–390) und dem Gespräch »Die ägyptische Helena« von 1928, auch wenn es diese Erläuterungen an Dichte und Anspruch beträchtlich überragt. Es ist als Perspektive angelegt und dient bewußt dem Zweck, die von den Zeitgenossen nicht gesehene, von Hofmannsthal aber immer wieder betonte »formidable Einheit« des Gesamtwerkes zu demonstrieren: »Das Motiv des Zu-sich-selber-Kommens in den Jugendwerken möge hier nachgewiesen werden, um den Schluß mit dem Anfang zu verbinden« (10 604). Nicht zu übersehen ist daher der Preis, der für diese doch zu sehr vereinheitlichende Konstruktion bezahlt worden ist: Der vergleichsweise offene Schluß des »Rosenkavalier« (vgl. 5 146) paßte ebensowenig in den hier gesteckten Rahmen wie die nur einmal erwähnte Sterbeparabel Jedermanns im christlichen Gewand, vor allem aber wurde das erzählerische Werk – »Das Märchen der 672. Nacht« wird einmal erwähnt – aus dem Gesichtskreis verdrängt, mehr noch, der von Abgründen und unüberbrückbaren Differenzen bestimmte Boden, aus dem Entwürfe wie »Der goldene Apfel«, die »Knabengeschichte« oder der »Andreas« erwachsen sind, gilt hier als nichtexistent. »Ad me ipsum« beschränkt sich weitgehend auf die Lichtseite des oeuvres, wenn auch das Scheitern Claudios oder Elis' (im »Bergwerk«), die Problematik des »Tizian« oder von »Kaiser und Hexe« auf den Horizont der »Frau ohne Schatten« bezogen werden: Diese Oper als Umkehrung der Motive aus dem Frühwerk zu bezeichnen (10 604), stiftet einen Zusammenhang, der die Einheit der Entwicklung auf Kosten ihrer Vielseitigkeit strapaziert. Das später unter dem Titel »Stadien« – wohl auf Kierkegaards Spuren – formulierte Ziel, »vor allem [zu] zeigen, was im Schatten ist« (10 626), wird in »Ad me ipsum« nicht eingelöst. Dazu hätte es wohl auch der Berücksichtigung der Fragmente bedurft, über die Hofmannsthal aber in der halböffentlichen Form des alsbald mitgeteilten ›geheimen Bordereau‹ nicht sprechen konnte oder wollte. – Die den für Brecht und Mell bestimmten Konvoluten beigegebenen Einzelnotizen rücken zentrale Momente und Motive des Werkes in den Blick, etwa ›Abend‹ oder ›Spiegel‹, äußern sich zur zeitgenössischen »Epoche als Mythos« (10 617) oder geben Ansätze einer Lebensdarstellung (10 616), verschweigen aber den angedeuteten Zusammenhang von Werk und Biographie, von literarischer und historischer Person, wenn es heißt: »Das Bekenntnishafte in ›Kaiser und Hexe‹«, ohne daß dieser Hinweis entwickelt würde. Es ist nur konsequent, daß dieses Problem selbst wieder reflektiert und ausgesprochen wird: »Auch diese Seiten selbst sind Bekenntnis. Und für wen schreibe ich sie – für wen durfte ich sie ohne Eitelkeit schreiben? Auch hier bedarf es einer Geisterbeschwörung: empirische Begegnungen müssen vergeistigt werden« (10 622).

Ausgaben: Jahrbuch des Freien Deutschen Hochstifts 1930, S. 319–353; Corona 10 (1941), S. 394–409; Die neue Rundschau 65 (1954), S. 358–382; Frankfurt 1959 (GW, Steiner, Aufzeichnungen, S. 211–244); Frankfurt 1980 (10 597–627).

Literatur: *6; *27, S. 17–25; *76, S. 1–9; *137, S. 372–375; *167, S. 20–34; *214, S. 25–28.

11. Aufzeichnungen

Die umfangreichen Aufzeichnungen, die sich aus allen Lebensjahren im Nachlaß erhalten haben (10 301–595), tragen nicht den Charakter dessen, was man mit dem Titel ›Tagebuch‹ verbindet. Hofmannsthal war kein regelmäßiger Tagebuchschreiber, sondern schrieb oft in verschiedene Hefte gleichzeitig, dann wieder umfaßt ein Tagebuchheft Eintragungen aus mehreren, manchmal fast zwanzig Jahren. Fast die Hälfte des unter dem Titel »Aufzeichnungen« Veröffentlichten wurde aber auf losen Blättern notiert. Im Vergleich zu den ausgeglichen fortschreitenden Verzeichnissen täglicher Ereignisse im Tagebuch Goethes oder Schnitzlers, aber auch im Vergleich zu der Geschlossenheit, die etwa den Tagebüchern Kafkas zukommt, müssen Hofmannsthals Aufzeichnungen wie ein ungeordnetes Konglomerat wirken, in das vorwiegend Lektürenotizen und Reflexionen oder Zitate des Gelesenen, Darstellungen besonders ihm nicht nahestehender Menschen, jedoch relativ wenig Selbstbeobachtungen eingehen. Hinzu kommen gelegentliche Einträge täglicher Begebenheiten, wobei das für den extrem witterungsabhängigen Dichter bestimmende Wetter keinen kleinen Anteil hat, mehr noch aber Begegnungen und Gespräche mit Freunden. Einen großen Raum nehmen schließlich poetische Einfälle und Motive sowie zuweilen umfangreiche Werkfragmente ein; so ist das Novellenfragment »Der Geiger vom Traunsee« nur im Tagebuch überliefert, neben frühen Gedichten und Dramenplänen (»Demetrius«, »Ascanio und Gioconda«), später dann, nach dem Krieg, auch Gedanken und Aufzeichnungen, aus denen sich schließlich das »Buch der Freunde« rekrutiert.

Stellt man an diese Aufzeichnungen die Erwartung, hier unmittelbar den Menschen Hofmannsthal in seinen Nöten und Schicksalen kennenlernen zu können, ist eine Enttäuschung unumgänglich. Die mittlerweile zu einem beträchtlichen Teil veröffentlichten Aufzeichnungen enthalten nur wenig persönlich

Bekenntnishaftes. Auch das unmittelbar Erlebte wird nicht direkt festgehalten, sondern durch die Niederschrift zur Keimzelle einer Stilisierung. So heißt es am 18. Februar 1894:

»Trudel: ich habe alle Unbefangenheit ihr gegenüber verloren und allen Mut. Ich habe fortwährend die Empfindung, eine Tote einen steilen Berg hinauftragen zu müssen. Sie erinnert mich zu sehr an Marie Gomperz. Plötzlich hat sie einen viel zu großen, wachsgelben, wie aus Talgstein geschnittenen Kopf, etwas Grauenhaftes. Ich stehe auf und gehe fort« (10 378 f.).

Jugendfreundinnen wie Marie Gomperz oder Lili Hopfen, mit denen jeweils ein intensiver und umfangreicher Briefwechsel geführt wurde, werden in diesen privaten Notizen nur sporadisch und auch da nur in Umrissen erkennbar fixiert; Figuren wie der Vater oder die spätere Ehefrau Gertrud spielen so gut wie gar keine Rolle. Schilderungen der eigenen seelischen Verfassung finden sich in der Frühzeit, nehmen jedoch mit den Jahren entschieden ab, es sei denn, daß gelegentlich Träume festgehalten werden. Aber auch diese werden, wie Rudolf Hirsch gezeigt hat (*178), alsbald in Bestandteile des Werkes verwandelt. – Schon von früh an wird jeder emotionale Ausbruch, das »unvornehme (...) Auf-die Gasse-Schreien der Leiden« (10 347), abgewehrt und die Selbstreflexion des gerade 17jährigen in Selbstdisziplin umgemünzt. So heißt es gelegentlich der Tagebuchlektüre Henri-Frédéric Amiels, dem Hofmannsthal 1891 die Besprechung »Das Tagebuch eines Willenskranken« widmete (s. S. 145):

»Amiels Versinken in die Unendlichkeit der Ursachen; verwandt damit das willenlose Hinfluten des modernen Menschen in der Empfindung. Demgegenüber Pflicht sich zu beschränken, im Schaffen und Denken mit dem Fragmentarischen sich zu begnügen, auch das Gefühl zu begrenzen. (Hebbels Tagebücher im Gegensatz zu Amiels Journal.)« (10 321).

Als genauer Leser der Tagebücher von Amiel und Marie Bashkirtseff konstatiert Hofmannsthal im d'Annunzio-Aufsatz die »Analyse des Lebens« als modern (8 176), aber auch als Gefahr (wie bei der Königin im »Bacchen«-Plan, XVIII 48, oder der Gioconda in »Ascanio und Gioconda«, XVIII 105). Gleichsam selbsttherapeutisch verordnet sich Hofmannsthal die Orientierung an den härteren, männlicheren Vorbildern wie Goethe oder Hebbel und transformiert persönlichste Erfahrungen in ein symbolisches Bild. Während der depressionsreichen Militärzeit in Göding heißt es am 25. Mai 1895: »Im Garten Gethsemane. Ganz verlassen sein. Ganz unzugänglich diese Schlafenden« (10 399). Aus solchen Erfahrungen geht dann die »Soldatengeschichte« (XXIX 50–62) hervor.

Auch über den Umgang mit Freunden, der im Falle Schnitzlers, Rilkes oder Borchardts nie unproblematisch war, erfährt man aus den Tagebuchaufzeichnungen nichts Enthüllendes oder Taktloses. Zu Rilke heißt es einmal:

> »Eine Figur (Rilke): ein Mensch, der sich immer an zu viele hergibt, sich vielen zuliebe aufgibt und moralisch verloren wäre, wenn die anderen sich zusammentäten und kollationieren würden. Eine bis zur Narrheit eifersüchtige Frau müßte die Triebfeder dieser Komödie sein. Diese könnte den Namen haben ›Ein Wort zuviel‹, der mir vor Jahren einmal einfiel« (10 528).

Die durchgängige »Sehnsucht nach Begrenztem, nach scharfen Konturen« (10 332) unterbindet ausschweifende Selbstdarstellungen und läßt durch die Formung und Symbolisierung des Erlebten die Grenze zwischen Aufzeichnung und Werkfragment, zwischen bloßer Beobachtung und Prosagedicht, aber auch zwischen Tagebuchreflexion und präzise verdichtetem Aphorismus fließend werden. Indem Hofmannsthal die »Unmittelbarkeit im Erleben« (10 352) abgeht, was besonders an den spärlichen Eintragungen auf Reisen anschaulich wird, verdichtet sich das Gesehene zum Bild, das in seinem Status zwischen Realität und Fiktion, Bildbeschreibung oder Werknotiz, Erlebnis oder Zitat nicht festgelegt werden kann:

> »Pastell. Im Betstuhl der Kopf einer jungen Frau, aschblondes Haar, Hut aus 2 offenen Magnolien mit einer fraise écrasée Schleife zwischen schwarzer Gotik und 2 steifen Lilienstengeln; vor ihrem Gesichtchen ein Weihrauchschleier, und die durchsichtige Hauch zweier großer Kerzenflammen« (10 334).

Daß das Tagebuch aber auch der Ort ist, sich über Irritationen klar zu werden und ihre Bewältigung durch das Schreiben zu versuchen, zeigt sich bei der Schilderung der Begegnung mit Stefan George im Winter 1891/92 (10 340–342). Zwischen die knappen Notizen, die den Zeitpunkt und Gegenstand des Gesprächs, auch Zitate daraus, festhalten, kommt die Reinschrift der Gedichte »Einem der vorübergeht« (II 60) und »Der Prophet« (II 61) zu stehen, mit denen Hofmannsthal seiner »wachsenden Angst« ebenso wie dem Bedürfnis, »den Abwesenden zu schmähen« – wie er ins Tagebuch schreibt –, nachkommt, was ihn aber nicht hindert, George eine Abschrift des ersten Gedichtes zu überreichen. Diese Hofmannsthal immer wieder beschäftigende Begegnung mit George – noch fast 40 Jahre später berichtet ein Brief an Walther Brecht darüber (Bw George 234 f.) –, wird im Tagebuch unter die Überschrift »›Der Prophet‹ (Eine Episode)« (10 340) gestellt und damit in einen Rahmen eingeschlossen. – Entsprechend wird der Bericht über die persönliche Begegnung mit Ibsen, die im April 1891 in Wien stattfand, zu einer für das Junge Wien symptomatischen Szene; unbefangene Selbstbewußtheit und altkluge Distanz treffen sich im nüchternen Kommentar: »Ich glaube nicht, daß wir einander verstanden haben« (10 327).

Ein Zug von Altklugheit haftet den frühen Aufzeichnungen überhaupt an, sobald sie versuchen, verbindliche Einsichten festzuhalten oder sich mit ihrer Formulierung in die Tradition der Moralisten und Aphoristiker einzureihen: »12. VI. [91]. – Wir malen nie ein Ding, sondern immer den Eindruck, den ein Ding in uns macht: das Bild eines Bildes« (10 332).

Die persönliche, individuelle Seite Hofmannsthals wird in diesen Tagebuchaufzeichnungen nicht direkt abgespiegelt, sie lassen aber aus einer Fülle von Perspektiven und Projektionen gleichsam als Fluchtpunkt das Autor-Ich Hofmannsthals deutlich werden, das sich nur in der Vielfalt manifestieren kann. Es ist eine »Menagerie von Seelen« (10 332), die sich selbst leben zusieht und sich aus dem Abstand begreift. Im Sinne des wichtigen Vortrages »Poesie und Leben« (s. S. 148) legen die Aufzeichnungen Hofmannsthals kein verziertes Bekenntnis, sondern Worte vor, eigene und fremde, erlebte und zitierte, ohne daß die Grenze deutlich wäre. Damit fällt auch die linguistische Trennung von fiktivem literarischem Werk und persönlichem, ›realem‹ Tagebuch dahin, denn das schreibende Ich ist sich über seinen eigenen Rang nicht im Klaren: »Ich weiß oft nicht, ob ich über etwas nachdenke oder innerlich einen nachmache, der über etwas nachdenkt« (10 384), heißt es 1894.

Poetologisches Kennzeichen der Aufzeichnungen ist daher ihre Nähe zu jenem auch für das poetische Werk konstitutiven Schwebezustand zwischen Lebensnähe und Distanz, Leben und Tod, als »Versuch«, einen »erhöhten Zustand zu wahren durch Supposition des quasi-Gestorbenseins« (10 599). So heißt es Mitte Mai 1894 in einem Tagebuchheft:

»Ich bin fast den ganzen Tag heimlich schläfrig (weil ich jetzt früh aufstehe): das ist ein seltsames Gefühl, ein Nicht-völlig-in-der-Welt-Stehen, von einem außer-lebendigen Element umfangen, gleichsam mit offenen Augen in einem unbedeckten Grab neben der Landstraße des Lebens liegend, dabei und doch nicht dabei, teilnehmend und doch entrückt; oder wie die Erscheinung des Herrn zu Emmaus zwischen Grab und ewigem Verschwinden« (10 383 f.).

Ausgaben: Corona 4 (1934), S. 704–714; Corona 6 (1936), S. 59–78 und 568–589; Corona 7 (1937), S. 588–599; Corona 9 (1939), S. 92–104 und 662–691; Corona 10 (1941), S. 432–445; Frankfurt 1959 (GW, Steiner, Aufzeichnungen, S. 87–210); Frankfurt 1980 (10 301–595).

C. Bibliographie (in Auswahl)

DVjs   = Deutsche Vierteljahrsschrift für Literaturwissenschaft
            und Geistesgeschichte
JbFDH = Jahrbuch des Freien Deutschen Hochstifts
JbDSG = Jahrbuch der Deutschen Schiller-Gesellschaft
ZfdPH = Zeitschrift für deutsche Philologie

1. Werkausgaben

Gesammelte Werke in Einzelausgaben. Hg. von Herbert Steiner.
Die Erzählungen: Stockholm 1945; Frankfurt/M. ²1949; Frankfurt/M.
³1953.
Gedichte und lyrische Dramen: Stockholm 1946; Frankfurt/M. 1952.
Lustspiele I: Frankfurt/M. 1947, 1959.
Lustspiele II: Frankfurt/M. 1948, 1954.
Prosa I: Frankfurt/M. 1950, 1956.
Prosa II: Frankfurt/M. 1951, 1959.
Prosa III: Frankfurt/M. 1952.
Dramen I: Frankfurt/M. 1953.
Dramen II: Frankfurt/M. 1954.
Prosa IV: Frankfurt/M. 1955.
Lustspiele III: Frankfurt/M. 1956.
Lustspiele IV: Frankfurt/M. 1956.
Dramen III: Frankfurt/M. 1957.
Dramen IV: Frankfurt/M. 1958.
Aufzeichnungen: Frankfurt/M. 1959.

Gesammelte Werke in zehn Einzelbänden. Hg. von Bernd Schoeller
(Bd. 10: und Ingeborg Beyer-Ahlert) in Beratung mit Rudolf Hirsch.
Frankfurt/M. 1979/80.
1   Gedichte. Dramen 1: 1891–1898.
2   Dramen 2: 1892–1905.
3   Dramen 3: 1893–1927. Fragmente. Vorspiele.
4   Dramen 4: Lustspiele.
5   Dramen 5: Operndichtungen.
6   Dramen 6: Ballette, Pantomimen, Bearbeitungen, Übersetzungen.
7   Erzählungen. Erfundene Gespräche und Briefe. Reisen.
8   Reden und Aufsätze 1. 1891–1913.
9   Reden und Aufsätze 2. 1914–1924.

2. Briefausgaben und Briefwechsel
(Weitere Briefe und Briefwechsel in einzelnen Nummern der Hofmannsthal-Blätter)

Hugo von Hofmannsthal. Briefe 1890–1901. Berlin 1935.

Hugo von Hofmannsthal. Briefe 1900–1909. Wien 1937.

Andrian, Leopold von: Briefwechsel. Hg. von Walter Perl, Frankfurt/M. 1968.

Leopold Andrian über Hugo von Hofmannsthal. Auszüge aus seinen Tagebüchern. Mitgeteilt und kommentiert von Ursula Renner. In: HB 35/36, 1987, S. 3–49.

Auernheimer, Raoul: The Correspondence of Hugo von Hofmannsthal and R. A. Hg. von Donald G. Daviau. In: Modern Austrian Literature 7, 1974, S. 209–307.

Beer-Hofmann, Richard: Briefwechsel. Hg. von Eugene Weber, Frankfurt/M. 1972.

Bodenhausen, Eberhard von: Briefe der Freundschaft, Düsseldorf 1953.

Borchardt, Rudolf: Briefwechsel. Hg. von Marie-Luise Borchardt und Herbert Steiner, Frankfurt/M. 1954.

Unbekannte Briefe. Mitgeteilt von Werner Volke. In: JbDSG 8, 1964, S. 19–32.

Brandes, Georg: G. B. im Briefwechsel mit G. Hauptmann und Hugo von Hofmannsthal. Hg. von Klaus Bohnen. In: JbDSG 23, 1979, S. 51–83.

Braun, Felix: Aus unbekannten Briefen Hofmannsthals an F. B. Hg. von Klaus Peter Dencker. In: JbFDH 1968, S. 390–424, und 1969, S. 370–397.

Brod, Max: Leonhard M. Fiedler: »Um Hofmannsthal«. M. B. und Hugo von Hofmannsthal: Briefe, Notizen. In: HB 30, 1984, S. 23–45.

Burckhardt, Carl J.: Briefwechsel. Hg. von C. B. und Claudia Mertz-Rychner, Frankfurt/M. ³1991.

Carossa, Hans: Briefwechsel 1907–1929. In: Die Neue Rundschau 71 (1960), S. 357–409.

Degenfeld, Ottonie Gräfin: Briefwechsel. Hg. von Marie-Therese Miller-Degenfeld und Eugene Weber, Frankfurt/M. ²1986.

Dehmel, Richard: Briefwechsel: 1893–1919. Hg. von Martin Stern. In: HB 21/22, 1979, S. 1–130.

Ganghofer, Ludwig: »... mit den Ihnen beliebenden Kürzungen«. Briefwechsel. Hg. von Günther Fetzer. In: JbDSG 22, 1978, S. 154–204.

George, Stefan: Briefwechsel. München ²1953.

Gruss, Stefan: Hugo von Hofmannsthal und S. G. Zeugnisse und Briefe. Mitgeteilt von Rudolf Hirsch. In: Literatur aus Österreich – Österreichische Literatur. Hg. von Karl K. Polheim, Bonn 1981, S. 190–241.

Haas, Willy: Ein Briefwechsel. Hg. von Rolf Italiaander, Berlin 1968.

Hauptmann, Gerhart: Hugo von Hofmannsthal und G. H. Chronik ihrer Beziehungen 1899–1929. Aus Briefen und Dokumenten zusammengestellt von Martin Stern. In: HB 37/38, 1988, S. 5–150.

Hellmann, Irene und Paul: Briefe an I. und P. H. Hg. von Werner Volke. In: JbDSG 11, 1967, S. 170–224.

Herzfeld, Marie: Briefe an M. H. Hg. von Horst Weber, Heidelberg 1967.

Hofmannsthal, Christiane von: Tagebücher 1918–1923 und Briefe des Vaters an die Tochter 1903–1929. Hg. von Maya Rauch und Gerhard Schuster, Frankfurt/M. 1991.

Kvapil, Jaroslav: Der Briefwechsel mit J. K. Hg. von Martin Stern. In: HB 1, 1968, S. 3–30.

Karg von Bebenburg, Edgar: Briefwechsel. Hg. von Mary E. Gilbert, Frankfurt/M. 1966.

Karg von Bebenburg, Hannibal: Briefe an H. K.v.B. Hg. von Mary E. Gilbert. In: JbDSG 19, 1975, S. 45–62.

Kessler, Harry Graf: Briefwechsel 1898–1929. Hg. von Hilde Burger, Frankfurt/M. 1968.

Unterwegs mit Hofmannsthal. Berlin – Griechenland – Venedig. Aus Harry Graf Kesslers Tagebüchern und aus Briefen Kesslers und Hofmannsthals. Mitgeteilt von Werner Volke. In: HB 35/36, 1987, S. 50–104.

Insel-Verlag: Briefwechsel mit dem Insel-Verlag 1901–1929. Hg. von Gerhard Schuster, Frankfurt/M. 1985.

Landauer, Gustav: Norbert Altenhofer: Hugo von Hofmannsthal und G. L. Eine Dokumentation. Mit dem Briefwechsel H. – L. In: HB 19/20, 1978, S. 43–90.

Mann, Thomas: Hugo von Hofmannsthal: Briefwechsel. In: S. Fischer Verlag. Almanach 82, 1968, S. 13–44.

Mauthner, Fritz: Der Briefwechsel. Eingeleitet und hg. von Martin Stern. In: HB 19/20, 1978, S. 21–38.

Mell, Max: Briefwechsel. Hg. von Margret Dietrich und Heinz Kindermann, Heidelberg 1982.

Nadler, Josef: Werner Volke: Hugo von Hofmannsthal und J. N. in Briefen. In: JbDSG 18, 1974, S. 37–88.

Nostitz, Helene von: Briefwechsel. Hg. von Oswalt von Nostitz, Frankfurt/M. 1965.

Pannwitz, Rudolf: Briefe an R. P. In: Mesa 5, 1955, S. 20–42.

Rang, Florens Christian: Briefwechsel 1905–1924. In: Die Neue Rundschau 70, 1959, S. 402–448.

Redlich, Josef: Briefwechsel. Hg. von Helga Fußgänger, Frankfurt/M. 1971.

Rilke, Rainer Maria: Briefwechsel 1899–1925. Hg. von Rudolf Hirsch und Ingeborg Schnack, Frankfurt/M. 1978.

Rychner, Max (und Samuel und Hedwig *Fischer,* Oscar *Bie* und Moritz *Heimann*): Briefwechsel. Almanach. Das 87. Jahr. Frankfurt/M. 1973.

Schaeder, Hans Heinrich: Die Briefe. Mitgeteilt von Rudolf Hirsch. In: HB 31/32, 1985, S. 3–31.

Schmujlow-Claasen, Ria: Hugo von Hofmannsthal: Briefe, Aufsätze, Dokumente. Hg. von Claudia Abrecht, Stuttgart 1982.

Schnitzler, Arthur: Briefwechsel. Hg. von Therese Nickl und Heinrich Schnitzler, Frankfurt/M. 1964.

Schnitzler, Arthur: Hugo von Hofmannsthal – ›Charakteristik aus den Tagebüchern‹. HF 3. Mitgeteilt und kommentiert von Bernd Urban, Freiburg 1975.

Strauss, Richard: Briefwechsel. Hg. von Willi Schuh, Zürich und Freiburg ⁵1978.

Von der Mühll-Burckhardt, Theodora: Hugo von Hofmannsthal – T.v.d.M.-B. Mitgeteilt von R. Hirsch. In: Spiegelungen. Festschrift H.J. Abs. Hg. von W. Knoop, Mainz 1986, S. 279–301.

Wiegand, Willy: Briefe an W. W. und die Bremer Presse. Hg. von Werner Volke. In: JbDSG 7, 1963, S. 44–189.

Wildgans, Anton: Briefwechsel. Neuausgabe. Hg. von Norbert Altenhofer, Heidelberg 1971.

Zifferer, Paul: Briefwechsel. Hg. von Hilde Burger, Wien 1983.

Zweig, Stefan: Briefe 1907–1928. Mitgeteilt von Jeffrey B. Berlin und H.-U. Lindken. In: HB 26, 1982, S. 86–116.

3. Bibliographien, Forschungsberichte, Periodika, Sonstiges

a) Primärbibliographie:

Weber, Horst: Hugo von Hofmannsthal. Bibliographie: Werke, Briefe, Gespräche, Übersetzungen, Vertonungen. Berlin, New York 1972.

Koch, Hans-Albrecht und Uta: Hugo von Hofmannsthal: Bibliographie: 1964–1976 (HF 4), Freiburg 1976.

Koch, Hans-Albrecht: Bibliographie. In: HB 12, 1974–21/22, 1979.

Köttelwesch, Clemens: Bibliographie. In: HB 23/24, 1980/81–39, 1989.

b) Sekundärbibliographie:

Weber, Horst: Hugo von Hofmannsthal. Bibliographie des Schrifttums: 1892–1963. Berlin 1966.

daran anschließend: *Koch*, Hans-Albrecht und Uta (s.o.), *Koch*, Hans-Albrecht (s.o.), *Köttelwesch*, Clemens (s.o.).

c) Forschungsberichte:

Weischedel, Hanna: Hofmannsthal-Forschung 1945–1958. In: DVjs 33, 1959, S. 63–103.

Exner, Richard: Der Weg über die höchste Vielfalt. Ein Bericht über einige neue Schriften zur Hofmannsthal-Forschung. In: The German Quarterly 40, 1967, S. 92–123.

Exner, Richard: Die Zeit der anderen Auslegung. Ein Bericht über Quellen und Studien zur Hofmannsthal-Forschung 1966–1969. In: The German Quarterly 43, 1970, S. 453–503.

Breugelmanns, René: Zur Hofmannsthal-Forschung 1969–1975. In: Wirkendes Wort 27, 1977, S. 342–358; S. 414–427.

Koch, Hans-Albrecht: Hugo von Hofmannsthal. Erträge der Forschung. Darmstadt 1989.

d) Hilfsmittel:

Exner, Richard: Index Nominum zu Hugo von Hofmannsthals Gesammelten Werken, Heidelberg 1976.

e) Periodika:

Hofmannsthal-Blätter (zitiert: HB). Veröffentlichungen der Hugo von Hofmannsthal-Gesellschaft, Heft 1 (1968) – 40 (1990)

Hofmannsthal-Forschungen (zitiert: HF). Im Auftrag der Hofmannsthal-Gesellschaft hg. Bd. 1 (1971) – 9 (1987).

4. Forschungsliteratur (chronologisch geordnet; im Text mit * und jeweiliger Nummer zitiert)

1. Borchardt, Rudolf: Rede über Hofmannsthal. Leipzig 1905; wieder in: R. B., Reden (Gesammelte Werke in Einzelbänden, hg. von M. L. Borchardt), Stuttgart 1955, S. 45–103.
2. Sulger-Gebing, Emil: Hugo von Hofmannsthal. Eine literarische Studie, Leipzig 1905.
3. Hladny, Ernst: Hugo von Hofmannsthals Griechenstücke. In: Jahresberichte des k.u.k. Staatsgymnasiums zu Leoben XII–XIV, 1910/12.
4. Berendsohn, Walter A.: Hofmannsthals Impressionismus als Zeiterscheinung. Eine stilkritische Studie, Hamburg 1920.
5. Gehlen, Arnold: Rede über Hofmannsthal. In: Aufgesang, Leipzig 1925; wieder in: A. G., Gesamtausgabe; Bd. 1: Philosophische Schriften 1, Frankfurt /M. 1978, S. 1–17.
6. Brecht, Walther: Hugo von Hofmannsthals *Ad me ipsum* und seine Bedeutung. In: JbFDH 1930, S. 319–353.
7. Kommerell, Max: Hugo von Hofmannsthal, Frankfurt/M. 1930.

8. Wassermann, Jakob: Hofmannsthal der Freund, Berlin 1930.
9. Schaeder, Grete: Hugo von Hofmannsthal (1. Teil): Die Gestalten, Berlin 1933.
10. Perl, Walter: Das lyrische Jugendwerk Hofmannsthals, Berlin 1936 (Neudruck Liechtenstein 1967).
11. Naef, Karl J.: Hugo von Hofmannsthals Wesen und Werk. Mit einer Hofmannsthal-Bibliographie von H. Steiner, Zürich, Leipzig 1938.
12. Staiger, Emil: Hugo von Hofmannsthal: *Der Schwierige*. In: E. S., Meisterwerke deutscher Sprache aus dem neunzehnten Jahrhundert, Zürich 1942, ⁵1964; wieder in: *73, S. 402–433.
13. Brecht, Erika: Erinnerungen an Hugo von Hofmannsthal, Innsbruck 1946.
14. Curtius, Ernst Robert: George, Hofmannsthal und Calderon. In: Die Wandlung 2, 1947, S. 401–423; wieder in: *73, S. 1–24.
15. Schaeder, Grete: Hugo von Hofmannsthal und Goethe, Hameln 1947.
16. Cohn, Hilde D.: ›Loris‹. Die frühen Essays des jungen Hofmannsthal. In: Publications of the Modern Language Association of America 1948, S. 1294–1313.
17. Mennemeier, Franz Norbert: Die Gedichte Hugo von Hofmannsthals. Diss. Münster 1948.
18. Fiechtner, Helmut A. (Hg.): Hugo von Hofmannsthal. Der Dichter im Spiegel der Freunde, Wien 1949; Bern, München ²1963.
19. Schaeder, Grete: Hugo von Hofmannsthals Weg zur Tragödie. In: DVjs 23, 1949, S. 306–350.
20. Broch, Hermann: Hugo von Hofmannsthals Prosaschriften. In: Die Neue Rundschau 62, 1951, S. 1–30; wieder in: H. B. Schriften zur Literatur, 1, Kritik, Frankfurt/M. 1975, S. 300–334.
21. Cakmur, Belma: Hofmannsthals Erzählung *Die Frau ohne Schatten*, Ankara 1952.
22. Rey, William: Tragik und Verklärung des Geistes in Hofmannsthals *Der Turm*. In: Euphorion 47, 1953, S. 161–172; wieder in: *73, S. 448–464.
23. Martini, Fritz: Hugo von Hofmannsthal: *Andreas oder Die Vereinigten*. In: F. M., Das Wagnis der Sprache, Stuttgart 1954, ⁵1964, S. 225–257; wieder in: *73, S. 311–351.
24. Wyss, Hugo: Die Frau in der Dichtung Hofmannsthals. Eine Studie zum dionysischen Welterlebnis, Zürich 1954.
25. Adorno, Theodor W.: George und Hofmannsthal. Zum Briefwechsel. In: T. A.: Prismen. Kulturkritik und Gesellschaft, Berlin, Frankfurt/M. 1955, S. 232–283.
26. Broch, Hermann: Hofmannsthal und seine Zeit. In: H. B., Dichten und Erkennen. Essays. Bd. 1, Zürich 1955, S. 43–149; wieder in: H. B.: Schriften zur Literatur 1, Kritik, Frankfurt/M. 1975, S. 111–284.
27. Jens, Walter: Hofmannsthal und die Griechen, Tübingen 1955.

28. Requadt, Paul: Sprachverleugnung und Mantelsymbolik im Werke Hofmannsthals. In: DVjs 29, 1955, S. 255–283; wieder in: *73, S. 40–76.
29. Emrich, Wilhelm: Hofmannsthals Lustspiel *Der Schwierige.* In: Wirkendes Wort 1955/56, S. 17–25; wieder in: *73, S. 434–447.
30. Mennemeier, Franz Norbert: Hugo von Hofmannsthal. Ballade des äußeren Lebens. In: Die deutsche Lyrik. Form und Geschichte, Bd. 2, Düsseldorf 1956, S. 303–317.
31. Metzeler, Werner: Ursprung und Krise von Hofmannsthals Mystik, München 1956.
32. Baumann, Gerhart: Hugo von Hofmannsthals *Elektra.* In: Germanisch-Romanische Monatsschrift N. F. 9, 1957, S. 157–182; wieder in: *73, S. 274–310.
33. Hammelmann, Hanns: Hugo von Hofmannsthal, London, New Haven 1957.
34. Alewyn, Richard: Über Hugo von Hofmannsthal, Göttingen 1958, ⁴1967.
35. Pestalozzi, Karl: Sprachskepsis und Sprachmagie im Werk des jungen Hofmannsthal, Zürich 1958.
36. Wiese, Benno von: Hofmannsthal. *Das Kleine Welttheater.* In: Das deutsche Drama, Bd. 2, Düsseldorf 1958, S. 229–243.
37. Stern, Martin: Hofmannsthals verborgendes Enthüllen. Seine Schaffensweise in den vier Fassungen der Florindo/Cristina-Komödie. In: DVjs 30, 1959, S. 38–62; gekürzt in: *73, S. 77–86.
38. Derungs, Werner: Form und Weltbild der Gedichte Hugo von Hofmannsthals in ihrer Entwicklung, Zürich 1960.
39. Hederer, Edgar: Hugo von Hofmannsthal, Frankfurt/M. 1960.
40. Mennemeier, Franz Norbert: Hofmannsthal: *Der Schwierige.* In: Das deutsche Drama vom Barock bis zur Gegenwart, Bd. 2, Düsseldorf ²1960, S. 244–264.
41. Brinkmann, Richard: Hofmannsthal und die Sprache. In: DVjs 35, 1961, S. 69–95.
42. Hamburger, Michael: Hofmannsthals Bibliothek. Ein Bericht. In: Euphorion 55, 1961, S. 15–76.
43. Heselhaus, Clemens: Hofmannsthal, »Terzinen«. In: Deutsche Lyrik der Moderne von Nietzsche bis Yvan Goll. Die Rückkehr zur Bildlichkeit der Sprache, Düsseldorf 1961, S. 73–94.
44. Schultz, H. Stefan: Hofmannsthal and Bacon. The Sources of the Chandos Letter. In: Comparative Literature 13, 1961, S. 1–15.
45. Erken, Günther: Hofmannsthal-Chronik. Beitrag zu einer Biographie. In: Literaturwissenschaftliches Jahrbuch N. F. 3, 1962, S. 239–313.
46. Rey, William H.: Weltentzweiung und Weltversöhnung in Hofmannsthals griechischen Dramen, Philadelphia 1962.
47. Schäfer, Dorothea: Der Leserkontakt in den Erzählungen Hugo von Hofmannsthals, Göttingen 1962.
48. Schwarz, Egon: Hofmannsthal und Calderon, 's Gravenhage 1962.
49. Razumovsky, Andreas: Über das Textbuch des Rosenkavalier. In:

Zeugnisse, Festschrift T. W. Adorno, hg. von M. Horkheimer, Frankfurt/M. 1963, S. 225–240.

50. Rösch, Ewald: Komödien Hofmannsthals. Die Entfaltung ihrer Sinnstruktur aus dem Thema der Daseinsstufen, Marburg 1963, ³1975.

51. Burckhardt, Carl J.: Erinnerungen an Hofmannsthal, München 1964.

52. Coghlan, Brian: Hofmannsthal's Festival Dramas. Jedermann. Das Salzburger Große Welttheater. Der Turm, London 1964.

53. Exner, Richard: Hugo von Hofmannsthals *Lebenslied*. Eine Studie, Heidelberg 1964.

54. Hamburger, Michael: Hugo von Hofmannsthal. Zwei Studien, Göttingen 1964.

55. McKenzie, Margaret: Hofmannsthals Operntext *Die ägyptische Helena*. In: Atlantische Begegnungen. Eine Freundesgabe für Arnold Bergstraesser, Freiburg i. Br. 1964, S. 103–133.

56. Schuh, Willi: Hugo von Hofmannsthal und Richard Strauss. Legende und Wirklichkeit, München 1964.

57. Gautschi, Karl: Hugo von Hofmannsthals Romanfragment *Andreas*, Zürich 1965.

58. Wunberg, Gotthart: Der frühe Hofmannsthal. Schizophrenie als dichterische Struktur, Stuttgart 1965.

59. Brion, Marcel: Versuch einer Interpretation der Symbole im *Märchen der 672. Nacht* von Hugo von Hofmannsthal. In: Interpretationen. Bd. 4: Deutsche Erzählungen von Wieland bis Kafka, hg. von Jost Schillemeit, Frankfurt/M., Hamburg 1966, S. 284–302.

60. Nehring, Wolfgang: Die Tat bei Hofmannsthal. Eine Untersuchung zu Hofmannsthals großen Dramen, Stuttgart 1966.

61. Schlaffer, Heinz: Das Dichtergedicht im 19. Jahrhundert. Topos und Ideologie. In: JbDSG 10, 1966, S. 297–335.

62. Wittmann, Lothar: Sprachthematik und dramatische Form im Werke Hofmannsthals, Stuttgart 1966.

63. Altenhofer, Norbert: ›Frei nach dem Molière‹. Zu Hofmannsthals Gesellschaftskomödie *Die Lästigen*. In: Festschrift Bernhard Blume, hg. von E. Schwarz, Göttingen 1967, S. 218–237.

64. Altenhofer, Norbert: Hofmannsthals Lustspiel *Der Unbestechliche*, Bad Homburg 1967.

65. Erken, Günther: Hofmannsthals dramatischer Stil. Untersuchungen zur Symbolik und Dramaturgie, Tübingen 1967.

66. Hagedorn, Günther: Die Märchendichtungen Hugo von Hofmannsthals, Diss. Köln 1967.

67. Rasch, Wolfdietrich: Adler, Lamm und Pfau. Zur Deutung von Hofmannsthals *Lebenslied*. In: W. R., Zur deutschen Literatur der Jahrhundertwende, Stuttgart 1967, S. 124–134.

68. Schäfer, Rudolf H.: Hugo von Hofmannsthals *Arabella*. Wege zum Verständnis des Werkes und seines gattungsgeschichtlichen Ortes, Bern 1967.

69. Schings, Hans-Jürgen: Allegorie des Lebens. Zum Formproblem

von Hofmannsthals *Märchen der 672. Nacht.* In: ZfdPh 86, 1967, S. 533–561.

70. Simon, Ernst: »Agur, fils d'Jake«. Hugo von Hofmannsthals jüdische Legende. In: Studies in Mysticism and Religion. Presented to G. Scholem (...), Jerusalem 1967, S. 235–260; wieder in: E. S., Entscheidung zum Judentum. Essays und Vorträge, Frankfurt/M. 1980, S. 212–245.

71. Volke, Werner: Hugo von Hofmannsthal in Selbstzeugnissen und Bilddokumenten, Reinbek 1967, Neuauflage 1992.

72. Wandruszka, Adam: Das Zeit- und Sprachkostüm von Hofmannsthals *Rosenkavalier.* In: ZfdPh 86, 1967, S. 561–570.

73. Bauer, Sibylle (Hg.): Hugo von Hofmannsthal, Wege der Forschung, Darmstadt 1968.

74. Chelius-Göbbels, Annemarie: Formen mittelbarer Darstellung im dramatischen Werk Hugo von Hofmannsthals. Eine Untersuchung zur dramatischen Technik und ihrer Entwicklung unter besonderer Berücksichtigung des Lustspiels *Der Schwierige,* Meisenheim 1968.

75. Gräwe, Karl Dietrich: Sprache, Musik und Szene in *Ariadne auf Naxos* von Hugo von Hofmannsthal und Richard Strauss, Diss. München 1968.

76. Hoppe, Manfred: Literatentum, Magie und Mystik im Frühwerk Hofmannsthals, Berlin 1968.

77. Jászi, Andrew O.: Ausdruck und Leben in Hugo von Hofmannsthals *Die Beiden.* In: *73, S. 217–223.

78. Nüchtern, Eva Maria: Hofmannsthals *Alkestis,* Bad Homburg 1968.

79. Pickerodt, Gerhardt: Hofmannsthals Dramen. Kritik ihres historischen Gehalts, Stuttgart 1968.

80. Schmid, Martin Erich: Symbol und Funktion der Musik im Werk Hugo von Hofmannsthals, Heidelberg 1968.

81. Schuh, Willi: *Der Rosenkavalier.* Vier Studien, Olten 1968.

82. Weischedel, Hanna: Autor und Publikum. Bemerkungen zu Hofmannsthals essayistischer Prosa. In: Festschrift für Klaus Ziegler, hg. von E. Catholy u.a., Tübingen 1968, S. 291–321.

83. Esselborn, Karl G.: Hofmannsthal und der antike Mythos, München 1969.

84. Kern, Peter Christoph: Zur Gedankenwelt des späten Hofmannsthal. Die Idee der schöpferischen Restauration, Heidelberg 1969.

85. Newiger, Hans-Joachim: Hofmannsthals *Elektra* und die griechische Tragödie. In: Arcadia 4, 1969, S. 138–163.

86. Noltenius, Rainer: Hofmannsthal – Schröder – Schnitzler. Möglichkeiten und Grenzen des modernen Aphorismus, Stuttgart 1969.

87. Wucherpfennig, Wolf: Der Schwierige und der Menschenfeind. Zur Auffassung des Individuums bei Hofmannsthal und Molière. In: Colloquia germanica 1969, S. 269–301.

88. Ascher, Gloria Joyce: Goethes »Torquato Tasso« und Hofmanns-

thals *Unterhaltung über den »Tasso« von Goethe*: Ein magisches Verhältnis. In: Lebendige Form. Festschrift E. K. Henel, hg. von J. L. Sammons et al., München 1970, S. 89–99.

89. Gerke, Ernst-Otto: Der Essay als Kunstform bei Hugo von Hofmannsthal, Lübeck 1970.

90. Kobel, Erwin: Hugo von Hofmannsthal, Berlin 1970.

91. McKenzie, Margaret: Hofmannsthals Semiramis-Entwürfe auf Grund der Quellen interpretiert. In: Deutsche Beiträge zur geistigen Überlieferung 6, 1970, S. 45–97.

92. Ryan, Judith: Die ›allomatische‹ Lösung: Gespaltene Persönlichkeit und Konfiguration bei Hugo von Hofmannsthal. In: DVjs 44, 1970, S. 189–207.

93. Seeba, Hinrich C.: Kritik des ästhetischen Menschen. Hermeneutik und Moral in Hofmannsthals *Der Tor und der Tod*, Bad Homburg 1970.

94. Tarot, Rolf: Hugo von Hofmannsthal. Daseinsformen und dichterische Struktur, Tübingen 1970.

95. Breugelmanns, René: Hofmannsthal im Platonismus der Jahrhundertwende. In: HF 1, 1971, S. 16–35.

96. Coghlan, Brian: Ibsen und Hofmannsthal. In: HF 1, 1971, S. 103–116.

97. Knaus, Jacob: Hofmannsthals Weg zur Oper *Die Frau ohne Schatten*. Rücksichten und Einflüsse auf die Musik, Berlin 1971.

98. Koch, Hans-Albrecht: »Fast kontrapunktlich streng«. Beobachtungen zur Form von Hugo von Hofmannsthal Operndichtung *Die Frau ohne Schatten*. In: JbFDH 1971, S. 456–478.

99. Rech, Benno: Hofmannsthals Komödie. Verwirklichte Konfiguration, Bonn 1971.

100. Rudolph, Hermann: Kulturkritik und konservative Revolution. Zum kulturell-politischen Denken Hofmannsthals und seinem problemgeschichtlichen Kontext, Tübingen 1971.

101. Schwalbe, Jürgen: Sprache und Gebärde im Werk Hugo von Hofmannsthals, Freiburg 1971.

102. Urbach, Reinhard: Karl Kraus und Hofmannsthal. Eine Dokumentation. In: HB 6, 1971, S. 447–458 und HB 12, 1974, S. 372–424.

103. Vanhelleputte, Michel: Hofmannsthal und Maeterlinck. In: HF 1, 1971, S. 85–98.

104. Tryti, Tove: Hugo von Hofmannsthals *Die Hochzeit der Sobeide*. Eine Interpretation. In: Studie Germanica Gandensia 13, 1971/72, S. 183–232.

105. Ascher, Gloria Joyce: »Die Zauberflöte« und *Die Frau ohne Schatten*. Ein Vergleich zwischen zwei Operndichtungen der Humanität, München 1972.

106. Baumann, Gerhart: Hugo von Hofmannsthal: *Das kleine Welttheater*. In: G. B., Vereinigungen. Versuche zu neuerer Dichtung, München 1972, S. 36–74.

107. Durr, Volker O.: Der Tod des Wachtmeisters Anton Lerch und die

Revolution von 1848: Zu Hofmannsthals *Reitergeschichte*. In: The German Quarterly 45, 1972, S. 33–46.

108. Köhler, Wolfgang: Hugo von Hofmannsthal und »Tausendundeine Nacht«. Untersuchungen zur Rezeption des Orients im epischen und essayistischen Werk, Bern 1972.

109. Könneker, Barbara: Die Funktion des Vorspiels in Hofmannsthals *Ariadne auf Naxos*. In: Germanisch-Romanische Monatsschrift N.F. 22, 1972, S. 124–141.

110. Kuhn, Ortwin: Mythos – Neuplatonismus – Mystik. Studien zur Gestaltung des Alkestisstoffes bei Hugo von Hofmannsthal, T. S. Eliot und Thornton Wilder, München 1972.

111. Lenz, Eva-Maria: Hugo von Hofmannsthals mythologische Oper *Die ägyptische Helena*, Tübingen 1972.

112. Miles, David H.: Hofmannsthal's Novel *Andreas*. Memory and Self, Princeton 1972.

113. Porter, Michael: Hugo von Hofmannsthal's *Der Tor und der Tod* The Poet as Fool. In: Modern Austrian Literature 5, 1972, S. 14–29.

114. Wunberg, Gotthart (Hg.): Hofmannsthal im Urteil seiner Kritiker. Dokumente zur Wirkungsgeschichte Hugo von Hofmannsthals in Deutschland, Frankfurt/M. 1972.

115. Hirsch, Rudolf: Hofmannsthal und sein mit Reinhardt geplanter Film. In: Neue Zürcher Zeitung Nr. 586 (Fernausgabe Nr. 315) vom 18. November 1973.

116. Meyer-Wendt, H. Jürgen: Der frühe Hofmannsthal und die Gedankenwelt Nietzsches, Heidelberg 1973.

117. Mühlher, Robert: Hugo von Hofmannsthals Komödie *Der Rosenkavalier*. In: R. M., Österreichische Dichter seit Grillparzer, Wien, Stuttgart 1973, S. 213–338.

118. Politzer, Heinz: Hugo von Hofmannsthals Elektra. Geburt der Tragödie aus dem Geiste der Psychopathologie. In: DVjs 47, 1973, S. 95–119.

119. Prohl, Jürgen: Hugo von Hofmannsthal und Rudolf Borchardt. Studien über eine Dichterfreundschaft, Bremen 1973.

120. Dieckmann, Friedrich: Zweimal *Arabella*. In: Neue Rundschau 85, 1974, S. 96–112.

121. Exner, Richard: Erinnerung – welch ein merkwürdiges Wort: Gedanken zur autobiographischen Prosadichtung Hugo von Hofmannsthals. In: Modern Austrian Literature 7, 1974, S. 152–171.

122. Fiedler, Leonhard M.: Hofmannsthals Molière-Bearbeitungen. Die Erneuerung der comédie-ballet auf Max Reinhardts Bühnen, Darmstadt 1974.

123. Jugend in Wien um 1900. Eine Ausstellung des Deutschen Literaturarchivs Marbach (Katalog: L. Greve, W. Volke), 1974.

124. Mistry, Freny: Towards Buddhahood. Some Remarks on the Sigismund Figure in Hofmannsthal's *Der Turm*. In: Modern Language Review 69, 1974, S. 337–347.

125. Politzer, Heinz: Die letzten Tage der Schwierigen. Hofmannsthal, Karl Kraus und Schnitzler. In: Merkur 28, 1974, S. 214–238.

126. Schmidt-Dengler, Wendelin: Dichtung und Philologie. Zu Hugo von Hofmannsthals *Alkestis*. In: Literaturwissenschaftliches Jahrbuch N. F. 15, 1974, S. 157–177.

127. Steffen, Hans: Die Paradoxie von Selbstbehauptung und Selbsthingabe in *Ödipus und die Sphinx* von Hofmannsthal. In: Etudes germaniques 29, 1974, S. 206–223.

128. Winkler, Michael: How to write Hofmannsthal's life: Annals, biography of his work, or the poet in his time? In: Modern Austrian Literature 7, 1974, S. 113–116.

129. Zelinski, Hartmut: Brahman und Basilisk. Hugo von Hofmannsthals poetisches System und sein lyrisches Drama *Der Kaiser und die Hexe*, München 1974.

130. Balzer, Bernd: »Monarchia Solipsorum«. Keine Wandlung Hofmannsthals. In: Literaturwissenschaft und Geschichtsphilosophie, Festschrift W. Emrich, hg. von H. Arntzen et al., Berlin 1975, S. 470–489.

131. Daviau, Donald G. und George J. Buelow: The *Ariadne auf Naxos* of Hugo von Hofmannsthal, Chapel Hill 1975.

132. Dormer, Lore Muerdel: Hugo von Hofmannsthal. Das Problem der Ehe und seine Bedeutung in den frühen Dramen, Bonn 1975.

133. Heimrath, Ulrich: Innerlichkeit und Moral. Ein Beitrag zur Charakterisierung des Erzählwerkes Hugo von Hofmannsthals, Diss. Bochum 1975.

134. Nostitz, Oswalt von: Zur Interpretation von Hofmannsthals Münchener Rede. In: Für Rudolf Hirsch, Frankfurt/M. 1975, S. 261–278.

135. Pape, Manfred: Aurea Catena Homeri. Die Rosenkreuzer-Quelle der »Allomatik« in Hofmannsthals *Andreas*. In: DVjs 49, 1975, S. 680–693.

136. Petillon, Pierre-Yves: Hofmannsthal ou le règne du silence. Fragments à propos de Lord Chandos. In: Critique 31, 1975, S. 884–908.

137. Szondi, Peter: Das lyrische Drama des Fin de siècle, hg. von H. Beese, Frankfurt/M. 1975.

138. Weber, Eugene: Zur Uraufführung von Büchners »Wozzeck«. In: Für Rudolf Hirsch, Frankfurt/M. 1975, S. 239–249.

139. Alewyn, Richard: Hofmannsthals *Der Jüngling in der Landschaft*. In: Wissen aus Erfahrungen. Festschrift H. Meyer, Tübingen 1976, S. 644–646.

140. Bohnenkamp, Klaus E.: Deutsche Antiken-Übertragungen als Grundlage der Griechendramen Hofmannsthals. In: Euphorion 70, 1976, S. 198–202.

141. Fiedler, Theodore: Hofmannsthals *Reitergeschichte* und ihre Leser. Zur Politik der Ironie. In: Germanisch-Romanische Monatsschrift, N. F. 26, 1976, S. 140–163.

142. Mistry, Freny: *Die beiden Götter*. Observations on the Political-Philosophical Aspects of Hofmannsthal's Fragment of 1917/18. In: Modern Austrian Literature 9, 1976, S. 1–12.

143. Mommsen, Katharina: Hofmannsthals Komödiendichtung. In: Die deutsche Komödie im zwanzigsten Jahrhundert, hg. von Wolfgang Paulsen, Heidelberg 1976, S. 44–69.

144. Rölleke, Heinz: Hugo von Hofmannsthal und »Des Knaben Wunderhorn«. In: JbFDH 1976, S. 439–453.

145. Sondrup, Steven P.: Hofmannsthal and the French Symbolist Tradition, Bern 1976.

146. Das Junge Wien. Österreichische Literatur- und Kunstkritik 1887–1902. Ausgewählt, eingeleitet und hg. von Gotthart Wunberg, 2 Bände, Tübingen 1976.

147. Billeter-Ziegler, Marianne: Hofmannsthal und Claudel. In: HB 17/18, 1977, S. 311–325.

148. Böschenstein, Bernhard: Hofmannsthal, George und die französischen Symbolisten. In: B. B., Leuchttürme. Von Hölderlin zu Celan, Frankfurt/M. 1977, S. 224–246.

149. Haltmeier, Roland: Zu Hofmannsthals Rede *Das Schrifttum als geistiger Raum der Nation*. In: HB 17/18, 1977, S. 298–310.

150. Kaschnitz, Marie-Luise: *Die Frau ohne Schatten*. In: M.-L. K., Zwischen Immer und Nie. Gestalten und Themen der Dichtung. Neuausgabe, Frankfurt/M. 1977, S. 153–160.

151. Kobel, Erwin: Magie und Ewigkeit. Überlegungen zu Hofmannsthals Gedicht *Vor Tag*. In: JbDSG 21, 1977, S. 352–392.

152. Kraft, Werner: Der Chandos-Brief und andere Aufsätze über Hofmannsthal, Darmstadt 1977.

153. Mauser, Wolfram: Hugo von Hofmannsthal. Konfliktbewältigung und Werkstruktur. Eine psycho-soziologische Interpretation, München 1977.

154. Nehring, Wolfgang: Szenische Bemerkungen zu Hofmannsthals Griechendramen. In: Euphorion 71, 1977, S. 169–179.

155. Sondrup, Steven P. und Craig M. Inglis: Konkordanz zu den Gedichten Hugo von Hofmannsthals, Provo, Utah 1977.

156. Fischer, Jens Malte: Fin de siècle. Kommentar zu einer Epoche, München 1978.

157. Frühwald, Wolfgang: Die sprechende Zahl. Datensymbolismus in Hugo von Hofmannsthals Lustspiel *Der Schwierige*. In: JbDSG 22, 1978, S. 572–588.

158. Janson, Stefan: Hugo von Hofmannsthals *Jedermann* in der Regiebearbeitung durch Max Reinhardt, Frankfurt/M., Bern, 1978.

159. Mommsen, Katharina: Hofmannsthal und Fontane, Bern etc. 1978.

160. Pantle, Sherrill Hahn: *Die Frau ohne Schatten* by Hugo von Hofmannsthal and Richard Strauss. An Analysis of Text, Music, and their Relationship, Bern, Frankfurt, Las Vegas 1978.

161. Steffen, Hans: Hofmannsthal und Nietzsche. In: Nietzsche und die deutsche Literatur, Bd. 2, Forschungsergebnisse, hg. von B. Hillebrand, München 1978, S. 4–11.

162. Urban, Bernd: Hofmannsthal, Freud und die Psychoanalyse. Quellenkundliche Untersuchungen, Bern 1978.

163. Wilpert, Gero von: Der verlorene Schatten. Varianten eines literarischen Motivs, Stuttgart 1978, S. 88–111.
164. Wuthenow, Ralph-Rainer: Muse, Maske, Meduse. Europäischer Ästhetizismus, Frankfurt/M. 1978.
165. Braegger, Carlpeter: Das Visuelle und das Plastische. Hugo von Hofmannsthal und die bildende Kunst, München 1979.
166. Claudon, Francis: Hofmannsthal et la France, Berne, Francfort/M., Las Vegas 1979.
167. Pfister, Werner: Hofmannsthal und die Oper, Diss. Zürich 1979.
168. Schnitzler, Günter: Kongenialität und Divergenz. Zum Eingang der Oper *Elektra* von Hugo von Hofmannsthal und Richard Strauss. In: Dichtung und Musik, Stuttgart 1979, S. 175–193.
169. Wetzel, Heinz: Elektras Kult der Tat – »freilich mit Ironie behandelt«. In: JbFDH 1979, S. 354–368.
170. Cohn, Dorrit: »Als Traum erzählt«: The case for a Freudian reading of Hofmannsthal's *Märchen der 672. Nacht.* In: DVjs 54, 1980, S. 284–305.
171. Hoppe, Otfried: Hugo von Hofmannsthals *Reitergeschichte.* In: Deutsche Novellen von Goethe bis Walser, Bd. 2, hg. von J. Lehmann, Königstein 1980, S. 49–76.
172. Kohler, Stephan: »Machen wir mythologische Opern . . .«. Zur *Ägyptischen Helena* von Hugo von Hofmannsthal und Richard Strauss. In: R.-Strauss-Blätter, N.F. 4, 1980, S. 43–52.
173. Resch, Margit: Das Symbol als Prozeß bei Hugo von Hofmannsthal, Königstein 1980.
174. Spering, Juliette: Scheitern am Dualismus. Hofmannsthals Lustspielfragment *Timon der Redner*, Diss. Bonn 1980.
175. Staiger, Emil: *Ariadne auf Naxos.* Mythos, Dichtung, Musik. In: E. S., Musik und Dichtung, Zürich 1980, S. 289–314.
176. Walk, Cynthia: Hofmannsthals *Großes Welttheater.* Drama und Theater, Heidelberg 1980.
177. Wellbery, David E.: Narrative Theory and Textual Interpretation: Hofmannsthal's *Sommerreise* as Test Case. In: DVjs 54, 1980, S. 306–333.
178. Hirsch, Rudolf: »Meine Träume« Aspekte einer Aufzeichnung Hofmannsthals. In: HB 23/24, 1980/81, S. 1–11.
179. Austin, Gerhard: Phänomenologie der Gebärde bei Hugo von Hofmannsthal, Heidelberg 1981.
180. Grossert, Niels Axel: Versuch einer Anwendung von tiefenpsychologischer Kategorie bei einer Analyse der Werke Hofmannsthals. Bemerkungen zu *Das Bergwerk zu Falun* und *Die Frau ohne Schatten.* In: Literatur und Psychoanalyse, hg. von Klaus Bohnen, München 1981, S. 67–111.
181. Kimpel, Dieter: Hugo von Hofmannsthal: Dramaturgie und Geschichtsverständnis. Mit einem Ausblick auf Karl Kraus. In: Deutsche Dramentheorien, hg. von R. Grimm, Wiesbaden, ³1981, S. 129–153.

182. Klinger, Kurt: Hofmannsthal und Ingeborg Bachmann. Beispiel einer Nachwirkung. In: Literatur und Kritik 16, 1981, S. 392–406.

183. Klotz, Volker: Soziale Komik bei Hofmannsthal/Strauss. Zum *Rosenkavalier* mit Stichworten zur *Ariadne*. In: HF 6, 1981, S. 65–79.

184. Krogoll, Johannes: Hofmannsthal – Strauss. Zur Problematik des Wort-Ton-Verhältnisses im Musikdrama. In: HF 6, 1981, S. 81–102.

185. Lunzer, Heinz: Hofmannsthals politische Tätigkeit in den Jahren 1914–1917, Frankfurt/M. 1981.

186. Träbing, Gerhard: Hofmannsthals *Reitergeschichte*. Interpretationen und Observationen 1949–1976. In: Sprache im technischen Zeitalter 21, 1981, S. 221–236.

187. Wunberg, Gotthart und J. Braakenburg (Hg.): Die Wiener Moderne. Literatur, Kunst und Musik zwischen 1890 und 1910, Stuttgart 1981.

188. Yuill, W. E. und P. Howe (Hg.): Hugo von Hofmannsthal (1874–1929). Commemorative Essays, London 1981.

189. Fritz, Walter: Hofmannsthal und der Film. In: HF 6, 1981, S. 3–12.

190. Forsyth, Karen: *Ariadne auf Naxos* by Hugo von Hofmannsthal and Richard Strauss. Its genesis and meaning, London 1982.

191. Schorske, Carl E.: Geist und Gesellschaft im Fin de siècle, Frankfurt/M. 1982 (engl. Originalausgabe London 1979).

192. Thieberger, Richard: Das Schwierige am *Schwierigen*. Das Wiener Aristokraten-Französisch in Hofmannsthals *Der Schwierige*. In: R. T., Gedanken über Dichter und Dichtungen. Les textes et les auteurs, Bern 1982, S. 107–117, S. 119–134.

193. Altenhofer, Norbert: »Wenn die Zeit uns wird erwecken . . .«. Hofmannsthals *Turm* als politisches Trauerspiel. In: HF 7, 1983, S. 1–17.

194. Borchmeyer, Dieter: Der Mythos als Oper. Hofmannsthal und Richard Wagner. In: HF 7, 1983, S. 19–65.

195. Dengler-Bangsgaard, Hertha: Wirklichkeit als Aufgabe. Eine Untersuchung zu Themen und Motiven in Hugo von Hofmannsthals Erzählprosa. Frankfurt/M., Bern, New York 1983.

196. Grimm, Reinhold: Das einzige Gesetz und das bittere. Hofmannsthals »Schicksalslied«. In: Probleme der Moderne. Studien zur deutschen Literatur von Nietzsche bis Brecht, Tübingen 1983, S. 143–164.

197. Hoppe, Manfred: Fromme Parodien. Hofmannsthals Opernlibretti als Stilexperiment. In: HF 7, 1983, S. 67–95.

198. Kesting, Marianne: Sprachterror oder dichterische Sondersprache. Zur Verwandlung der Kaspar-Hauser-Figur in Hofmannsthals *Turm*-Dichtungen und Peter Handkes »Kaspar«. In: Drama und Theater im 20. Jahrhundert. Festschrift W. Hinck, hg. von Hans Dietrich Irmscher u.a., Göttingen 1983, S. 365–380.

199. Michelsen, Peter: Das *Große Welttheater* bei Pedro Calderón und Hugo von Hofmannsthal. In: Pedro Calderón de la Barca. Vorträge (. . .), Berlin 1983, S. 29–47.

200. Pouget, Michèle: L'interrogation sur l'art dans l'oeuvre de Hugo von Hofmannsthal, Frankfurt/M. etc. 1983.

201. Remak, Henry H. H.: Novellistische Struktur: Der Marschall von Bassompierre und die schöne Krämerin (Bassompierre, Goethe, Hofmannsthal). Essai und kritischer Forschungsbericht, Bern, Frankfurt/M. 1983.

202. Worbs, Michael: Nervenkunst. Literatur und Psychoanalyse im Wien der Jahrhundertwende, Frankfurt/M. 1983.

203. Yates, William Edgar: Hofmannsthal und die österreichische Tradition der Komödie. In: HF 7, 1983, S. 181-197.

204. Clark, Georgina A.: Max Reinhardt and the Genesis of Hugo von Hofmannsthal's Der Turm. In: Modern Austrian Literature 17, 1984, S. 1-32.

205. Jäger, Lorenz: Neue Quellen zur Münchner Rede und zu Hofmannsthals Freundschaft mit Florens Christian Rang. In: HB 29, 1984, S. 3-29.

206. Scheible, Hartmut: Literarischer Jugendstil in Wien. Eine Einführung, München und Zürich 1984.

207. Weinhold, Ulrike: Die Renaissancefrau des Fin de siècle. Untersuchungen zum Frauenbild der Jahrhundertwende am Beispiel von R. M. Rilkes »Die weiße Fürstin« und Hofmannsthals Die Frau im Fenster. In: Aufsätze zu Literatur und Kunst der Jahrhundertwende, hg. von Gerhard Kluge, Amsterdam 1984, S. 235-271.

208. Briese-Neumann, Gisa: Ästhet – Dilettant – Narziss. Untersuchungen zur Reflexion der fin de siècle-Phänomene im Frühwerk Hofmannsthals, Frankfurt/M. 1985.

209. Exner, Richard: Arabella: Verkauft, verlobt, verwandelt? In: HF 8, 1985, S. 55-80.

210. Coghlan, Brian: »The whole man must move at once«: Das Persönlichkeitsbild des Menschen bei Hofmannsthal. In: HF 8, 1985, S. 29-47.

211. Fiedler, Leonhard M. und Martin Lang (Hg.): Grete Wiesenthal. Die Schönheit der Sprache des Körpers im Tanz, Salzburg und Wien 1985.

212. Hirsch, Rudolf: Ferdinand von Saar und Hugo von Hofmannsthal. In: Ferdinand von Saar, hg. von K. K. Polheim, Bonn 1985, S. 272-288.

213. Kohler, Stephan: »Worte sind Formeln, die können's nicht sagen«. Musikbegriff und Musikalität Hugo von Hofmannsthals. In: HB 31/32, 1985, S. 65-71.

214. Kovach, Thomas A.: Hofmannsthal and Symbolism. Art and Life in the Work of a Modern Poet, New York 1985.

215. Renner-Henke, Ursula: ».. . daß auf einem gesunden Selbstgefühl das ganze Dasein ruht .. .«. Opposition gegen die Vaterwelt und Suche nach dem wahren Selbst in Hofmannsthals Andreas-Fragment. In: HF 8, 1985, S. 233-262.

216. Schlötterer, Reinhold (u.a.): Musik und Theater im Rosenkavalier von Richard Strauss, Wien 1985.

217. Thomasberger, Andreas: Englische Maske und tiefer Brunnen. Zwei Ausdrucksmöglichkeiten Hofmannsthalscher Lyrik. In: HB 31/32, 1985, S. 72–82.

218. Foldenauer, Karl: Hugo von Hofmannsthals Idee der Prosa. In: Im Dialog mit der Moderne. Festschrift Jacob Steiner, hg. von K. Jost und H. Schmidt-Bergmann, Frankfurt/M. 1986, S. 60–83.

219. Handle, Donna C. Van: »Das Spiel vor der Menge«. Hugo von Hofmannsthals Bemühungen um Bühnenwirksamkeit am Beispiel ausgewählter Dramen, New York 1986.

220. Janz, Marlies: Marmorbilder. Weiblichkeit und Tod bei Clemens Brentano und Hugo von Hofmannsthal, Königstein 1986.

221. Mattenklott, Gert: Hofmannsthals Lektüre französischer Realisten: Stendhal, Balzac, Flaubert. In: HB 34, 1986, S. 58–73.

222. Nienhaus, Stefan: Das Prosagedicht im Wien der Jahrhundertwende. Altenberg – Hofmannsthal – Polgar, Berlin 1986.

223. Soehnlein, Heike: Gesellschaftliche und private Interaktionen. Dialoganalysen zu Hugo von Hofmannsthals Der Schwierige und Schnitzlers »Das weite Land«, Tübingen 1986.

224. Vaughan, Larry: Myth and Society in Hofmannsthal's Die ägyptische Helena. In: Germanisch-Romanische Monatsschrift N. F. 36, 1986, S. 331–342.

225. Aspetsberger, Friedbert: Hofmannsthal und d'Annunzio. Formen des späten Historismus. In: F. A. Der Historismus und die Folgen, 1987, S. 45–107.

226. Bogosavljevic, Srdan: Der Amiel-Aufsatz: Zum Dilettantismus- und Décadence-Begriff des jungen Hofmannsthal. In: HF 9, 1987, S. 207–235.

227. Daviau, Donald G.: Hugo von Hofmannsthal, Stefan George, and the Chandos Letter: A new perspective on Hofmannsthal's socalled language crisis. In: Sinn und Symbol. Festschrift J. Strelka, hg. von K. K. Polheim, Bern 1987, S. 229–248.

228. Frink, Helen: Animal Symbolism in Hofmannsthal's Works, New York 1987.

229. Küpper, Peter: Hugo von Hofmannsthal – Der Chandos Brief. In: Duitske Kroniek 37, 1987, S. 72–92.

230. Martens, Lorna: The Theme of the Repressed Memory in Hofmannsthals Elektra. In: The German Quarterly 56, 1987, S. 38–51.

231. Polheim, Karl Konrad: Sinn und Symbol in Hofmannsthals Lustspiel Der Unbestechliche. In: Sinn und Symbol. Festschrift J. Strelka, hg. von K.K.P., Bern 1987, S. 249–264.

232. Schenk, Christiane: Venedig im Spiegel der Décadence-Literatur des Fin de siècle, Frankfurt/M., Bern 1987.

233. Stoupy, Joëlle: Hofmannsthals Berührung mit dem Dilettantismusphänomen. Ergänzende Bemerkungen zur Begegnung mit Paul Bourget. In: HF 9, 1987, S. 237–264.

234. Strohschneider-Kohrs, Ingrid: Gesten der Selbsterfahrung in Hofmannsthals Der weiße Fächer. In: Das neuzeitliche Ich in der Litera-

tur des 18. und 20. Jahrhunderts, hg. von U. Fülleborn, München 1987, S. 249–273.

235. Bennett, Benjamin: Hugo von Hofmannsthal: The Theatres of Consciousness, Cambridge 1988.

236. Fick, Monika: *Ödipus und die Sphinx.* Hofmannsthals metaphysische Deutung des Mythos. In: JbDSG XXXII (1988), S. 259–290.

237. Hoppe, Manfred: *Der Kaiser und die Hexe.* Eduard von Bülows Novellenbuch als Quellenwerk für Hugo von Hofmannsthal. In: DVjs 62, 1988, S. 622–668.

238. Jäger-Tress, Corinna: Aspekte der Dekadenz in Hofmannsthals Dramen und Erzählungen des Frühwerks, Bern, Stuttgart 1988.

239. Sakurai, Yoriko: Mythos und Gewalt. Über Hugo von Hofmannsthals Trauerspiel *Der Turm,* Bern 1988.

240. Schröder, Friedrich: Die Gestalt des Verführers im Drama Hugo von Hofmannsthals, Frankfurt/M. 1988.

241. Härter, Andreas: Der Anstand des Schweigens. Bedingungen des Redens in Hofmannsthals *Brief,* Bonn 1989.

242. Resch, Margit (Hg.): Seltene Augenblicke. Interpretations of Poems by Hugo »von Hofmannsthal, Columbia 1989.

243. Stoupy, Joëlle: »Il faut glisser la vie . . .« Ein Zitat und seine Wandlungen im Werk Hugo von Hofmannsthals. In: HB 39, 1989, S. 9–41.

244. Kindlers Neues Literatur Lexikon, hg. von Walter Jens, Bd. 7, München 1990, S. 978–1023.

245. Mayer, Friederike und Mathias: Verflüchtigung, Vergeistigung, Vernichtung. Zu Hofmannsthals Fragment *Jupiter und Semele.* In: Literaturwissenschaftliches Jahrbuch N. F. 31, 1990, S. 199–210.

246. Schneider, Jost: Alte und neue Sprechweisen. Untersuchungen zur Sprachthematik in den Gedichten Hugo von Hofmannsthals, Frankfurt/M. 1990.

247. Stierle, Karlheinz: Hugo von Hofmannsthals *Manche freilich . . .* – ein Paris-Gedicht? In: Etudes germaniques 45, 1990, S. 111–125.

248. Wiethölter, Waltraud: Hofmannsthal oder Die Geometrie des Subjekts. Psychostrukturelle und ikonographische Studien zum Prosawerk, Tübingen 1990.

249. Bomers, Jost: Der Chandosbrief – Die Nova Poetica Hofmannsthals, Stuttgart 1991.

250. Brandstetter, Gabriele: Der Traum vom anderen Tanz. Hofmannsthals Ästhetik des Schöpferischen im Dialog *Furcht.* In: Freiburger Universitätsblätter 112, Juni 1991, S. 37–58.

251. Mayer, Mathias: Hofmannsthals *Elektra.* Der Dichter und die Meduse. In: ZfdPh 110, 1991, S. 230–247.

252. Neumann, Gerhard: *Die Wege und die Begegnungen.* Hofmannsthals Poetik des Visionären. In: Freiburger Universitätsblätter 112, Juni 1991, S. 61–75.

253. Pestalozzi, Karl und M. Stern: Basler Hofmannsthal-Beiträge, Würzburg 1991.

254. Renner, Ursula und G. B. Schmid (Hg.): Hugo von Hofmannsthal.

Freundschaften und Begegnungen mit deutschen Zeitgenossen, Würzburg 1991.

255. Schnitzler, Günter: Syntheseversuch. Anmerkungen zur *Ägyptischen Helena* von Hofmannsthal und Strauss. In: Freiburger Universitätsblätter 112, Juni 1991, S. 95–124.

256. Vilain, Robert: »Wer lügt, macht schlechte Metaphern«. Hofmannsthals *Manche freilich . . .* and Walter Pater. In: DVjs 65, 1991, S. 717–754.

Namenregister

Werkregister

Angaben zum Autor

Mathias Mayer, geb. 1958; Dissertation über Goethes »Wilhelm Meister«, 1987/92 Editor bei der Kritischen Hofmannsthal-Ausgabe, Stipendiat der Deutschen Forschungsgemeinschaft. Veröffentlichungen zum Pygmalionmythos, zu Goethe, Nietzsche, Maeterlinck, Hofmannsthal, Mayröcker, Lehraufträge an den Universitäten München und Frankfurt.

Sammlung Metzler

Printed in the United States
By Bookmasters